未来教育
Future Education

证券行业专业人员一般业务水平评价测试

机考题库与高频考点

证券市场基本法律法规

◆机考题库·真题试卷（一）
◆机考题库·真题试卷（二）
（含参考答案及解析）

《证券市场基本法律法规》机考题库·真题试卷

机考题库·真题试卷(一)

答题卡

本试卷采用虚拟答题卡技术,自动评分

考生扫描右侧二维码,将答题选项填入虚拟答题卡中,题库系统可自动统计答题得分,生成完整的答案及解析。题库系统根据考生答题数据,自动收集整理错题,记录考生薄弱知识点,方便考生在题库系统中查漏补缺。

一、单选题(共40题,每小题0.5分,共20分)以下备选项中只有一项最符合题目要求,不选、错选均不得分。

1. 下列关于证券公司合规部门、合规管理人员的规定,表述不正确的是(　　)。
A. 合规管理人员可以兼任与合规管理职责不相冲突的职务
B. 合规风险管控难度较大的部门和分支机构应当配备专职合规管理人员
C. 合规管理人员工作称职的,其年度薪酬收入总额不得高于公司同级别人员的平均水平
D. 合规部门及专职合规管理人员由合规负责人考核

2. 证券市场误导性陈述是指虚假陈述行为人在信息披露文件中或者通过媒体,作出使投资人对其投资行为发生(　　)的陈述。
A. 错误判断并产生重大影响　　B. 错误判断并产生特别重大影响
C. 错误判断　　D. 错误判断并产生一般影响

3. 小明向其朋友介绍证券账户的开立过程,下列说法有误的是(　　)。
A. 小明在网上开户时,通过开户代理机构提供的第三方网站办理
B. 小明分别通过现场开户和见证开户申请开立了2个A股账户
C. 办理见证开户时,证券公司委派了2名工作人员为其办理手续,其中1名为见证人员
D. 小明目前只申请开立了1个信用账户

4. 有限责任公司的权力机构是(　　)。
A. 股东会　　B. 董事会　　C. 监事会　　D. 经营管理层

5. 下列关于公开募集基金的基金管理人禁止行为的说法,错误的是(　　)。
A. 不得挪用基金财产
B. 不得向基金份额持有人承诺收益
C. 不得将其固有财产或者他人财产混同于基金财产从事证券投资
D. 不得公平地对待其管理的不同基金财产

6. 证券公司年度报告应当附有(　　)出具的内部控制评审报告。
A. 资产评估事务所　　B. 会计师事务所
C. 律师事务所　　D. 审计事务所

7. 下列关于公司形式变更的说法,正确的是(　　)。
A. 股份有限公司可以变更为有限责任公司,有限责任公司不得变更为股份有限公司
B. 有限责任公司可以变更为股份有限公司,股份有限公司也可以变更为有限责任公司
C. 有限责任公司与股份有限公司不得相互转换
D. 有限责任公司可以变更为股份有限公司,股份有限公司不得变更为有限责任公司

8. 根据《证券公司风险控制指标计算标准规定》,证券公司经营证券自营业务,持有(　　)不得超过净资本的30%。
A. 一种权益类证券的市值　　B. 权益类证券及其衍生品的合计额
C. 一种权益类证券的成本　　D. 非权益类证券及其衍生品的合计额

9. 根据《证券行业文化建设十要素》,下列关于证券行业文化建设的说法,错误的是(　　)。
A. 长效激励是落实文化建设的重要途径　B. 利益最大化是证券公司实现稳健经营的基础
C. 落实责任担当是文化建设的重要抓手　D. 声誉约束是文化建设的有力保障

10. 证券公司应当建立健全(　　),指定人员定期通过面谈、电话、信函或者其他方式对证券经纪人招揽和服务的客户进行回访,了解证券经纪业务营销人员的执业情况,并作出完整记录。
A. 客户回访制度　B. 操作监控制度　C. 客户投诉制度　D. 异常交易监控制度

11. 下列关于有限责任公司股东出资责任的说法,正确的是(　　)。
A. 公司成立后发现作为设立公司出资的非货币财产的实际价额显著低于公司章程规定价额的,应当由交付该出资的股东补足其差额,公司设立时的其他股东不承担责任
B. 股东不按照规定缴纳出资的,向公司足额缴纳出资后,无须承担其他责任
C. 股东以非货币财产出资的,应当评估作价,核实财产,不得高估或者低估作价
D. 公司注册资本为公司登记机关登记的全体股东实缴出资额

12. 自合伙企业解散事由出现之日起(　　)日内未确定清算人的,合伙人或者其他利害关系人可以向(　　)申请指定清算人。
A. 7;人民检察院　B. 15;人民检察院　C. 7;人民法院　D. 15;人民法院

13. 下列关于申请证券投资咨询从业资格的机构应当具备的条件的说法,正确的是(　　)。
A. 至少有5名高级管理人员取得证券投资咨询从业资格
B. 有20名以上取得证券投资咨询从业资格的专职人员
C. 有固定的业务场所和与业务相适应的通信及其他信息传递设施
D. 有1亿元人民币以上的注册资本

14. 某期货公司是期货交易所的会员,小王是该期货公司的客户。某日结算后,期货公司向小王发出追加保证金通知,次日,小王既未追加保证金也未自行平仓,期货公司按规定实行了强行平仓。如果期货公司对小王强行平仓后资金仍不足以弥补其账户损失的,期货公司应当采取的措施是(　　)。
A. 以公司风险准备金、自有资金承担违约责任,并取得对小王的追偿权
B. 动用其他客户的保证金弥补亏损
C. 以公司的结算担保金承担违约责任
D. 起诉小王,待其承担违约责任后,将资金划入期货交易所

15. 首次公开发行股票发行公告应披露的内容不包括(　　)。
A. 发行额度、面值与价格　B. 发行人律师及审计机构
C. 发行方式、发行对象　D. 承销机构

16. 证券公司进行柜台交易,向投资者收取履约保证金的,应当在双方约定的金融机构开立(　　)存放,不得违约动用。
A. 存款账户　B. 专门账户　C. 产品账户　D. 信用账户

17. 保荐机构应当指定(　　)名保荐代表人具体负责1家发行人的保荐工作。
A. 4　B. 1　C. 3　D. 2

18. 根据《证券公司风险控制指标管理办法》,证券公司经营证券经纪业务,同时经营证券承销与保荐、证券自营、证券资产管理、其他证券业务等业务之一的,其净资本不得低于人民币(　　)。
A. 2000万元　B. 5000万元　C. 1亿元　D. 2亿元

19. 下列行为可能构成背信运用受托财产罪的是(　　)。
A. 证券公司以自己为交易对象,自买自卖期货合约,影响证券、期货交易价格的
B. 银行工作人员吸收客户资金入账,数额巨大或者造成重大损失的
C. 证券公司单独或合谋,集中资金优势,连续买卖,操纵证券价格
D. 证券公司擅自运用客户资金或者其他委托财产,情节严重

20. 根据《证券公司及基金管理公司子公司资产证券化业务管理规定》,管理人应为(　　)的利益管理专项计划资产。
A. 中介机构　B. 原始权益人　C. 托管人　D. 资产支持证券投资者

21. 上市公司并购重组财务顾问的职责不包括(　　)。
A. 向中国证监会报送有关上市公司并购重组的申报材料
B. 持续督导委托人依法履行相关义务
C. 对委托人进行证券市场规范化运作的辅导
D. 就并购重组事项出具盈利预测报告
22. 下列属于中国证监会制定的部门规章的是(　　)。
A.《期货公司监督管理办法》
B.《中华人民共和国证券法》
C.《质押式报价回购交易及登记结算业务办法》
D.《中华人民共和国公司法》
23. 股份有限公司发起人、认股人缴纳股款或者交付抵作股款的出资后,下列表述的情形中,发起人和认股人不得抽回其股本的是(　　)。
A. 创立大会决议不设立公司
B. 未按期募足股份
C. 发起人未按期召开创立大会
D. 作为设立公司出资的非货币财产的实际价额显著低于公司章程所定价额
24. 证券公司向普通投资者销售公司资产管理产品前,应当告知的信息包含(　　)。
A. 可能直接导致获得收益的情形
B. 可能直接导致超额收益的事项
C. 对客户本金盈亏无影响的经营机构业务变化
D. 因经营机构的业务或者财产状况变化,影响客户判断的重要事由
25. 下列不符合证券公司申请融资融券业务资格条件的是(　　)。
A. 具有证券经纪业务资格
B. 最近 2 年内不存在因涉嫌违法违规正被证监会立案调查的情形
C. 信息系统安全稳定运行,最近 6 个月未发生因公司管理问题导致的重大事件
D. 最近 2 年各项风险控制指标持续符合规定
26. 证券公司合并、分立的,涉及客户权益的重大资产转让应当经具有证券相关业务资格的(　　)。
A. 会计师事务所验资　　B. 资产评估机构评估
C. 信用评级机构评级　　D. 律师事务所核实
27. 在(　　),与内幕信息知情人员联络、接触,从事或明示、暗示他人从事与该内幕信息相关的证券、期货交易,相关交易行为明显异常,且无正当理由或者正当信息来源的人员,属于非法获取证券、期货交易内幕信息的人员。
A. 内幕信息尚未形成时　　B. 内幕信息敏感期内
C. 内幕信息在证监会指定报刊披露后　　D. 内幕信息在证监会指定网站披露后
28. 关于集资诈骗罪,下列说法正确的是(　　)。
A. 本罪与非法吸收公众存款罪的区别之一:集资诈骗罪是以非法牟利为目的,而非法吸收公众存款罪的目的在于非法占有资金
B. 本罪犯罪主体是特殊主体,只能是自然人
C. 集资诈骗罪的客观方面表现为使用欺诈手段实施非法集资,且数额较大的行为
D. 犯罪的主观方面是故意或过失
29. 甲上市公司的股东乙公司准备购买一套生产设备,乙公司请求甲公司为自己提供担保。当甲公司董事会审议此请求时,可获通过的最低标准为(　　)。
A. 所有出席会议董事 2/3 以上通过
B. 除乙公司法定代表人外,所有出席会议董事过半数通过
C. 所有出席会议董事过半数通过
D. 除乙公司法定代表人外,所有出席会议董事 2/3 以上通过

30. 根据《证券期货经营机构及其工作人员廉洁从业规定》,下列关于证券期货经营机构工作人员违反廉洁从业规定的说法,错误的是(　　)。
A. 直接、间接或者唆使、协助他人向监管人员输送利益的,应当从重处理
B. 曾为公职人员特别是监管人员违反廉洁从业规定的,应当从重处理
C. 违反廉洁从业规定,事后及时向中国证券业协会报告,或者积极配合调查的,依法免于追究责任或者从轻、减轻处理
D. 曾任证券期货经营机构合规风控职务的人员违反廉洁从业规定的,应当从重处理

31. 根据《股票期权交易试点管理办法》,下列关于证券公司从事股票期权业务的说法,错误的是(　　)。
A. 可以从事股票期权经纪业务
B. 可以从事与股票期权备兑开仓及行权相关的证券现货经纪业务
C. 可以从事股票期权做市业务
D. 可以从事股票期权自营业务

32. 融资融券业务是指(　　)进行的证券交易中,证券公司向客户出借资金供其买入证券或者出借证券供其卖出,并由客户交存相应担保物的经营活动。
A. 在证券交易所或者场外交易场所
B. 仅在场外交易场所
C. 在证券交易所或者国务院批准的其他证券交易场所
D. 仅在证券交易所

33. 证券公司、证券投资咨询机构提供证券投资顾问服务,应当与客户签订(　　),并实行编号管理。
A. 保障收益约定书　　B. 风险解释书
C. 开户申请表　　D. 证券投资顾问服务协议

34. 保荐代表人出现规定情形的,中国证监会可根据情节轻重,自确认之日起 3 个月到 12 个月内不受理相关保荐代表人具体负责的推荐。下列不属于该类情形的是(　　)。
A. 制作或者出具的文件不齐备或者不符合要求
B. 擅自改动申请文件、信息披露资料或者其他已提交文件
C. 未及时报告或者未及时披露重大事项
D. 通过内核程序,以公司名义对外提交或披露保荐业务项目文件

35. 有限责任公司股东会议作出修改公司章程、增加或减少注册资本的决议,以及公司合并、分立、解散或者变更公司形式的决议,必须经代表(　　)表决权的股东通过。
A. 1/3 以上　　B. 2/3 以上　　C. 全部　　D. 1/2 以上

36. 封闭式基金的(　　)在基金合同期限内固定不变。
A. 基金资产的总值　　B. 基金份额净值
C. 基金净资产　　D. 基金份额总额

37. 为证券发行出具审计报告或者法律意见书等文件的证券服务机构和人员,在该证券承销期内和期满后(　　)个月内,不得买卖该证券。
A. 18　　B. 24　　C. 12　　D. 6

38. 根据《公司法》,下列不能作为股东出资的是(　　)。
A. 货币　　B. 土地使用权
C. 知识产权　　D. 劳务

39. 证券公司申请融资融券业务资格应具备的条件不包括(　　)。
A. 已建立完善的客户投诉处理机制
B. 有拟负责融资融券业务的高级管理人员和适当数量的专业人员
C. 客户资产安全、完整,客户交易结算资金第三方存管有效实施
D. 具有证券从业资格

40. 根据法律规定,管理公开募集基金的基金管理公司其注册资本不得低于(　　)亿元人民币。
A. 2　　B. 1　　C. 3　　D. 5

二、多选题(共40题,每小题1分,共40分)以下备选项中有两项或两项以上符合题目要求,多选、少选、错选均不得分。

41.《期货和衍生品法》的调整对象包括(　　)。
A. 期货交易　B. 衍生品交易　C. 互换合约　D. 套期保值

42. 关于证券公司股东出资的规定,以下说法错误的有(　　)。
A. 证券公司股东只能用货币出资
B. 证券公司的债权人可以将其债权转为证券公司股权
C. 证券公司股东的货币财产出资总额不得超过证券公司注册资本的30%
D. 证券公司股东的出资可以聘请不具有证券相关业务资格的会计师事务所验资

43. 下列关于公开发行公司债券筹集资金的用途的说法,正确的有(　　)。
A. 必须按照公司债券募集办法所列资金用途使用
B. 不得用于弥补亏损
C. 可以用于非生产性支出
D. 改变资金用途,必须经债券持有人会议作出决议

44. 甲是A有限责任公司的股东之一,股东会通过决议连续5年不向股东分配利润,而A公司该5年连续盈利,且符合《中华人民共和国公司法》规定的利润分配条件,甲对该项决议投了反对票。下列说法中,正确的有(　　)。
A. 甲可以请求公司其他股东按照合理的价格收购其股权
B. 甲可以请求公司按照合理的价格收购其股权
C. 甲与公司不能达成股权收购协议的,可以在法定期限内向人民法院提起诉讼
D. 公司收购甲的股权后,应注销甲的出资证明书

45. 保荐人出具有虚假记载、误导性陈述或者重大遗漏的保荐书,或者不履行其他法定职责,有可能受到监管机构(　　)的监督、处罚措施。
A. 责令改正、给予警告
B. 暂停或者撤销相关业务许可
C. 对直接负责的主管人员和其他直接责任人员给予记过处分
D. 没收业务收入,并处罚款

46. 下列关于证券自营业务的说法中,正确的有(　　)。
A. 证券公司可以设立子公司开展自营业务
B. 证券公司可以委托具备资产管理业务资格的其他证券公司进行证券投资
C. 证券公司可以委托基金管理公司进行证券投资
D. 具备证券自营业务资格的证券公司可以从事金融衍生产品交易

47. 根据《发布证券研究报告暂行规定》,下列行为不符合规定的有(　　)。
A. 发布证券研究报告中包含误导性信息
B. 利用发布证券研究报告参与内幕交易、操纵证券市场活动
C. 发布证券研究报告的相关人员同时从事证券自营与证券资产管理业务
D. 将证券研究报告的内容或者观点,优先提供给公司内部部门、人员或者特定对象

48. 公司需要变更登记的行为有(　　)。
A. 修改公司章程　B. 公司解散　C. 改变经营范围　D. 变更法定代表人

49. 下列选项中的产品不得进行份额分级的是(　　)。
A. 开放式集合资产管理计划　B. 开放式私募产品
C. 封闭式集合资产管理计划　D. 公募产品

50. 证券公司业务创新应当重点防范的风险包含(　　)。
A. 违法违规　B. 规模失控　C. 决策失误　D. 盈利未达预期

51. 根据《证券公司风险控制指标管理办法》,证券公司未按期完成整改的,自整改期限到期的次日起,中国证监会派出机构应当区别情形,可对其采取的措施有(　　)。
A. 限制业务活动

B. 限制向董事、监事、高级管理人员支付报酬、提供福利
C. 责令更换董事、监事、高级管理人员或者限制其权利
D. 认定负有责任的董事、监事、高级管理人员为不适当人选

52. 证券公司应当根据法律法规、证监会的规定及合同约定,以(　　)等方式,保证客户至少在证券公司营业时间内能够查询证券余额等信息。
A. 信函　B. 电子邮件　C. 手机短信　D. 网上查询

53. 下列关于证券公司融资管理应符合的要求的说法,错误的有(　　)。
A. 分析正常的压力情景下未来不同时间段的融资需求和来源
B. 加强负债品种、期限、交易对手、融资抵(质)押品等的分散度管理,适当设置分散度限额
C. 积极维护与所有融资交易对手的关系,保持在市场上的适当稳定程度,不定期评估市场融资和资产变现能力
D. 监测主要金融市场的交易量和价格等变动情况,评估市场流动性对公司融资能力的影响

54. 下列关于在创业板首次公开发行股票申报和核准程序的表述,正确的有(　　)。
A. 发行人董事会应依法就首次公开发行股票并在创业板上市的具体方案作出决议
B. 发行人董事会应依法就首次公开发行股票并在创业板上市的募集资金使用的可行性作出决议
C. 发行人应当按照中国证监会的有关规定制作申请文件,由保荐人保荐并向中国证监会申报
D. 发行人的申请文件由创业板发行审核委员会审核

55. 关于客户身份识别制度,以下说法正确的是(　　)。
A. 金融机构应当严格履行客户识别义务,不得通过第三方识别客户身份
B. 金融机构在与客户建立业务关系时,应当要求客户出示真实有效的身份证件或身份证明文件
C. 与客户建立人身保险,受益人不是客户本人,但由于受益人非保险费用缴纳方,金融机构可以自由选择是否对受益人的身份证件或者其他身份证明文件进行核对
D. 由代理人办理业务的,金融机构应当同时对代理人和被代理人的身份证件或其他身份证明文件进行核对并登记

56. 下列人员中,不属于证券投资咨询人员的有(　　)。
A. 柜台岗　B. 合规专员
C. 财务顾问主办人　D. 证券分析师

57. 经营机构划分产品或服务风险等级时,关于应当审慎评估其风险等级的产品或服务因素,说法正确的有(　　)。
A. 存在本金损失可能性　B. 产品或服务的流动变现能力
C. 私募产品　D. 自律组织认定的高风险产品或服务

58. 下列选项中,属于股东会职权的有(　　)。
A. 决定公司的经营计划和投资方案　B. 选举和更换全部董事
C. 审议批准董事会的报告　D. 对发行公司债券作出决议

59. 下列有关保荐业务的表述中,正确的有(　　)。
A. 证券公司从事证券发行上市保荐业务,应依照规定向中国证监会申请保荐机构资格
B. 保荐代表人应当维护发行人的合法利益,对从事保荐业务过程中获知的发行人信息保密
C. 同次发行的证券,其发行保荐和上市保荐应当由不同保荐机构承担
D. 保荐机构持有发行人的股份合计超过7%时,保荐机构在推荐发行人证券发行上市时,应联合一家无关联保荐机构作为第二保荐机构共同履行保荐职责

60. 融资融券业务中,在以证券公司名义开立的(　　)内,应当为每一客户单独开立信用账户。
A. 客户信用交易担保证券账户　B. 客户信用交易担保资金账户
C. 信用交易证券交收账户　D. 信用交易资金交收账户

61. 下列关于证券公司柜台市场发行、销售与转让产品的说法,正确的有(　　)。
A. 除金融监管部门明确规定事后备案的私募产品外,在柜台市场发行、销售与转让的产品必须事前审批、备案

B. 证券公司不得采取做市、拍卖竞价等方式销售与转让私募产品
C. 证券公司在柜台市场发行、销售与转让的产品包括但不限于以非公开募集方式承销的公司债务融资工具
D. 证券公司在柜台市场发行、销售与转让的产品包括但不限于银行、保险公司、信托公司等其他机构设立并通过证券公司发行、销售与转让的产品

62. 期货公司可以从事的业务包括(　　)。
A. 股票期权经纪业务
B. 自营业务
C. 做市业务
D. 与股票期权备兑开仓以及行权相关的证券现货经纪业务

63. 根据《证券公司流动性风险管理指引》,证券公司流动性风险管理目标是建立健全流动性风险管理体系,对流动性风险采取(　　)等措施,以有效管控流动性风险。
A. 识别、计量　　B. 分析、调查
C. 报告、调整　　D. 监测、控制

64. 可以动用证券公司客户信用交易担保证券账户内的证券和客户信用交易担保资金账户的资金的情形有(　　)。
A. 为客户进行融资融券交易的结算　　B. 收取客户应当归还的资金、证券
C. 收取客户应当支付的利息、费用、税款　　D. 按照规定或约定处分担保物

65. 根据《发布证券研究报告暂行规定》,证券公司、证券投资咨询机构发布证券研究报告,应当对发布的(　　)和审阅过程实行留痕管理。
A. 方式　　B. 时间　　C. 内容　　D. 对象

66. 下列行为,不属于《中华人民共和国证券法》明确列举的操纵证券市场手段的有(　　)。
A. 与他人串通,以事先约定的时间、价格和方式相互进行证券交易,影响证券交易价格或者证券交易量
B. 利用掌握的内部信息买卖证券或者根据内部信息建议他人买卖证券
C. 将自营账户借给他人使用
D. 在自己实际控制的账户之间进行证券交易,影响证券交易价格或者证券交易量

67. 下列属于普通合伙企业合伙人的出资方式的有(　　)。
A. 货币　　B. 知识产权　　C. 土地使用权　　D. 劳务

68. 证券公司在经营过程中,经其申请,国务院证券监督管理机构可以根据其(　　),对其业务范围进行调整。
A. 财务状况　　B. 内部控制水平、合规程度
C. 高级管理人员业务管理能力　　D. 专业人员数量

69. 根据《中华人民共和国证券法》规定,对内幕交易行为人可以采取的行政处罚措施包括(　　)。
A. 责令依法处理非法持有的证券
B. 没收违法所得,并处罚款
C. 暂停或撤销相关业务许可
D. 没有违法所得或者违法所得不足50万元的,处以50万元以上500万元以下的罚款

70. 我国《公司法》适用的公司种类包括(　　)。
A. 无限公司　　B. 有限责任公司　　C. 股份有限公司　　D. 两合公司

71. 证券的(　　)期限最长不得超过90日。
A. 代销　　B. 直销　　C. 统销　　D. 包销

72. 根据《中华人民共和国证券法》规定,设立证券公司,应当具备(　　)条件,并经国务院证券监督管理机构批准。
A. 有符合法律、行政法规规定的公司章程
B. 有符合《中华人民共和国证券法》规定的公司注册资本
C. 有完善的风险管理与内部控制制度
D. 有合格的经营场所、业务设施和信息技术系统

73. 根据《证券公司客户资产管理业务规范》规定,客户资产管理业务投资主办人不通过年检的情形包括(　　)。
A. 上年度没有管理过客户委托资产　　B. 年初被监管机构采取重大行政监管措施
C. 上年度被协会采取纪律处分　　D. 不符合一般证券从业人员有关规定

74. 金融机构将本机构的资产管理产品资金委托给其他机构进行投资的,该受托机构应当(　　)。
A. 具有专业投资能力和资质
B. 接受金融监督管理部门监管
C. 切实履行主动管理职责,不具备条件的情况下再进行转委托
D. 可以再投资公募证券投资基金以外的资产管理产品

75. 根据《证券公司风险控制指标管理办法》,下列关于证券公司必须持续符合风险控制指标标准的说法,正确的有(　　)。
A. 流动性覆盖率不得低于100%　　B. 资本杠杆率不得低于8%
C. 风险覆盖率不得低于80%　　D. 净稳定资金率不得低于100%

76. 经营机构向投资者销售产品或者提供服务时,应当了解投资者的(　　)。
A. 收入来源和数额、资产、债务等财务状况
B. 投资相关的学习、工作经历及投资经验
C. 投资期限、品种、期望收益等投资目标
D. 诚信记录

77. 下列行为可以构成内幕交易罪的有(　　)。
A. 内幕信息知情人在内幕信息公开后从事交易
B. 内幕信息知情人过失泄露内幕信息
C. 非内幕信息知情人根据其获取的内幕信息买卖证券
D. 内幕信息知情人利用掌握的内幕信息,建议他人交易

78. 效力期限内的执业声誉信息根据性质分为(　　)。
A. 公开信息　　B. 封闭信息
C. 非公开信息　　D. 有限公开信息

79. 下列可以作为背信运用受托财产罪的主体的有(　　)。
A. 商业银行　　B. 证券交易所　　C. 保险公司　　D. 期货交易所

80. 下列属于操纵证券期货市场行为的有(　　)。
A. 利用信息优势联合或者连续买卖,操纵证券交易价格或数量
B. 在自己实际控制的账户之间进行证券交易,影响证券交易价格或者证券交易量
C. 与他人串通,以事先约定的时间、价格和方式相互进行证券交易,影响证券交易价格或者证券交易量的
D. 单独或者通过合谋,集中资金优势、持股优势,操纵证券交易价格或数量

三、判断题(共30题,每小题1分,共30分)正确的选A,错误的选B。不选、错选均不得分。

81. 证券公司应当清晰划分证券公司与另类子公司及另类子公司与其他子公司之间的业务范围。(　　)
A. 正确　　B. 错误

82. 合伙企业不能清偿到期债务的,债权人可以依法向人民法院提出破产清算申请,也可以要求普通合伙人清偿。(　　)
A. 正确　　B. 错误

83. 公司承担管理职能的业务部门应当配备专职风险管理人员。(　　)
A. 正确　　B. 错误

84. 股份有限公司的股东会会议由董事长主持,董事长、副董事长不能履行职务或者不履行职务的,由2/3以上董事共同推举1名董事主持。(　　)
A. 正确　　B. 错误

85. 公司的资本公积金可以用于弥补公司的亏损、扩大公司生产经营或者转为增加公司资本。(　　)
A. 正确　　B. 错误

86. 证券公司应当根据人员实际岗位、从事的业务类别和相应要求进行登记,同一人员只能登记为一个类别。(　　)
A. 正确　　B. 错误

87. 任何人员只能在一家证券公司担任独立董事。(　　)
A. 正确　　B. 错误

88. 根据财产状况、金融资产状况、投资知识和经验、专业能力等因素,投资者可以分为普通投资者和专业投资者。(　　)
A. 正确　　B. 错误

89. 境内机构投资者资格应经国家外汇管理局审批。(　　)
A. 正确　　B. 错误

90. 对于证券公司的违法违规行为,合规负责人尽管已经按照监管要求尽职履责,但仍需承担责任。(　　)
A. 正确　　B. 错误

91. 如果境内反洗钱法规要求比所驻国家或地区的相关规定更为严格,但所驻国家或地区法律禁止或限制境外分支机构和相关附属机构实施的,证券公司应当遵守所驻国家或地区的相关规定。(　　)
A. 正确　　B. 错误

92. 根据《证券公司全面风险管理规范》,分类监管属于保障风险管理制度贯彻执行的手段之一。(　　)
A. 正确　　B. 错误

93. 证券期货经营机构及其工作人员在开展投资银行类业务过程中不得以非公允价格或者不正当方式为自身或者利益关系人获取拟上市公司股权。(　　)
A. 正确　　B. 错误

94. 证券公司风险管理部门负责确定信用风险管理组织架构,明确各部门职责分工,应及时向监事会报告。(　　)
A. 正确　　B. 错误

95. 证券公司的业务决策机构负责制订融资融券合同的标准文本,确定对具体客户的授信额度。(　　)
A. 正确　　B. 错误

96. 公开发行的证券,应当在依法设立的证券交易所上市交易或者在国务院批准的其他地方性证券交易场所交易。(　　)
A. 正确　　B. 错误

97. 根据《证券公司信用风险管理指引》,信用风险指因市场利率变动的不确定性导致损失的风险。(　　)
A. 正确　　B. 错误

98. 证券基金经营机构董事长、高级管理人员、分支机构负责人离任的,证券基金经营机构应当对其进行审计,并自其离任之日起 2 个月内将离任审计报告向中国证监会相关派出机构报告。(　　)
A. 正确　　B. 错误

99. 证券公司员工可以接受客户全权委托代理其买卖证券。(　　)
A. 正确　　B. 错误

100. 我国证券市场法律法规体系中,由中国证监会等具有行政管理职能的机构,根据法律和国务院的行政法规、决定、命令,在本部门的权限范围内制定的各类规范性文件是部门规章。(　　)
A. 正确　　B. 错误

101. 交易商发生不符合备案条件、合并、分立等情形时,应当自发生之日起7个交易日内向协会报告,接受持续管理。(　　)

A. 正确　　B. 错误

102. 证券公司应当对证券经纪人进行不少于60个小时的执业前培训,其中法律法规和职业道德的培训时间不少于20个小时。(　　)

A. 正确　　B. 错误

103. 资产支持证券的登记结算业务应当由中国证券登记结算有限责任公司或中国证监会认可的其他机构办理。(　　)

A. 正确　　B. 错误

104. 公司享有法人财产权,应对公司债务承担无限清偿责任。(　　)

A. 正确　　B. 错误

105. 风险管理部门人员工作称职的,薪酬收入总额应当不低于公司总部业务及业务管理部门同职级人员的平均水平。(　　)

A. 正确　　B. 错误

106. 证券公司申请融资融券业务资格,应当提交中国证监会出具的关于融资融券业务技术系统已通过测试的证明文件。(　　)

A. 正确　　B. 错误

107. 证券公司另类子公司的合规及风险管理负责人由另类子公司自主招聘和考核。(　　)

A. 正确　　B. 错误

108. 合规管理人员可以兼任与合规管理职责不相冲突的职务。(　　)

A. 正确　　B. 错误

109. 证券公司应对客户参与不同的业务进行不同的风险等级划分,同一客户在证券公司不应有唯一的风险等级。(　　)

A. 正确　　B. 错误

110. 期货交易实行账户实名制。(　　)

A. 正确　　B. 错误

四、综合题(共10题,每小题1分,共10分)以下备选项中有一项或多项符合题目要求,不选、错选均不得分。

假设某股份有限公司成立于2017年9月10日,发起人甲认购公司股份200万股,为公司的小股东,高级管理人员乙持有公司股份50万股。2021年12月15日公司向社会公开发行A股10000万股,2022年1月5日,公司股票在证券交易所上市交易。

根据以上信息,回答下列两题。

111. 下列关于公司上市后甲在公司成立时认购的股份转让的表述,正确的是(　　)。

A. 2023年1月5日后方可以转让　　B. 2022年9月10日后方可以转让

C. 2023年12月15日后方可以转让　　D. 2022年1月5日后方可以转让

112. 高级管理人员乙于2021年6月20日离职,其持有的公司股份(　　)。

A. 2021年6月20日后即可以转让　　B. 2021年12月20日后方可以转让

C. 2022年6月20日后方可以转让　　D. 2023年6月20日后方可以转让

甲证券公司营销人员王某拟向某70岁以上的高龄退休客户张某主动推介代销的某私募基金,客户张某在营业部填写基本信息表时,误将职业信息填写为“在职工程师”,但甲证券公司营销人员王某对张某填写的信息进行审慎核查并提出合理怀疑,营销人员王某对该错误信息提示甲某进行调整。

根据以上信息,回答下列三题。

113. 王某在向张某推介产品时,应当了解的信息包括(　　)。

A. 风险偏好　　B. 证券投资经验

C. 社会保险缴纳　　D. 财产与收入情况

114. 营业部需要评估客户张某的风险承受能力,《投资者风险承受能力评估问卷》可以由(　　)填写。

A. 王某
B. 王某的合法授权人
C. 张某
D. 张某的合法授权人

115. 经评估,张某的风险承受能力为 C1 级,而王某推荐的私募基金风险等级结果为 R5 级,下列说法正确的是(　　)。

A. 王某应直接向张某销售该私募基金产品
B. 王某应拒绝向张某销售该私募基金产品
C. 王某应以书面形式进行特别风险警示
D. 王某应告知张某不适合购买相关产品

2020 年 7 月 31 日,中国证监会发布公告,因甲公司隐瞒实际控制人或持股比例,公司治理失衡,中国证监会决定自公告发布次日起对甲公司依法实行接管。中国证监会指定证券公司成立托管组。

根据以上信息,回答下列两题。

116. 甲公司在 2020 年 8 月 1 日被行政接管,原定于 2021 年 7 月 31 日解除接管。而到原定解除接管日发现,到此时尚无法解除接管,故决定延期到 2023 年 1 月 1 日。关于上述行为,正确的是(　　)。

A. 原定接管时间和延期接管时间符合《证券公司风险处置条例》要求
B. 原定接管时间和延期接管时间都不符合《证券公司风险处置条例》要求
C. 延期接管时间符合《证券公司风险处置条例》要求,原定接管时间不符合
D. 原定接管时间符合《证券公司风险处置条例》要求,延期接管时间不符合

117. 接管期间,关于甲公司和接管组的职责,说法错误的是(　　)。

A. 接管期间,接管组负责保持甲公司经营稳定,规范公司股权和治理结构
B. 甲公司的股东会、董事会、监事会及经理层继续履责
C. 接管期间,甲公司董事会负责决定证券公司的管理事务
D. 接管期间,接管组保障甲公司证券经纪业务正常合规运行,完善内控制度

李某担任甲证券公司私募资产管理业务投资经理。2022 年 6 月 1 日,李某从甲证券公司离任,拟入职乙证券公司担任私募资产管理业务投资经理,从事投资业务。

根据以上信息,回答下列三题。

118. 李某担任甲证券公司私募资产管理业务投资经理应满足的条件包括(　　)。

A. 具有 1 年以上投资管理、投资研究、投资咨询等相关业务经验
B. 具备良好的诚信记录和职业操守
C. 具备从事证券业务所需的专业能力
D. 最近 3 年未被监管机构采取重大行政监管措施、行政处罚

119. 关于李某的离任审查,下列说法正确的有(　　)。

A. 李某离任时,甲证券公司应当立即对其进行离任审查
B. 李某在 2022 年 12 月 1 日方可在乙证券公司担任私募资产管理业务投资经理
C. 甲证券公司应当自李某离任之日起 3 个月内形成离任审查报告,以存档备查
D. 甲证券公司应当自李某离任之日起 30 个工作日内将审查报告报送中国证监会相关派出机构和证券投资基金业协会

120. 关于私募资产管理业务投资经理薪酬递延机制的说法,正确的有(　　)。

A. 递延支付年限原则上不少于 2 年
B. 递延支付年限原则上不少于 3 年
C. 递延支付的收入金额原则上不少于 30%
D. 递延支付的收入金额原则上不少于 40%

机考题库·真题试卷(二)

本试卷采用虚拟答题卡技术，自动评分

考生扫描右侧二维码，将答题选项填入虚拟答题卡中，题库系统可自动统计答题得分，生成完整的答案及解析。题库系统根据考生答题数据，自动收集整理错题，记录考生薄弱知识点，方便考生在题库系统中查漏补缺。

一、单选题(共40题,每小题0.5分,共20分)以下备选项中只有一项最符合题目要求,不选、错选均不得分。

1. 公司登记事项发生变更时,未依法办理有关变更登记的,由公司登记机关责令限期登记,逾期不登记的,处以(　　)的罚款。
A. 1万元以上10万元以下　　B. 5万元以上50万元以下
C. 2万元以上20万元以下　　D. 3万元以上30万元以下

2. 决定聘任、解聘、考核合规负责人,决定其薪酬待遇是(　　)履行的合规管理职责。
A. 分支机构负责人　　B. 董事会
C. 经营管理主要负责人　　D. 股东(大)会

3. 如果投资者买卖证券时允许向经纪商融资或融券,则发生(　　)。
A. 期货交易　　B. 信用交易　　C. 现货交易　　D. 远期交易

4. 根据《证券公司监督管理条例》,下列关于证券公司为客户开立证券账户管理的规定,错误的是(　　)。
A. 对客户提供的银行存款证明的真实性进行审查
B. 同一客户资金账户和证券账户的姓名或名称应当一致
C. 对客户身份的真实性进行审查
D. 对客户申报的姓名或者名称的真实性进行审查

5. 关于要约收购的规定,下列说法正确的是(　　)。
A. 收购人可以采取要约规定以外的形式买入被收购公司的股票
B. 收购人可以超出要约的条件买入被收购公司的股票
C. 收购人在收购期限内,不得买入被收购公司的股票
D. 收购人在收购期限内,不得卖出被收购公司的股票

6. 根据《证券公司另类投资子公司管理规范》规定,关于另类投资子公司的业务范围,下列说法正确的是(　　)。
A.《证券公司证券自营投资品种清单》所列品种以外的金融产品代销业务
B. 上市公司并购重组业务
C.《证券公司证券自营投资品种清单》所列品种以外的金融产品、股权等投资业务
D.《证券公司证券自营投资品种清单》所列证券的投资业务

7. 证券经纪业务中的技术风险主要来自硬件设备和(　　)两个方面。
A. 内部　　B. 外部　　C. 技术　　D. 软件

8. 证券公司中应对违反职责范围内的内部控制要求所导致的风险和损失承担首要责任的是(　　)。
A. 董事会　　B. 直接从事业务经营活动的相关人员
C. 合规部门　　D. 经理层

9. 关于证券公司从业人员持有股票的相关规定,下列说法正确的是(　　)。
A. 从业人员不能收受他人赠送的股票　　B. 从业人员可以直接持有、买卖股票
C. 从业人员可以以他人名义持有、买卖股票　　D. 从业人员可以以化名持有、买卖股票

10. 公开募集基金的基金份额持有人可以(　　)。
A. 在基金合同终止时参与分配清算完毕的剩余基金财产
B. 参与基金的投资管理活动
C. 对基金管理人的投资下达投资指令
D. 在封闭式基金合同期限内要求赎回基金份额

11. 下列关于设立管理公开募集基金的基金管理公司的说法中,错误的是(　　)。
A. 注册资本不低于1亿元人民币
B. 董事、监事、高级管理人员具备相应的任职条件
C. 设立管理公开募集基金的基金管理公司应经中国基金业协会批准
D. 取得基金从业资格的人员应达到法定人数
12. 有限责任公司变更为股份有限公司时,折合的实收股本总额不得高于公司(　　)。
A. 股东实缴的出资额　　B. 净资产额
C. 总资产额　　D. 注册资本
13. 在证券公司信息技术安全要求中,信息系统权限管理应当遵循(　　)等原则分配信息系统管理、操作和访问权限,并履行审批流程。
A. 最大功能以及最小权限　　B. 最大功能以及最大权限
C. 最少功能以及最大权限　　D. 最少功能以及最小权限
14. 投资者融券卖出时,融券保证金比例不得低于(　　)。
A. 60%　　B. 50%　　C. 80%　　D. 100%
15. 以下属于我国《证券法》规定的内幕交易行为的是(　　)。
A. 与他人串通,以事先约定的时间,价格和方式相互进行证券交易
B. 证券公司以自营账户为他人或以他人的名义为自己买卖证券
C. 在自己实际控制的账户之间进行证券交易,影响证券交易价格
D. 上市公司股利分配计划公开前,该计划的知情人,建议他人买卖该证券
16. 下列关于资产管理产品的说法,错误的是(　　)。
A. 资产管理产品按投资性质不同可分为三类,即固定收益类产品、权益类产品、商品及金融衍生品类产品
B. 固定收益类产品投资于债权类资产比例不低于80%
C. 权益类产品投资于权益类资产比例不低于80%
D. 商品及金融衍生品类产品投资于商品及金融衍生品的比例不低于80%
17. 根据《中华人民共和国证券法》规定,证券公司客户的交易结算资金应当存放在指定的商业银行,(　　)管理。
A. 在证券公司主账户下设子账户　　B. 采取银证转账方式
C. 按资金率大小分类设置账户　　D. 以每个客户的名义单独立户
18. 根据《关于加强证券经纪业务管理的规定》中客户资产保护的相关规定,下列说法中正确的是(　　)。
A. 基本确认盗买盗卖等异常交易行为的,证券公司应当立即采取措施控制资产,并协助客户向公安机关报案
B. 证券交易所对客户异常交易行为进行调查时,为保护客户利益,证券公司应拒绝配合调查
C. 证券监管部门对客户账户进行调查时,为保护客户利益,证券公司应拒绝配合调查
D. 发现盗买盗卖等异常交易行为疑点时,证券公司无须通知客户
19. 客户的交易结算资金、证券资产管理客户的委托资产属于(　　)。
A. 结算中心　　B. 证券公司　　C. 客户　　D. 托管的商业银行
20. 关于集资诈骗罪的犯罪构成要件,下列说法错误的是(　　)。
A. 犯罪主体是一般主体,只能是自然人
B. 犯罪客体是国家金融管理秩序及公私财产所有权
C. 犯罪主观方面是故意
D. 犯罪客观方面表现为未依法定程序经有关部门批准的集资行为
21. 专项计划设立失败,管理人应当自发行期结束之日起(　　)个工作日内,向投资者退还认购资金,并加算银行同期活期存款利息。
A. 3　　B. 5　　C. 7　　D. 10
22. 集合资产管理计划的初始募集期自资产管理计划份额发售之日起不得超过(　　)天。
A. 10　　B. 30　　C. 60　　D. 90
23. 关于证券公司从事证券经纪业务的相关规定,以下说法正确的是(　　)。
A. 客户资金账户内的资金不足的,可以接受其买入委托

B. 证券公司可以委托证券公司以外的人员作为证券经纪人,代理其进行客户招揽、客户服务等活动
C. 证券公司向客户收取证券交易费用,应当符合国家规定,不需将收费项目、收费标准公告
D. 客户证券账户内的证券不足,可以接受其卖出委托

24. 下列情形中,不属于公开发行证券的是(　　)。
A. 采用广告、推介会、说明会等方式向社会公众发行的
B. 未采取公开劝诱方式向150人特定对象转让股票
C. 未依法报经证监会核准向特定对象转让股票,转让后,公司股东累计超过200人
D. 公司股东自行或委托他人以公开方式向社会公众转让股票

25. 董事会作为证券公司自营业务的最高决策机构,应根据证券公司资产、负债、损益和资本是否充足等情况确定(　　)。
A. 投资品种　B. 自营业务规模　C. 投资时机　D. 资产配置

26. 下列关于证券公司在合规负责人任期届满前免除其职务的说法,错误的是(　　)。
A. 被中国证监会责令更换
B. 证券公司和合规负责人协商一致调整岗位
C. 证券公司认为合规管理人未能勤勉尽责的
D. 合规负责人本人申请

27. 根据《证券行业文化建设十要素》,下列不属于证券行业文化建设行为层的是(　　)。
A. 平衡各方利益　B. 强化文化认同　C. 建立长效激励　D. 加强声誉约束

28. 根据《私募投资基金监督管理条例》,私募基金管理人所管理的私募基金全部清算后,自清算完毕之日起(　　)个月内未备案新的私募基金,登记备案机构应当及时注销私募基金管理人登记并予以公示。
A. 5　B. 7　C. 6　D. 12

29. 证券公司经营与证券交易、证券投资活动有关的财务顾问的,注册资本最低限额为人民币(　　)。
A. 5000万元　B. 1亿元　C. 2亿元　D. 5亿元

30. 有限责任公司监事会中,公司职工代表的比例不得低于(　　)。
A. 1/3　B. 2/3　C. 1/2　D. 3/4

31. 证券发行规模达到一定数量的,可以采用联合保荐,但参与联合保荐的保荐机构不得超过(　　)家。
A. 2　B. 3　C. 4　D. 5

32. 为发行人及其控股股东、实际控制人,或者收购人、重大资产交易方出具审计报告或者法律意见书等文件的证券服务机构和人员,自接受委托之日起至上述文件公开后(　　)日内,不得买卖该证券。
A. 2　B. 3　C. 5　D. 10

33. 对于首次建立业务关系的客户,无论其风险等级高低,证券公司在初次确定其风险等级后的(　　)年内至少应进行1次复核。
A. 1　B. 2　C. 3　D. 4

34. 根据《证券期货经营机构及其工作人员廉洁从业规定》,证券期货经营机构应当于每年(　　)前,向中国证监会有关派出机构报送上年度廉洁从业管理情况报告。
A. 4月30日　B. 2月28日　C. 5月30日　D. 6月30日

35. 下列关于股份有限公司设立的说法,错误的是(　　)。
A. 设立股份有限公司,可以采取发起设立或者募集设立的方式
B. 股份有限公司发起人承担公司筹办事务
C. 募集设立应当由发起人认购设立公司时应发行的全部股份
D. 发起人应当在公司成立前按照其认购的股份全额缴纳股款

36. 根据《私募投资基金监督管理条例》,私募基金管理人应由(　　)担任。
A. 公司或者合伙企业　B. 自然人或者公司
C. 自然人或者合伙企业　D. 自然人

37. 公司作出合并决议的,按照规定通知债权人并予以公告后,债权人自接到通知书之日起(　　)日内有权要求公司清偿债务或提供相应担保。
A. 90　B. 30　C. 60　D. 45

38. 投资者持有或者通过协议、其他安排与他人共同持有一个上市公司已发行的有表决权股份达到

5%后，其所持该上市公司已发行的有表决权股份比例每增加或者减少(　　)，应当在该事实发生的次日通知该上市公司，并予公告。

A. 2%　　B. 5%　　C. 3%　　D. 1%

39. 基金财产的债务，由(　　)。

A. 基金财产和基金管理人固有资产共同承担

B. 基金管理人固有资产承担

C. 基金财产本身承担

D. 基金托管人固有资产承担

40. 证券公司应当至少每半年经主要负责人、(　　)签署确认后，向公司全体董事报告一次公司净资本等风险控制指标的具体情况和达标情况。

A. 独立董事　　B. 合规总监　　C. 董事长　　D. 首席风险官

二、多选题(共40题，每小题1分，共40分)以下备选项中有两项或两项以上符合题目要求，多选、少选、错选均不得分。

41. 根据《期货和衍生品法》，保证金的形式可以是(　　)。

A. 现金　　B. 国债　　C. 股票、基金份额　　D. 标准仓单

42. 下列属于证券经纪业务管理风险的防范措施有(　　)。

A. 严格执行经纪业务操作规程

B. 加强经纪业务营销管理

C. 建立经纪业务营销和账户管理操作信息管理系统

D. 建立健全各项规章制度

43. 可作为融资买入和融券卖出的标的证券，一般是在证券交易所上市交易并经证券交易所认可的(　　)。

A. 股票　　B. 债券　　C. 证券投资基金　　D. 信托产品

44. 根据《证券法》，证券发行交易活动的当事人应当遵守的原则包括(　　)。

A. 诚实信用　　B. 自愿　　C. 有偿　　D. 稳健

45. 金融资产符合(　　)的，可按照企业会计准则以摊余成本进行计量。

A. 资产管理产品为封闭式产品，且所投金融资产以收取合同现金流量为目的并持有到期

B. 资产管理产品为封闭式产品，且所投金融资产暂不具备活跃交易市场，或者在活跃市场中没有报价，也不能采用估值技术可靠计量公允价值

C. 资产管理产品为封闭式产品，所投资产具备活跃交易市场

D. 资产管理产品为封闭式产品，所投资产在活跃市场中有报价

46. 下列关于证券公司对从事证券经纪业务相关人员的管理要求的说法，正确的有(　　)。

A. 与客户权益变动相关业务的经办人员之间，应当建立制衡机制

B. 涉及客户资金账户及证券账户的开立、信息修改、注销等业务应当一人操作、一人复核，复核应当留痕

C. 客户证券账户转托管和撤销指定交易等业务应当一人操作、一人复核，复核应当留痕

D. 涉及客户账户资产变动记录的差错确认与调整等非常规性业务操作，应当事先审批，事后复核，审批及复核均应留痕

47. 全面风险管理是指证券公司董事会、经理层以及全体员工共同参与，对公司经营中的(　　)等各类风险，进行准确识别、审慎评估、动态监控、及时应对及全程管理。

A. 流动性风险　　B. 市场风险

C. 信用风险　　D. 声誉风险

48. 证券公司经营证券经纪业务、资产管理业务、融资融券业务和证券承销与保荐业务中两种业务以上的，其董事会应当设(　　)机构行使公司章程规定的职权。

A. 战略发展委员会　　B. 薪酬与提名委员会

C. 审计委员会　　D. 风险控制委员会

49. 下列关于股份有限公司高级管理人员股份转让的说法中，正确的有(　　)。

A. 应当向公司申报所持有的本公司的股份及其变动情况

B. 所持本公司股份自公司股票上市交易之日起1年内不得转让

C. 离职后1年内，不得转让其所持有的本公司股份

D. 在任职期间每年转让的股份不得超过其所持有本公司股份总数的30%

50. 根据《证券公司监督管理条例》,下列关于证券公司独立董事的说法中,正确的有(　　)。
A. 独立董事不得在本证券公司担任高级管理人员
B. 独立董事可以兼任本证券公司监事
C. 独立董事可以兼任本证券公司稽核审计部门的负责人
D. 独立董事不得为本证券公司提供审计服务

51. 证券金融公司开展转融通业务,应当以自己的名义,在证券登记结算机构分别开立(　　)。
A. 转融通专用证券账户　　B. 转融通担保证券账户
C. 转融通证券交收账户　　D. 转融通专用资金账户

52. 在营业部经纪业务主要环节的操作规程方面,证券账户管理包括(　　)等内容。
A. 证券账户的开立　　B. 证券账户注册资料的查询
C. 证券账户挂失补办　　D. 非交易过户

53. 下列属于证券公司章程中重要条款的有(　　)。
A. 证券公司的解散事由　　B. 证券公司的清算办法
C. 证券公司组织机构及其产生办法　　D. 聘任律师事务所程序

54. 证券公司、证券投资咨询机构和其他财务顾问机构有下列(　　)情形之一的,不得担任财务顾问。
A. 最近 24 个月内存在违反诚信的不良记录
B. 最近 24 个月内因执业行为违反行业规范而受到行业自律组织的纪律处分
C. 最近 36 个月内因违法违规经营受到处罚
D. 因涉嫌违法违规经营正在被调查

55. 证券研究报告,是指证券公司、证券投资咨询机构对证券及证券相关产品的价值、市场走势或者相关影响因素进行分析,形成证券估值、投资评级等投资分析意见制作的证券研究报告。主要包括的文件有(　　)。
A. 对具体证券的价值分析报告　　B. 对证券相关产品的价值分析报告
C. 证券业投资策略报告　　D. 证券业行业研究报告

56. 下列关于主办券商的说法,正确的有(　　)。
A. 从事经纪业务的,应当具有证券经纪业务资格
B. 从事推荐业务的,应当具有证券承销与保荐业务资格
C. 经纪业务包括代理开立证券账户、代理买卖股票等业务
D. 从事做市业务的,应当具有证券自营业务资格

57. 证券投资顾问不得通过(　　)等公众媒体,做出买入、卖出或者持有具体证券的投资建议。
A. 广播　　B. 电视　　C. 网络　　D. 报刊

58. 经营机构发布证券研究报告,以下符合独立、客观、公平、审慎原则要求的有(　　)。
A. 采取有效措施,保证制作发布证券研究报告不受利益相关者的干涉和影响
B. 可以将证券研究报告的内容或者观点,优先提供给公司内部部门
C. 证券研究报告可以对证券估值、投资评级作出审慎的保证
D. 从组织设置、人员职责上,将证券研究报告制作发布环节与销售服务环节分开管理

59. 流动性风险,是指证券公司无法以合理成本及时获得充足资金,以(　　)的资金需求的风险。
A. 偿付到期债务　　B. 履行其他支付义务
C. 满足正常业务开展　　D. 进行套期保值

60. 根据《私募投资基金监督管理条例》,(　　)不得担任私募基金管理人或其控股股东、实际控制人、普通合伙人。
A. 因非法集资、非法经营等重大违法行为被注销登记,自被注销登记之日起满 2 年的私募基金管理人
B. 因非法集资、非法经营等重大违法行为被注销登记,自被注销登记之日起满 5 年的私募基金管理人
C. 从事的业务与私募基金管理存在利益冲突
D. 有严重不良信用记录尚未修复

61. 根据《期货和衍生品法》,期货公司办理下列(　　)事项,应当经国务院期货监督管理机构核准。
A. 变更高级管理人员　　B. 合并、分立、停业、解散或者申请破产
C. 变更注册资本且调整股权结构　　D. 变更业务范围

62. 证券公司开展发行与承销业务适用的主要法律、行政法规包括(　　)。
A.《证券公司监督管理条例》　B.《证券法》
C.《公司债券承销业务规范》　D.《公司法》

63. 设立基金管理公司,应当具备的条件有(　　)。
A. 有符合《中华人民共和国证券投资基金法》和《中华人民共和国公司法》规定的章程
B. 注册资本不低于3亿元人民币,且必须为实缴货币资本
C. 取得基金从业资格的人员达到法定人数
D. 有完善的内部稽核监控制度和风险控制制度

64. 资产支持证券可以按规定进行挂牌、转让的场所有(　　)。
A. 证券交易所　B. 机构间私募产品报价与服务系统
C. "新三板"　D. 证券公司柜台市场

65. 证券投资顾问应当遵循诚实信用原则,勤勉、审慎地为客户提供证券投资顾问服务。证券投资顾问不得从事的活动有(　　)。
A. 以任何方式向客户承诺或者保证投资收益
B. 向客户收取证券投资顾问服务费用
C. 向他人泄露客户的投资决策计划信息
D. 通过网络等公众媒体作出买入具体证券的投资建议

66. 证券公司开展资产管理业务,应当向客户如实披露的信息包括(　　)。
A. 证券公司业务资质　B. 证券公司管理能力
C. 拟投资的股票及购买数量　D. 可能存在的市场风险

67. 根据《证券公司全面风险管理规范》,证券公司董事会承担全面风险管理的最终责任包括(　　)。
A. 推进风险文化建设
B. 审议批准公司全面风险管理的基本制度,审议公司定期风险评估报告
C. 审议批准公司的风险偏好、风险容忍度以及重大风险限额
D. 任免、考核首席风险官,未明确要求建立与首席风险官的直接沟通机制

68. 证券公司从事证券自营业务的自营清算岗位(　　)。
A. 应当与资产管理业务清算岗位分离　B. 不需要与资产管理业务清算岗位分离
C. 应当与经纪业务清算岗位分离　D. 不需要与经纪业务清算岗位分离

69. 张某、孙某、李某、王某等七人是甲股份有限公司董事会董事,在一次董事会会议上,董事会通过的决议违反了甲公司章程,致使公司遭受严重损失。下列应对公司负赔偿责任的有(　　)。
A. 因故未出席此次董事会的张某,也未委托任何人代为出席
B. 参与决议的孙某,对此决议未提出异议
C. 参与决议的李某,表决时曾表明异议,但并未记载于会议记录
D. 参与决议的王某,表决时曾表明异议并记载于会议记录

70. 证券公司证券自营业务中涉及自营规模、风险限额等方面的重大决策应当(　　),由相关人员签字确认后存档。
A. 经过负责人批准　B. 经过集体决策
C. 采取书面形式　D. 采取电子形式

71. 证券市场法律法规体系的主要层级包括(　　)。
A. 法律　B. 部门规章　C. 行政法规　D. 自律管理规则

72. 私募投资基金的投资范围包括(　　)。
A. 股票　B. 债券　C. 基金份额　D. 期货

73. 下列情形中,公司可以收购本公司股份的有(　　)。
A. 减少公司注册资本　B. 拟向控股股东发行股份
C. 将股份用于员工持股计划　D. 与持有本公司股份的其他公司合并

74. 证券公司为期货公司介绍客户时,应当向客户说明的事项有(　　)。
A. 明示其与期货公司的介绍业务委托关系　B. 解释期货交易的方式、流程及风险
C. 作获利保证、共担风险等承诺　D. 进行虚假宣传

75. 公开披露基金信息,不得有下列(　　)行为。
A. 对证券投资业绩进行预测　B. 违规承诺收益或承担损失
C. 虚假记载、误导性陈述或者重大遗漏　D. 诋毁基金销售机构

76. 非公开募集基金的基金管理人员组织形态包括(　　)。
A. 依法设立的公司　　B. 合伙企业
C. 个人　　D. 社团

77. 融资融券业务的客户征信内容包括(　　)。
A. 客户身份　　B. 证券投资经验　　C. 风险偏好　　D. 政治面貌

78. 证券公司在选择代销的金融产品时,应当充分了解金融产品的(　　)等信息。
A. 发行依据　　B. 基本性质　　C. 投资安排　　D. 风险收益特征

79. 客户信用交易担保证券账户记录的证券,由证券公司以自己的名义,为客户的利益,行使对证券发行人的权利。对证券发行人的权利包括(　　)等。
A. 请求召开证券持有人会议　　B. 参加证券持有人会议
C. 配售股份的认购　　D. 请求分配投资收益

80. 证券公司代销金融产品,应当建立的制度包括(　　)。
A. 委托人资格审查　　B. 金融产品尽职调查
C. 风险评估　　D. 销售适当性管理

三、判断题(共 30 题,每小题 1 分,共 30 分)正确的选 A,错误的选 B。不选、错选均不得分。

81. 资产支持证券初始挂牌交易单位所对应的发行面值或等值份额应不小于 1000 万元人民币。(　　)
A. 正确　　B. 错误

82. 证券公司应当明确主要负责人为本机构网络和信息安全工作的第一责任人,分管网络和信息安全工作的领导班子成员或者高级管理人员为直接责任人。(　　)
A. 正确　　B. 错误

83. 证券公司应当代理客户进行期货结算。(　　)
A. 正确　　B. 错误

84. 证券基金经营机构应当委托港股投资顾问直接执行投资指令。(　　)
A. 正确　　B. 错误

85. 中国证券业协会建立全国统一的证券期货市场诚信档案数据库,记录证券期货市场诚信信息。(　　)
A. 正确　　B. 错误

86. 证券公司董事会负责对高级管理人员履行合规管理职责的情况进行监督。(　　)
A. 正确　　B. 错误

87. 证券公司及其分支机构负责人应当对反洗钱内部控制制度进行监督管理,总部应当对分支机构执行反洗钱内部控制制度的有效实施负责。(　　)
A. 正确　　B. 错误

88. 署名证券分析师发布证券研究报告之前,应当根据相关销售服务人员的意见对研究报告进行充分的修订。(　　)
A. 正确　　B. 错误

89. 上市公司发行不同种类股份的,收购人可以针对不同种类股份提出不同的收购条件。(　　)
A. 正确　　B. 错误

90. 中国证监会等监管机构制定证券公司信用业务相关监管政策、实施监督管理的法律依据是《证券法》和《证券公司监督管理条例》。(　　)
A. 正确　　B. 错误

91. 投资者融资买入证券时,融资保证金比例不得低于 50%。(　　)
A. 正确　　B. 错误

92. 在向投资者推介私募基金之前,募集机构应当采取问卷调查等方式履行特定对象确定程序,对投资者风险识别能力和风险承担能力进行评估。(　　)
A. 正确　　B. 错误

93. 采取要约收购方式的,收购人在收购期限内,不得卖出被收购公司的股票,也不得采取要约规定以外的形式和超出要约的条件买入被收购公司的股票。(　　)
A. 正确　　B. 错误

94. 证券公司董事会对信息技术管理的有效性承担责任。(　　)
A. 正确　　B. 错误

95. 证券基金经营机构聘任分支机构负责人,应当依法向中国证监会相关派出机构备案。(　　)
A. 正确　　B. 错误

96. 根据《公司法》，设立股份有限公司，可以采取发起设立或者募集设立的方式。(　　)
A. 正确　　B. 错误

97. 证券公司的业务执行部门负责制定与融资融券业务相关的部门设置及各部门职责。(　　)
A. 正确　　B. 错误

98. 董事会秘书为证券公司高级管理人员。(　　)
A. 正确　　B. 错误

99. 在证券基金经营机构参股的公司仅可兼任董事、监事，且数量不得超过 2 家，在证券基金经营机构控股子公司兼职的，受同样限制。(　　)
A. 正确　　B. 错误

100. 自营权益类证券及其衍生品的合计额不得超过净资本的 500%。(　　)
A. 正确　　B. 错误

101. 合规总监和合规部门承担执行信息隔离墙相关制度的直接管理责任。(　　)
A. 正确　　B. 错误

102. 董事长、监事长可以担任公司法定代表人。(　　)
A. 正确　　B. 错误

103. 期货交易场所不得直接或者间接参与期货交易。(　　)
A. 正确　　B. 错误

104. 从事证券投资咨询业务，必须取得中国证券业协会的业务许可。(　　)
A. 正确　　B. 错误

105. 在融资融券业务当中，融资专用资金账户是客户在指定商业银行开立的用于记载客户交存的担保资金的明细数据的账户。(　　)
A. 正确　　B. 错误

106. 基金管理人、基金托管人因依法解散、被依法撤销或者被依法宣告破产等原因进行清算的，基金财产属于其清算财产。(　　)
A. 正确　　B. 错误

107. 证券公司在开展业务创新时，在可行性研究的基础上，应当及时与中国证监会沟通，履行创新业务的报备(报批)程序。(　　)
A. 正确　　B. 错误

108. 证券公司在开展金融衍生品业务前应向中国证券业协会进行业务方案备案，并取得相应业务方案备案确认函。(　　)
A. 正确　　B. 错误

109. 证券投资顾问应当对其署名的证券研究报告的内容和观点负责。(　　)
A. 正确　　B. 错误

110. 中国证监会可以对证券公司违规事项中负有直接责任的高级管理人员采取责令参加培训的行政监管措施。(　　)
A. 正确　　B. 错误

四、综合题(共 10 题，每小题 1 分，共 10 分)以下备选项中有一项或多项符合题目要求，不选、错选均不得分。

李某和王某共同设立有限合伙企业甲，李某为普通合伙人，王某为有限合伙人。合约协议约定，合伙企业甲自成立之日起 2 年内收购某上市公司控制权，若收购任务无法完成，合伙企业解散。

根据以上信息，回答下列三题。

111. 甲企业成立 2 年后，收购任务未完成，予以解散，清算人由(　　)担任。
A. 普通合伙人李某　　B. 有限合伙人王某
C. 全体合伙人　　D. 全体债权人

112. 清算人自被确认之日起(　　)日内将合伙企业解散事项通知债权人。
A. 30　　B. 10
C. 60　　D. 15

113. 甲企业注销后，仍有其存续期间的 50 万债务没有偿还，以下不符合合伙企业法律规定的是(　　)。
A. 剩余债务不再偿还　　B. 剩余债务由李某偿还
C. 剩余债务由王某偿还　　D. 剩余债务按出资比例由李某和王某偿还

客户王某在甲证券公司某营业部开立了经纪业务账户，因其账户证券交易存在异常被证券公司使用的反洗钱系统预警。经调查，甲证券公司怀疑王某用于证券交易的资金与其担任法定代表人的公司违规经营外汇业务有关。

根据以上信息，回答下列两题。

114. 关于反洗钱内部控制，下列说法正确的有(　　)。

A. 证券公司及其分支机构负责人应当对反洗钱内部控制制度的有效实施负责

B. 证券公司总部应当对分支机构执行反洗钱内部控制制度进行监督管理

C. 证券公司应当任命或者授权一名高级管理人员牵头负责反洗钱工作

D. 证券公司应当明确董事会、监事会、高级管理层和相关部门的反洗钱职责

115. 针对王某，甲证券公司可采取的措施有(　　)。

A. 向中国反洗钱监测分析中心提交可疑交易报告

B. 向中国证监会提交可疑交易报告

C. 提升客户风险等级

D. 限制客户交易

杨某为甲证券公司营业部总经理，负责营业部全面工作。孙某为甲证券公司营业部客户经理，负责开发及维护客户。2022 年 10 月至 2022 年 12 月，杨某、孙某擅自运用客户邵某的证券账户进行交易，造成邵某证券账户亏损人民币 1050 万元，为甲证券公司赚取交易手续费 131 万元。法院经审理认为，杨某、孙某未征得邵某同意，利用掌握的交易密码自行操作邵某证券账户，属于擅自运用客户资金的行为。杨某、孙某为甲证券公司员工，其违法行为收取的手续费亦归甲证券公司所有，甲证券公司构成单位犯罪。

根据以上信息，回答下列三题。

116. 甲证券公司违背受托义务，擅自运用客户资金，情节特别严重，其行为侵犯了国家的金融管理秩序和客户的合法权益，构成(　　)。

A. 非法吸收公众存款罪　　B. 集资诈骗罪

C. 背信运用受托财产罪　　D. 利用未公开信息交易罪

117. 甲证券公司涉嫌下列(　　)情形的，应予立案追诉。

A. 擅自运用客户资金或者其他委托、信托的财产数额在 30 万元以上的

B. 擅自运用客户资金或者其他委托、信托的财产数额在 10 万元以上，并且多次擅自运用客户资金或者其他委托、信托的财产

C. 擅自运用客户资金或者其他委托、信托的财产数额在 10 万元以上，并且擅自运用多个客户资金或者其他委托、信托的财产的

D. 擅自运用客户资金或者其他委托、信托的财产数额在 10 万元以上的

118. 杨某作为营业部直接负责的主管人员，孙某作为该营业部其他责任人员，依法均应予惩处，下列刑罚中，说法正确的有(　　)。

A. 杨某，判处有期徒刑 3 年 6 个月，并处罚金人民币 20 万元

B. 孙某，判处有期徒刑 3 年，并处罚金 5 万元

C. 杨某，判处有期徒刑 2 年 6 个月，并处罚金人民币 20 万元

D. 孙某，判处有期徒刑 3 年，并处罚金 3 万元

王某于 2022 年 4 月 1 日入职丙证券公司合规部，丙证券公司为其在证券业协会从业人员管理平台办理登记，并生成了唯一登记编号。同年 7 月，王某岗位调整，到资产管理总部任职。

根据以上信息，回答下列两题。

119. 关于王某入职丙证券公司合规部的登记事项，下列说法正确的有(　　)。

A. 王某入职丙证券公司合规部后，丙证券公司应在 5 个工作日内为其在证券业协会从业人员管理平台办理登记

B. 登记信息不完备或者不符合规定的，王某应当按照要求及时补正

C. 登记信息完备且符合规定的，中国证监会应于 5 个工作日内办结登记并生成唯一登记编号

D. 登记信息包括基本信息、专业能力水平评价情况、从业经历及相关情况、诚信情况及其他执业声誉情况等

120. 王某从事的业务类别发生变化，丙证券公司可以在(　　)个工作日内为其办理变更登记。

A. 5　　B. 3　　C. 7　　D. 10

机考题库·真题试卷参考答案及解析

机考题库·真题试卷(一)

答题卡

便捷速查答案及详细解析,难题典型题有视频讲解

考生用微信扫描右侧二维码,可以按题号迅速查解析,难题、典型题配视频讲解

一、单选题

1. C 【解析】选项C,合规管理人员工作称职的,其年度薪酬收入总额不得低于公司同级别人员的平均水平。

2. A 【解析】误导性陈述是指虚假陈述行为人在信息披露文件中或者通过媒体,作出使投资人对其投资行为发生错误判断并产生重大影响的陈述。

3. A 【解析】选项A,开户代理机构应通过其公司网站为投资者办理网上开户业务,不得利用第三方网站办理网上开户业务。

4. A 【解析】有限责任公司股东会由全体股东组成。股东会是公司的权力机构,依照《中华人民共和国公司法》行使职权。

5. D 【解析】基金管理人应当公平对待其管理的不同基金财产,故选项D说法错误。

6. B 【解析】年度报告中包括财务会计报告、风险控制指标报告以及国务院证券监督管理机构规定的其他专项报告,应当经会计师事务所审计,并应当附有该会计师事务所出具的内部控制评审报告。

7. B 【解析】有限责任公司变更为股份有限公司,应当符合《公司法》规定的股份有限公司的条件。股份有限公司变更为有限责任公司,应当符合《公司法》规定的有限责任公司的条件。

8. C 【解析】证券自营业务相关风险控制指标:①自营权益类证券及其衍生品的合计额不得超过净资本的100%;②自营非权益类证券及其衍生品的合计额不得超过净资本的500%;③持有一种权益类证券的成本不得超过净资本的30%;④持有一种权益类证券的市值与其总市值的比例不得超过5%,因包销、中国证监会认可的做市业务以及股票质押违约处理等导致的情形及中国证监会另有认定的除外;⑤持有一种非权益类证券的规模不得超过其总规模的20%,不含同业存单,国债、中央银行票据、国开债及基金名称显示投资方向为此类债券的指数基金(含ETF)。

9. B 【解析】证券行业文化建设十要素:①平衡各方利益是证券公司实现稳健经营的基础(选项B错误);②建立长效激励是落实文化建设的重要途径(选项A正确);③加强声誉约束是文化建设的有力保障(选项D正确);④落实责任担当是文化建设的重要抓手(选项C正确)。

10. A 【解析】证券公司应当建立健全客户回访制度,指定人员定期通过面谈、电话、信函或者其他方式对证券经纪人招揽和服务的客户进行回访,了解证券经纪人的执业情况,并作出完整记录。

11. C 【解析】有限责任公司设立时,股东未按照公司章程规定实际缴纳出资,或者实际出资的非货币财产的实际价额显著低于所认缴的出资额的,设立时的其他股东与该股东在出资不足的范围内承担连带责任,故选项A说法错误。股东未按期足额缴纳出资的,除应当向公司足额缴纳外,还应当对给公司造成的损失承担赔偿责任,故选项B说法错误。有限责任公司的注册资本为在公司登记机关登记的全体股东认缴(而非实缴)的出资额,故选项D说法错误。

12. D 【解析】自合伙企业解散事由出现之日起15日内未确定清算人的,合伙人或者其他利害关系人可以申请人民法院指定清算人。

13. C 【解析】申请证券投资咨询从业资格的机构,应当具备下列条件:①从事证券投资咨询业务的机构,有5名以上取得证券投资咨询从业资格的专职人员(选项B错误);同时从事证券和期货投资咨询业务的机构,有10名以上取得证券、期货投资咨询从业资格的专职人员;其高级管理人员中,至少有1名取得证券投资咨询从业资格(选项A错误)。②有100万元人民币以上的注册资本(选项D错误)。③有固定的业务场所和与业务相适应的通信及其他信息传递设施(选项C正确)。④有公司章程。⑤有健全的内部管理制度。⑥具备中国证监会要求的其他条件。

14. A 【解析】交易者在结算过程中违约的,其委托的结算参与人(期货公司)按照合同约定动用该交易者的保证金以及结算参与人的风险准备金和自有资金完成结算;结算参与人以其风险准备金和自有资金完成结算的,可以依法对该交易者进行追偿。

15. B 【解析】发行公告是承销商对公众投资人作出的事实通知,其内容主要包括提示、发行额度、面值与价格、发行方式、发行对象、发行时间和范围、认购股数的规定、认购原则、认购程序、承销机构等。

16. B 【解析】证券公司与投资者约定抵押、质押等财产担保的,应当依法办理担保设定手续;向投资者收取履约保证金的,应当在双方约定的金融机构开立专门账户存放,不得违约动用。

17. D 【解析】保荐机构应当指定2名保荐代表人具体负责1家发行人的保荐工作。

18. C 【解析】证券公司经营证券经纪业务,同时经营证券承销与保荐、证券自营、证券资产管理、其他证券业务等业务之一的,其净资本不得低于人民币1亿元。

19. D 【解析】背信运用受托财产罪是指银行或者其他金融机构违背受托义务,擅自运用客户资金或者其他委托、信托的财产,情节严重的行为。

20. D 【解析】根据《证券公司及基金管理公司子公司资产证券化业务管理规定》要求,管理人应为资产支持证券投资者的利益管理专项计划资产。

21. D 【解析】财务顾问从事上市公司并购重组财务顾问业务,应当履行以下职责:①接受并购重组当事人的委托,对上市公司并购重组活动进行尽职调查,全面评估相关活动所涉及的风险;②就上市公司并购重组活动向委托人提供专业服务,帮助委托人分析并购重组相关活动所涉及的法律、财务、经营风险,提出对策和建议,设计并购重组方案,并指导委托人按照上市公司并购重组的相关规定制作申报文件;③对委托人进行证券市场规范化运作的辅导(选项C),使其熟悉有关法律、行政法规和中国证监会的规定,充分了解其应承担的义务和责任,督促其依法履行报告、公告和其他法定义务;④在对上市公司并购重组活动及申报文件的真实性、准确性、完整性进行充分核查和验证的基础上,依据中国证监会的规定和监管要求,客观、公正地发表专业意见;⑤接受委托人的委托,向中国证监会报送有关上市公司并购重组的申报材料(选项A),并根据中国证监会的审核意见,组织和协调委托人及其他专业机构进行答复;⑥根据中国证监会的相关规定,持续督导委托人依法履行相关义务(选项B);⑦中国证监会要求的其他事项。

22. A 【解析】选项A属于部门规章,选项B、选项D属于法律,选项C属于规范性文件。

23. D 【解析】发起人、认股人缴纳股款或者交付抵作股款的出资后,除未按期募足股份、发起人未按期召开创立大会或者创立大会决议不设立公司的情形外,不得抽回其股本。

24. D 【解析】经营机构向普通投资者销售产品或者提供服务前,应当告知下列信息:①可能直接导致本金亏损的事项;②可能直接导致超过原始本金损失的事项;③因经营机构的业务或者财产状况变化,可能导致本金或者原始本金亏损的事项;④因经营机构的业务或者财产状况变化,影响客户判断的重要事由(选项D);⑤限制销售对象权利行使期限或者可解除合同期限等全部限制内容;⑥对每名投资者提出匹配意见。

25. C 【解析】证券公司申请融资融券业务资格,应当具备的条件之一:信息系统安全稳定运行,最近1年(而非6个月)未发生因公司管理问题导致的重大事件,融资融券业务技术系统已通过证券交易所、证券登记结算机构组织的测试。故选C。

26. B 【解析】证券公司合并、分立的,涉及客户权益的重大资产转让应当经具有证券相关业务资格的资产评估机构评估。

27. B 【解析】在内幕信息敏感期内,与内幕信息知情人员联络、接触,从事或者明示、暗示他人从事,或者泄露内幕信息导致他人从事与该内幕信息有关的证券、期货交易,相关交易行为明显异常,且无正当理由或者正当信息来源的人员,属于非法获取证券、期货交易内幕信息的人员。

28. C 【解析】集资诈骗罪犯罪主观方面是故意,且以非法占有为目的。非法吸收公众存款罪不具有非法占有的目的,故选项A、选项D说法错误。本罪的犯罪主体是一般主体,包括自然人和单位,故选项B说法错误。集资诈骗罪在客观方面表现为使用欺诈手段实施非法集资,且数额较大的行为,故选项C说法正确。

29. B 【解析】公司为公司股东或者实际控制人提供担保的,应当经股东会决议。对于被担保人股东或者受被担保实质控制人支配的股东,不得参加该事项的表决。该项表决由出席会议的其他股东所持表决权的过半数通过。

30. C 【解析】证券期货经营机构工作人员违反《证券期货经营机构及其工作人员廉洁从业规定》,事后及时向中国证监会(而非证券业协会)报告,或者积极配合调查的,依法免于追究责任或者从轻、减轻处理。

31. B 【解析】证券公司可以从事股票期权经纪业务、自营业务、做市业务,期货公司可以从事股票期权经纪业务、与股票期权备兑开仓以及行权相关的证券现货经纪业务。

32. C 【解析】融资融券业务是指在证券交易所或国务院批准的其他证券交易场所进行的证券交易中,证券公司向客户出借资金供其买入证券或者出借证券供其卖出,并由客户交存相应担保物的经营活动。

33. D 【解析】证券公司、证券投资咨询机构提供证券投资顾问服务,应当与客户签订证券投资顾问服务协议,并对协议实行编号管理。

34. D 【解析】根据《证券发行上市保荐业务管理办法》第六十六条,出现下列情形之一的,中国证监会可以视情节轻重,采取责令改正、监管谈话、出具警示函等监管措施;情节严重的,中国证监会可以在3个月到12个月内不受理保荐机构、保荐代表人具体负责的推荐:①制作或者出具的文件不齐备或者不符合要求(选项A);②擅自改动申请文件、信息披露资料或者其他已提交文件(选项B);③申请文件或者信息披露资料存在相互矛盾或者同一事实表述不一致且有实质性差异;④文件披露的内容表述不清,逻辑混乱,严重影响投资者理解;⑤未及时报告或者未及时披露重大事项(选项C);⑥指定不符合本办法第四条规定要求的人员具体负责保荐工作;⑦未通过内核程序,以公司名义对外提交或披露保荐业务项目文件;⑧采取业务包干等承包方式或其他形式进行过度激励;⑨以显著低于行业定价水平等不正当竞争方式招揽业务,违反公平竞争、破坏市场秩序。

35. B 【解析】有限责任公司股东会议作出修改公司章程、增加或减少注册资本的决议,以及公司合并、分立、解散或者变更公司形式的决议,必须经代表2/3以上表决权的股东通过。

36. D 【解析】封闭式基金是指基金份额总额在基金合同期限内固定不变,基金份额持有人不得申请赎回的基金。

37. D 【解析】根据《中华人民共和国证券法》第四十二条规定，为证券发行出具审计报告或者法律意见书等文件的证券服务机构和人员，在该证券承销期内和期满后6个月内，不得买卖该证券。
38. D 【解析】股东可以用货币出资，也可以用实物、知识产权、土地使用权等可以用货币估价并可以依法转让的非货币财产作价出资；但是，法律、行政法规规定不得作为出资的财产除外。股东不得以劳务出资。故本题选D。
39. D 【解析】选项D应为具有证券经纪业务资格。
40. B 【解析】设立管理公开募集基金的基金管理公司，应当具备下列条件，并经国务院证券监督管理机构批准：①有符合《中华人民共和国证券投资基金法》和《中华人民共和国公司法》规定的章程；②注册资本不低于1亿元人民币，且必须为实缴货币资本；③主要股东应当具有经营金融业务或者管理金融机构的良好业绩、良好的财务状况和社会信誉，资产规模达到国务院规定的标准，最近3年没有违法记录；④取得基金从业资格的人员达到法定人数；⑤董事、监事、高级管理人员具备相应的任职条件；⑥有符合要求的营业场所、安全防范设施和与基金管理业务有关的其他设施；⑦有良好的内部治理结构、完善的内部稽核监控制度、风险控制制度；⑧法律、行政法规规定的和经国务院批准的国务院证券监督管理机构规定的其他条件。

二、多选题

41. ABCD 【解析】《期货和衍生品法》的调整对象包括期货交易、衍生品交易、期货合约、期权合约、互换合约、远期合约、套期保值。
42. ACD 【解析】证券公司的股东应当用货币或者证券公司经营必需的非货币财产(而不是货币财产)出资，故选项A错误。证券公司股东的非货币财产出资总额不得超过证券公司注册资本的30%，故选项C错误。证券公司股东的出资，应当经具有证券、期货相关业务资格的会计师事务所验资并出具证明；出资中的非货币财产，应当经具有证券相关业务资格的资产评估机构评估，故选项D错误。
43. ABD 【解析】根据《中华人民共和国证券法》，公开发行公司债券筹集的资金，必须按照公司债券募集办法所列资金用途使用(选项A正确)；改变资金用途，必须经债券持有人会议作出决议(选项D正确)。公开发行公司债券筹集的资金，不得用于弥补亏损和非生产性支出(选项B正确，选项C错误)。
44. BCD 【解析】股东会通过公司连续5年不向股东分配利润，而公司该5年连续盈利，并且符合《中华人民共和国公司法》规定的分配利润条件的决议，对股东会该项决议投反对票的股东可以请求公司按照合理的价格收购其股权。故选项A说法错误，选项B说法正确。选项C、选项D说法均正确。
45. ABD 【解析】根据《中华人民共和国证券法》，保荐人出具有虚假记载、误导性陈述或者重大遗漏的保荐书，或者不履行其他法定职责的，责令改正，给予警告(选项A正确)，没收业务收入，并处以业务收入1倍以上10倍以下的罚款(选项D正确)；没有业务收入或者业务收入不足100万元的，处以100万元以上1000万元以下的罚款；情节严重的，并处暂停或者撤销保荐业务许可(选项B正确)。对直接负责的主管人员和其他直接责任人员给予警告，而非记过处分(选项C错误)，并处以50万元以上500万元以下的罚款。
46. ABCD 【解析】证券公司可以设立子公司开展自营业务(选项A正确)。证券公司可以委托具备证券资产管理业务资格、特定客户资产管理业务资格或者合格境内机构投资者资格的其他证券公司或者基金管理公司进行证券投资管理(选项B、选项C正确)。具备证券自营业务资格的证券公司可以从事金融衍生产品交易(选项D正确)。
47. ABCD 【解析】证券公司、证券投资咨询机构发布证券研究报告，应当遵守法律、行政法规和《发布证券研究报告暂行规定》，遵循独立、客观、公平、审慎原则，有效防范利益冲突，公平对待发布对象，禁止传播虚假、不实、误导性信息，禁止从事或者参与内幕交易、操纵证券市场活动，故选项A、选项B不符合规定。从事发布证券研究报告业务的相关人员，不得同时从事证券自营、证券资产管理等存在利益冲突的业务，故选项C不符合规定。证券公司、证券投资咨询机构应当公平对待证券研究报告的发布对象，不得将证券研究报告的内容或者观点，优先提供给公司内部部门、人员或者特定对象，故选项D不符合规定。
48. ACD 【解析】公司可以修改公司章程，变更经营范围(选项A、选项C当选)。公司营业执照应当载明公司的名称、住所、注册资本、经营范围、法定代表人姓名等事项。公司营业执照记载的事项发生变更的，公司应当依法办理变更登记(选项D当选)。公司解散的，应当依法办理公司注销登记，而非变更登记(选项B不当选)。
49. ABD 【解析】根据《关于规范金融机构资产管理业务的指导意见》的规定，公募产品和开放式私募产品不得进行份额分级。根据《证券期货经营机构私募资产管理业务管理办法》的规定，开放式集合资产管理计划不得进行份额分级。封闭式集合资产管理计划可以根据风险收益特征对份额进行分级。
50. ABC 【解析】证券公司对业务创新应重点防范违法违规、规模失控、决策失误等风险，始终坚持合法合规、审慎经营的原则，加强集中管理和风险控制。
51. ABCD 【解析】证券公司未按期完成整改的，自整改期限到期的次日起，中国证监会派出机构应当区别情形，对其采取下列措施：①限制业务活动(选项A)；②责令暂停部分业务；③限制向董事、监事、高级管理人员支付报酬、提供福利(选项B)；④责令更换董事、监事、高级管理人员或者限制其权利(选项C)；⑤责令负有责任的股东转让权利，限制负有责任的股东行使权利；⑥认定负有责任的董事、监事、高级管理人员为不适当人选(选项D)；⑦中国证监会及其派出机构认为有必要采取的其他措施。
52. ABCD 【解析】证券公司应当根据法律法规、证监会的规定及合同约定，以信函、电子邮件、手机短信、网上查询或者与客户约定的其他方式，保证客户至少在证券公司营业时间内能够查询其委托、交易记录、证券和资金余额等信息。

53. BC 【解析】证券公司的融资管理应符合以下要求:①分析正常的压力情景下未来不同时间段的融资需求和来源;②加强负债品种、期限、交易对手、融资抵(质)押品和融资市场等的集中度管理,适当设置集中度限额(选项B错误);③积极维护与主要融资交易对手的关系,保持在市场上的适当活跃程度,并定期评估市场融资和资产变现能力(选项C错误);④密切监测主要金融市场的交易量和价格等变动情况,评估市场流动性对公司融资能力的影响。

54. ABCD 【解析】根据《首次公开发行股票并在创业板上市管理办法》,发行人董事会应当依法就本次发行股票的具体方案、本次募集资金使用的可行性及其他必须明确的事项作出决议,并提请股东会批准。发行人应当按照中国证监会有关规定制作申请文件,由保荐人保荐并向中国证监会申报。中国证监会受理申请文件后,由相关职能部门对发行人的申请文件进行初审,由创业板发行审核委员会审核,并建立健全对保荐人、证券服务机构工作底稿的检查制度。

55. BD 【解析】根据《中华人民共和国反洗钱法》,金融机构应当按照规定建立客户身份识别制度。具体要求如下:①金融机构通过第三方识别客户身份的,应当确保第三方已经采取符合本法要求的客户身份识别措施;第三方未采取符合本法要求的客户身份识别措施的,由该金融机构承担未履行客户身份识别义务的责任(选项A说法错误);②金融机构在与客户建立业务关系或者为客户提供规定金额以上的现金汇款、现钞兑换、票据兑付等一次性金融服务时,应当要求客户出示真实有效的身份证件或者其他身份证明文件,进行核对并登记(选项B说法正确);③与客户建立人身保险、信托等业务关系,合同的受益人不是客户本人的,金融机构还应当对受益人的身份证件或者其他身份证明文件进行核对并登记(选项C说法错误);④客户由他人代理办理业务的,金融机构应当同时对代理人和被代理人的身份证件或者其他身份证明文件进行核对并登记(选项D说法正确)。

56. ABC 【解析】证券投资咨询人员主要包括证券投资顾问及证券分析师两类。

57. ABD 【解析】经营机构划分产品或服务风险等级时,产品或者服务存在下列因素的,应当审慎评估其风险等级:①存在本金损失的可能性(选项A),因杠杆交易等因素容易导致本金大部分或者全部损失的产品或者服务;②产品或者服务的流动变现能力(选项B),因无公开交易市场、参与投资者少等因素导致难以在短期内以合理价格顺利变现的产品或者服务;③产品或者服务的可理解性,因结构复杂、不易估值等因素导致普通人难以理解其条款和特征的产品或者服务;④产品或者服务的募集方式,涉及面广、影响力大的公募产品或者相关服务;⑤产品或者服务的跨境因素,存在市场差异、适用境外法律等情形的跨境发行或者交易的产品或者服务;⑥自律组织认定的高风险产品或者服务(选项D);⑦其他有可能构成投资风险的因素。

58. CD 【解析】《中华人民共和国公司法》第五十九条规定,股东会行使下列职权:①选举和更换董事、监事,决定有关董事、监事的报酬事项;②审议批准董事会的报告(选项C属于);③审议批准监事会的报告;④审议批准公司的利润分配方案和弥补亏损方案;⑤对公司增加或者减少注册资本作出决议;⑥对发行公司债券作出决议(选项D属于);⑦对公司合并、分立、解散、清算或者变更公司形式作出决议;⑧修改公司章程;⑨公司章程规定的其他职权。

59. AB 【解析】选项C错误,同次发行的证券,其发行保荐和上市保荐应当由同一保荐机构承担。选项D错误,该无关联保荐机构为第一保荐机构。

60. AB 【解析】在以证券公司名义开立的客户信用交易担保证券账户和客户信用交易担保资金账户内,应当为每一客户单独开立信用账户。

61. CD 【解析】证券公司可以采取协议、报价、做市、拍卖竞价、标购竞价等方式发行、销售与转让私募产品,不得采用集中竞价方式,法律法规有明确规定的除外(选项B错误)。在柜台市场发行、销售与转让的产品包括但不限于以下私募产品:①证券公司及其子公司以非公开募集方式设立或者承销的资产管理计划、公司债务融资工具等产品(选项C正确);②银行、保险公司、信托公司等其他机构设立并通过证券公司发行、销售与转让的产品(选项D正确);③金融衍生品及中国证监会、中国证券业协会认可的产品。除金融监管部门明确规定必须事前审批、备案的私募产品外,证券公司在柜台市场发行、销售与转让的私募产品,直接实行事后备案(选项A错误)。

62. AD 【解析】证券公司可以从事股票期权经纪业务、自营业务、做市业务,期货公司可以从事股票期权经纪业务、与股票期权备兑开仓以及行权相关的证券现货经纪业务。选项B、选项C为证券公司可以从事的业务。

63. AD 【解析】证券公司流动性风险管理目标是建立健全流动性风险管理体系,对流动性风险实施有效识别、计量、监测和控制,确保其流动性需求能够及时以合理成本得到满足。

64. ABCD 【解析】除下列情形外,任何人不得动用证券公司客户信用交易担保证券账户内的证券和客户信用交易担保资金账户内的资金:①为客户进行融资融券交易的结算(选项A);②收取客户应当归还的资金、证券(选项B);③收取客户应当支付的利息、费用、税款(选项C);④按照《证券公司融资融券业务管理办法》的规定以及与客户的约定处分担保物(选项D);⑤收取客户应当支付的违约金;⑥客户提取还本付息、支付税费及违约金后的剩余证券和资金;⑦法律、行政法规和《证券公司融资融券业务管理办法》规定的其他情形。

65. ABCD 【解析】证券公司、证券投资咨询机构发布证券研究报告,应当对发布的时间、方式、内容、对象和审阅过程实行留痕管理。

66. BC 【解析】根据《中华人民共和国证券法》第五十五条规定,禁止任何人以下列手段操纵证券市场,影响或者意图影响证券交易价格或者证券交易量:①单独或者通过合谋,集中资金优势、持股优势或者利用信息优势联合或者连续买卖;②与他人串通,以事先约定的时间、价格和方式相互进行证券交易(选项A);③在自己实际控制的账户之间进行证券交易(选项D);④不以成交为目的,频繁或者大量申报并撤销申报;⑤利用虚假或者不确定的重大信息,诱导投资者进行证券交易;⑥对证券、发行人公开作出评价、预测或者投资建议,并进行反向证券交易;⑦利用在其他相关市场的活动操纵证券市场;⑧操纵证券市场的其他手段。

67. ABCD 【解析】普通合伙企业合伙人的出资方式包括:①货币;②实物;③知识产权;④土地使用权;⑤其他财产权利;⑥劳务。

68. ABCD 【解析】证券公司在经营过程中,经其申请,国务院证券监督管理机构可以根据其财务状况、内部控制水平、合规程度、高级管理人员业务管理能力、专业人员数量,对其业务范围进行调整。

69. ABD 【解析】证券交易内幕信息的知情人或者非法获取内幕信息的人违反《中华人民共和国证券法》的规定从事内幕交易的,责令依法处理非法持有的证券,没收违法所得,并处以违法所得1倍以上10倍以下的罚款;没有违法所得或者违法所得不足50万元的,处以50万元以上500万元以下的罚款。

70. BC 【解析】我国《公司法》适用的公司有两种:①有限责任公司;②股份有限公司。

71. AD 【解析】《中华人民共和国证券法》规定,证券的代销、包销期限最长不得超过90日。

72. ABCD 【解析】根据《中华人民共和国证券法》第一百一十八条规定,设立证券公司,应当具备下列条件,并经国务院证券监督管理机构批准:①有符合法律、行政法规规定的公司章程;②主要股东及公司的实际控制人具有良好的财务状况和诚信记录,最近3年无重大违法违规记录;③有符合本法规定的公司注册资本;④董事、监事、高级管理人员、从业人员符合本法规定的条件;⑤有完善的风险管理与内部控制制度;⑥有合格的经营场所、业务设施和信息技术系统;⑦法律、行政法规和经国务院批准的国务院证券监督管理机构规定的其他条件。

73. BCD 【解析】根据《证券公司客户资产管理业务规范》规定,协会对投资主办人自执业注册完成之日起每2年检查1次。有下列情形之一的,不予通过年检:①不符合一般证券从业人员有关规定;②2年内没有管理客户委托资产;③被监管机构采取重大行政监管措施未满2年;④被协会采取纪律处分未满2年;⑤其他情形。

74. AB 【解析】金融机构将资产管理产品投资于其他机构发行的资产管理产品,从而将本机构的资产管理产品资金委托给其他机构进行投资的,该受托机构应当为具有专业投资能力和资质的受金融监督管理部门监管的机构。

75. ABD 【解析】证券公司必须持续符合下列风险控制指标标准:①风险覆盖率不得低于100%;②资本杠杆率不得低于8%;③流动性覆盖率不得低于100%;④净稳定资金率不得低于100%。

76. ABCD 【解析】选项所述均属于经营机构向投资者销售产品或者提供服务时,应当了解的投资者信息。

77. CD 【解析】内幕交易、泄露内幕信息罪是指证券、期货交易内幕信息的知情人员或者非法获取证券、期货交易内幕信息的人员,在涉及证券的发行,证券、期货交易或者其他对证券、期货交易价格有重大影响的信息尚未公开前,买入或者卖出该证券,或者从事与该内幕信息有关的期货交易,或者泄露该信息,或者明示、暗示他人从事上述交易活动,情节严重的行为。

78. AD 【解析】效力期限内的执业声誉信息根据性质分为公开信息和有限公开信息。

79. ABCD 【解析】背信运用受托财产罪的主体是特殊主体,为商业银行、证券交易所、期货交易所、证券公司、期货经纪公司、保险公司或者其他金融机构。

80. ABCD 【解析】有下列情形之一,操纵证券、期货市场,情节严重的,处5年以下有期徒刑或者拘役,并处或者单处罚金;情节特别严重的,处5年以上10年以下有期徒刑,并处罚金:①单独或者合谋,集中资金优势、持股或者持仓优势或者利用信息优势联合或者连续买卖,操纵证券、期货交易价格或者证券、期货交易量的(选项A、选项D);②与他人串通,以事先约定的时间、价格和方式相互进行证券、期货交易,影响证券、期货交易价格或者证券、期货交易量的(选项C);③在自己实际控制的账户之间进行证券交易,或者以自己为交易对象,自买自卖期货合约,影响证券、期货交易价格或者证券、期货交易量的(选项B);④以其他方法操纵证券、期货市场的。

三、判断题

81. A 【解析】证券公司应当清晰划分证券公司与另类子公司及另类子公司与其他子公司之间的业务范围,避免利益冲突和利益输送。

82. A 【解析】题干表述正确。

83. A 【解析】证券公司承担管理职能的业务部门应当配备专职风险管理人员,风险管理人员不得兼任与风险管理职责相冲突的职务。

84. B 【解析】副董事长协助董事长工作,董事长不能履行职务或者不履行职务的,由副董事长履行职务;副董事长不能履行职务或者不履行职务的,由半数以上董事共同推举1名董事履行职务。

85. B 【解析】公司的公积金用于弥补公司的亏损、扩大公司生产经营或者转为增加公司资本。

86. A 【解析】题干表述正确。

87. B 【解析】根据相关规则,任何人员最多可以在2家证券基金经营机构担任独立董事,独立董事不得在拟任职的证券基金经营机构担任董事会外的职务。

88. A 【解析】题干表述正确。

89. B 【解析】境内机构投资者资格应经中国证监会审批。

90. B 【解析】对于证券公司的违法违规行为,合规负责人已经按照《证券公司和证券投资基金管理公司合规管理办法》的规定尽职履行审查、监督、检查和报告职责的,不予追究责任。

91. B 【解析】如果境内反洗钱法规要求比所驻国家或地区的相关规定更为严格,但所驻国家或地区法律禁止或限制境外分支机构和相关附属机构实施的,证券公司应当采取适当的其他措施应对洗钱风险,并向中国人民银行报告。

92. B 【解析】证券公司应当通过评估、稽核、检查和绩效考核等手段保证风险管理制度的贯彻落实。

93. A 【解析】题干表述正确。
94. B 【解析】证券公司经理层应确定流动性风险管理组织架构,明确各部门职责分工。
95. B 【解析】业务执行部门(而非业务决策机构)负责融资融券业务的具体管理和运作,制订融资融券合同的标准文本,确定对具体客户的授信额度,对分支机构的业务操作进行审批、复核和监督。
96. B 【解析】公开发行的证券,应当在依法设立的证券交易所上市交易或者在国务院批准的其他全国性证券交易场所交易(而非地方性)。
97. B 【解析】信用风险指因融资方、交易对手或发行人等违约导致损失的风险。
98. A 【解析】题干表述正确。
99. B 【解析】证券公司员工或其经纪人在执业过程不得私下接受客户委托或接受客户的全权委托代理其买卖证券。
100. A 【解析】部门规章是指由国务院各组成部门、直属特设机构、直属机构,中国证券监督管理委员会等国务院直属事业单位等具有行政管理职能的机构,根据法律和国务院的行政法规、决定、命令,在本部门的权限范围内制定的各类规范性法律文件。
101. B 【解析】交易商发生不符合备案条件、合并、分立等情形时,应当自发生之日起5个交易日内向协会报告,接受持续管理。
102. A 【解析】题干表述正确。
103. A 【解析】题干表述正确。
104. B 【解析】公司以其全部财产对公司的债务承担责任(即有限清偿责任)。
105. A 【解析】题干表述正确。
106. B 【解析】证券公司申请融资融券业务资格,应当向中国证监会提交证券交易所、证券登记结算机构出具的关于融资融券业务技术系统已通过测试的证明文件。
107. B 【解析】另类子公司应当指定高级管理人员担任合规及风险管理负责人。前述合规及风险管理负责人应当由证券公司推荐,向证券公司合规、风险管理负责人报告并由其考核且不得兼任与其合规或风险管理职责相冲突的职务。
108. A 【解析】题干表述正确。
109. B 【解析】对于新建立业务关系的客户,证券公司应在建立业务关系后的10个工作日内,按照收集信息、筛选分析信息、初评和复评的流程,划分其风险等级,同一客户在证券公司应有唯一的风险等级。
110. A 【解析】题干表述正确。

四、综合题

111. A 【解析】公司公开发行股份前已发行的股份,自公司股票在证券交易所上市交易之日起1年内不得转让。2022年1月5日距离2023年1月5日刚好1年,所以2023年1月5日后方可以转让。
112. B 【解析】公司董事、监事、高级管理人员离职后半年内,不得转让其所持有的本公司股份。
113. ABD 【解析】经营机构应当了解投资者身份、财产与收入状况(选项D)、证券投资经验(选项B)、投资需求、风险偏好(选项A)等信息。
114. CD 【解析】《投资者基本信息表》《投资者风险承受能力评估问卷》应当由投资者本人(选项C)或合法授权人(选项D)填写,经营机构业务人员不得以任何方式诱导、误导或欺骗投资者,从而影响填写结果。
115. BD 【解析】对风险承受能力最低类别的投资者(C1级投资者),业务人员应当拒绝向其销售或提供高于其风险承受能力的产品或服务,故选项A错误,选项B正确。如投资者不属于风险承受能力最低类别,经营机构业务人员应当就产品或服务的风险等级高于投资者承受能力的情况进行特别书面风险警示,故选项C错误。如存在适当性不匹配的情况,不得主动向投资者进行推介,经营机构应当告知投资者不适合购买相关产品或者接受相关服务,故选项D正确。
116. D 【解析】《证券公司风险处置条例》规定,接管期限一般不超过12个月。满12个月,确实需要继续接管的,证券监管机构可以决定延期,延期最长不超过12个月。
117. BC 【解析】国务院证券监督管理机构决定对证券公司进行接管的,应当按照规定程序组织专业人员成立接管组,行使被接管证券公司的经营管理权(选项A正确),接管组负责人行使被接管证券公司法定代表人职权,被接管证券公司的股东会、董事会、监事会以及经理、副经理停止履行职责(选项B错误)。接管组自接管之日起履行下列职责:①接管证券公司的财产、印章和账簿、文书等资料;②决定证券公司的管理事务(选项C错误);③保障证券公司证券经纪业务正常合规运行,完善内控制度(选项D正确);④清查证券公司财产,依法保全、追收资产;⑤控制证券公司风险,提出风险化解方案;⑥核查证券公司有关人员的违法行为;⑦国务院证券监督管理机构要求履行的其他职责。
118. BCD 【解析】根据《证券期货经营机构私募资产管理业务管理办法》,私募资产管理业务投资经理应当具备从事证券业务所需的专业能力,具有3年以上投资管理、投资研究、投资咨询等相关业务经验,具备良好的诚信记录和职业操守,且最近3年未被监管机构采取重大行政监管措施、行政处罚,符合法律法规规定的其他条件。
119. ABD 【解析】私募资产管理业务投资经理离任的,证券期货经营机构应当立即对其进行离任审查,并自离任之日起30个工作日内将审查报告报送中国证监会相关派出机构和证券投资基金业协会,故选项A、选项D说法正确。证券基金经营机构不得聘用从其他证券基金经营机构离任未满6个月的投资经理,从事投资、研究、交易等相关业务(2022年6月1日至2022年12月1日已满6个月),故选项B说法正确。投资经理离任的,证券基金经营机构应当对其进行离任审查,并自离任之日起2个月内形成离任审查报告,以存档备查,故选项C说法错误。
120. BD 【解析】根据《证券期货经营机构私募资产管理计划运作管理规定》,证券期货经营机构应当针对私募资产管理业务的主要业务人员和相关管理人员建立收入递延支付机制,合理确定收入递延支付标准、递延支付年限和比例。递延支付年限原则上不少于3年,递延支付的收入金额原则上不少于40%。

机考题库·真题试卷(二)

答题卡

便捷速查答案及详细解析，难题典型题有视频讲解

考生用微信扫描右侧二维码，可以按题号迅速查解析，难题、典型题配视频讲解

一、单选题

1. A 【解析】公司登记事项发生变更时，未依照《中华人民共和国公司法》规定办理有关变更登记的，由公司登记机关责令限期登记；逾期不登记的，处以1万元以上10万元以下的罚款。

2. B 【解析】证券基金经营机构董事会决定本公司的合规管理目标，对合规管理的有效性承担责任，履行下列合规管理职责：①审议批准合规管理的基本制度；②审议批准年度合规报告；③决定解聘对发生重大合规风险负有主要责任或者领导责任的高级管理人员；④决定聘任、解聘、考核合规负责人，决定其薪酬待遇；⑤建立与合规负责人的直接沟通机制；⑥评估合规管理有效性，督促解决合规管理中存在的问题；⑦公司章程规定的其他合规管理职责。

3. B 【解析】信用交易指的是投资者通过交付保证金取得经纪商信用而进行的交易，也称为融资融券交易。

4. A 【解析】证券公司受证券登记结算机构委托，为客户开立证券账户，应当按照证券账户管理规则，对客户申报的姓名或者名称、身份的真实性进行审查(选项A错误，选项C、选项D正确)。同一客户开立的资金账户和证券账户的姓名或者名称应当一致(选项B正确)。

5. D 【解析】《中华人民共和国证券法》第七十条规定，采取要约收购方式的，收购人在收购期限内，不得卖出被收购公司的股票，也不得采取要约规定以外的形式和超出要约的条件买入被收购公司的股票。

6. C 【解析】另类投资业务是指证券公司设立另类投资子公司，按照法律法规、监管要求和《证券公司另类投资子公司管理规范》的规定，从事《证券公司证券自营投资品种清单》所列品种以外的金融产品、股权等投资业务。

7. D 【解析】证券经纪业务中的技术风险主要来自硬件设备和软件两个方面。

8. B 【解析】直接从事业务经营活动的业务部门和分支机构的相关人员有义务向证券公司报告内部控制的缺陷，并及时加以纠正。相关人员应对违反职责范围内的内部控制导致的风险和损失承担首要责任。

9. A 【解析】《中华人民共和国证券法》第四十条规定，证券交易场所、证券公司和证券登记结算机构的从业人员，证券监督管理机构的工作人员以及法律、行政法规规定禁止参与股票交易的其他人员，在任期或者法定限期内，不得直接或者以化名、借他人名义持有、买卖股票或者其他具有股权性质的证券，也不得收受他人赠送的股票或者其他具有股权性质的证券。

10. A 【解析】基金份额持有人享有下列权利：①分享基金财产收益；②参与分配清算后的剩余基金财产(选项A)；③依法转让或者申请赎回其持有的基金份额；④按照规定要求召开基金份额持有人大会或者召集基金份额持有人大会；⑤对基金份额持有人大会审议事项行使表决权；⑥对基金管理人、基金托管人、基金销售机构损害其合法权益的行为依法提出诉讼；⑦基金合同约定的其他权利。

11. C 【解析】根据《中华人民共和国证券投资基金法》以及《证券投资基金管理公司管理办法》的规定，设立基金管理公司，应当具备规定的条件，并经国务院证券监督管理机构(而非中国基金业协会)批准。

12. B 【解析】有限责任公司变更为股份有限公司时，折合的实收股本总额不得高于公司净资产额。

13. D 【解析】证券公司应当遵循最少功能以及最小权限等原则分配信息系统管理、操作和访问权限，并履行审批流程。

14. D 【解析】投资者融券卖出时，融券保证金比例不得低于100%。

15. D 【解析】选项D属于内幕交易行为，禁止证券交易内幕信息的知情人和非法获取内幕信息的人利用内幕信息从事证券交易活动。选项A、选项C属于操纵证券市场行为，选项B属于其他禁止行为。

16. A 【解析】资产管理产品按照投资性质的不同，分为固定收益类产品、权益类产品、商品及金融衍生品类产品和混合类产品，故选项A说法错误。

17. D 【解析】证券公司将客户的交易结算资金存放在指定的商业银行，以每个客户的名义单独立户管理。

18. A 【解析】证券公司应当配合监管部门、证券交易所对客户异常交易行为进行监督、控制、调查，根据监管部门及证券交易所要求，及时、真实、准确、完整地提供客户账户资料及相关交易情况说明。发现盗买盗卖等异常交易行为疑点时，应当及时通知客户并核实确认、留存证据；基本确认盗买盗卖等异常交易行为的，应当立即采取措施控制资产，并协助客户向公安机关报案。

19. C 【解析】客户的交易结算资金、证券资产管理客户的委托资产属于客户，应当与证券公司、指定商业银行、资产托管机构的自有资产相互独立、分别管理。

20. A 【解析】集资诈骗罪的犯罪主体是一般主体，

包括自然人和单位,故选项 A 说法错误。其余选项说法均正确。

21. D 【解析】专项计划设立失败,管理人应当自发行期结束之日起 10 个工作日内,向投资者退还认购资金,并加算银行同期活期存款利息。
22. C 【解析】集合资产管理计划的初始募集期自资产管理计划份额发售之日起不得超过 60 天。
23. B 【解析】投资者资金账户内的资金不足的,不得接受其买入委托;投资者证券账户内的证券不足的,不得接受其卖出委托。故选项 A、选项 D 错误。证券公司既可以通过内部员工开展经纪业务营销,也可以按规定委托公司以外的人员作为证券经纪人开展经纪业务营销工作,故选项 B 正确。证券公司向客户收取证券交易费用,应当符合国家规定,需将收费项目、收费标准公告,故选项 C 错误。
24. B 【解析】证券发行有下列情形之一的,为公开发行:①向不特定对象发行证券;②向特定对象发行证券累计超过 200 人,但依法实施员工持股计划的员工人数不计算在内;③法律、行政法规规定的其他发行行为。
25. B 【解析】董事会是自营业务的最高决策机构,在严格遵守监管法规中关于自营业务规模等风险控制指标规定的基础上,根据公司资产、负债、损益和资本是否充足等情况确定自营业务规模、可承受的风险限额等,并以董事会决议的形式进行落实。
26. B 【解析】为保障合规负责人考核和任免的独立性,明确合规负责人直接向董事会负责,由董事会考核。规定公司在合规负责人任期届满前免除其职务的正当理由只能是合规负责人本人申请(选项 D),或被中国证监会责令更换(选项 A),或确有证据证明其无法正常履职、未能勤勉尽责等情形(选项 C)。
27. B 【解析】证券行业文化建设包括三个层次十个方面的关键要素,其中,行为层包括平衡各方利益、建立长效激励、加强声誉约束、落实责任担当四个要素。本题要求选择不属于证券行业文化建设行为层的要素,故选 B。
28. D 【解析】私募基金管理人所管理的私募基金全部清算后,自清算完毕之日起 12 个月内未备案新的私募基金,登记备案机构应当及时注销私募基金管理人登记并予以公示。
29. A 【解析】证券公司经营证券经纪,证券投资咨询,与证券交易、证券投资活动有关的财务顾问业务的,注册资本最低限额为人民币 5000 万元。
30. A 【解析】有限责任公司监事会应当包括股东代表和适当比例的公司职工代表,其中职工代表的比例不得低于 1/3,具体比例由公司章程规定。
31. A 【解析】证券发行规模达到一定数量的,可以采用联合保荐,但参与联合保荐的保荐机构不得超过 2 家。
32. C 【解析】根据《中华人民共和国证券法》第四十二条规定,为发行人及其控股股东、实际控制人,或者收购人、重大资产交易方出具审计报告或者法律意见书等文件的证券服务机构和人员,自接受委托之日起至上述文件公开后 5 日内,不得买卖该证券。
33. C 【解析】对于首次建立业务关系的客户,无论其风险等级高低,证券公司在初次确定其风险等级后的 3 年内至少应进行 1 次复核。
34. A 【解析】根据《证券期货经营机构及其工作人员廉洁从业规定》,证券期货经营机构应当于每年 4 月 30 日前,向中国证监会有关派出机构报送上年度廉洁从业管理情况报告。
35. C 【解析】募集设立,是指由发起人认购设立公司时应发行股份的一部分,其余股份向特定对象募集或者向社会公开募集而设立公司。故选项 C 说法错误。
36. A 【解析】私募基金管理人应由依法设立的公司或者合伙企业担任。
37. B 【解析】公司应当自作出合并决议之日起 10 日内通知债权人,并于 30 日内在报纸上或者国家企业信用信息公示系统公告。债权人自接到通知之日起 30 日内,未接到通知的自公告之日起 45 日内,可以要求公司清偿债务或者提供相应的担保。
38. D 【解析】投资者持有或者通过协议、其他安排与他人共同持有一个上市公司已发行的有表决权股份达到 5% 后,其所持该上市公司已发行的有表决权股份比例每增加或者减少 1%,应当在该事实发生的次日通知该上市公司,并予公告。
39. C 【解析】基金财产的债务由基金财产本身承担,基金份额持有人以其出资为限对基金财产的债务承担责任。但基金合同依照《中华人民共和国证券投资基金法》另有约定的,从其约定。
40. D 【解析】证券公司应当至少每半年经主要负责人、首席风险官签署确认后,向公司全体董事报告一次公司净资本等风险控制指标的具体情况和达标情况。

二、多选题

41. ABCD 【解析】保证金的形式包括现金,国债、股票、基金份额、标准仓单等流动性强的有价证券,以及国务院期货监督管理机构规定的其他财产。
42. ABC 【解析】证券经纪业务管理风险的防范措施包括:①加强经纪业务营销管理;②严格执行经纪业务操作规程;③建立经纪业务营销和账户管理操作信息管理系统,防范从业人员执业行为引发的风险,保护客户合法权益;④加强员工培训,提高员工素质;⑤建立客户投诉处理及责任追究机制;⑥建立经纪业务检查稽核制度。选项 D 属于合规风险的防范措施。
43. ABC 【解析】可作为融资买入和融券卖出的标的证券,一般是在证券交易所上市交易并经证券交易所认可的四大类证券,即符合交易所规定的股票、证券投资基金、债券、其他证券。
44. ABC 【解析】证券发行、交易活动的当事人具有平等的法律地位,应当遵守自愿、有偿、诚实信用的原则。
45. AB 【解析】金融资产符合以下条件之一的,可按照企业会计准则以摊余成本进行计量:①资产管理产品为封闭式产品,且所投金融资产以收取合同现金流量为目的并持有到期;②资产管理产品为封闭式产品,且所投金融资产暂不具备活跃交易市场,或者在活跃市场中没有报价,也不能采用估值技术可靠计量公允价值。故选项 A、选项 B 当选,选项 C、选项 D 不当选。

46. ABCD 【解析】与客户权益变动相关业务的经办人员之间,应当建立制衡机制(选项 A 正确)。涉及客户资金账户及证券账户的开立、信息修改、注销,建立及变更客户资金存管关系,客户证券账户转托管和撤销指定交易等与客户权益直接相关的业务应当一人操作、一人复核,复核应当留痕(选项 B、选项 C 正确)。涉及限制客户资产转移、改变客户证券账户和资金账户的对应关系、客户账户资产变动记录的差错确认与调整等非常规性业务操作,应当事先审批,事后复核,审批及复核均应留痕(选项 D 正确)。

47. ABCD 【解析】全面风险管理是指证券公司董事会、经理层以及全体员工共同参与,对公司经营中的流动性风险、市场风险、信用风险、操作风险、声誉风险等各类风险,进行准确识别、审慎评估、动态监控、及时应对及全程管理。

48. BCD 【解析】根据《证券公司监督管理条例》,证券公司经营证券经纪业务、证券资产管理业务、融资融券业务和证券承销与保荐业务中两种以上业务的,其董事会应当设薪酬与提名委员会、审计委员会和风险控制委员会,行使公司章程规定的职权。

49. AB 【解析】公司董事、监事、高级管理人员应当向公司申报所持有的本公司的股份及其变动情况(选项 A 正确),在就任时确定的任职期间每年转让的股份不得超过其所持有本公司股份总数的 25%(选项 D 错误);所持本公司股份自公司股票上市交易之日起 1 年内不得转让(选项 B 正确)。上述人员离职后半年内,不得转让其所持有的本公司股份(选项 C 错误)。

50. AD 【解析】根据《证券公司监督管理条例》规定,证券公司可以设独立董事。证券公司的独立董事,不得在本证券公司担任董事会外的职务,不得与本证券公司存在可能妨碍其做出独立、客观判断的关系。

51. ABC 【解析】证券金融公司开展转融通业务,应当以自己的名义,在证券登记结算机构分别开立转融通专用证券账户、转融通担保证券账户和转融通证券交收账户。

52. ABCD 【解析】证券账户管理包括证券账户的开立、证券账户挂失补办、证券账户注册资料查询与变更、证券账户合并与注销、非交易过户等。

53. ABC 【解析】公司章程中的重要条款,指规定下列事项的条款:①证券公司的名称、住所;②证券公司的组织机构及其产生办法、职权、议事规则(选项 C);③证券公司对外投资、对外提供担保的类型、金额和内部审批程序;④证券公司的解散事由与清算办法(选项 A、选项 B);⑤国务院证券监督管理机构要求证券公司章程规定的其他事项。

54. ABCD 【解析】证券公司、证券投资咨询机构和其他财务顾问机构有下列情形之一的,不得担任财务顾问:①最近 24 个月内存在违反诚信的不良记录(选项 A);②最近 24 个月内因执业行为违反行业规范而受到行业自律组织的纪律处分(选项 B);③最近 36 个月内因违法违规经营受到处罚或者因涉嫌违法违规经营正在被调查(选项 C、选项 D)。

55. ABCD 【解析】证券研究报告主要包括涉及证券及证券相关产品的价值分析报告、行业研究报告、投资策略报告等。

56. ABCD 【解析】根据《全国中小企业股份转让业务规则》的规定,主办券商是指在全国股份转让系统从事下列部分或全部业务的证券公司:①推荐业务;②经纪业务。包括代理开立证券账户、代理买卖股票等业务;③做市业务;④全国股份转让系统公司规定的其他业务。从事第①项业务的,应当具有证券承销与保荐业务资格;从事第②项业务的,应当具有证券经纪业务资格;从事第③项业务的,应当具有证券自营业务资格。

57. ABCD 【解析】证券投资顾问不得通过广播、电视、网络、报刊等公众媒体,做出买入、卖出或者持有具体证券的投资建议。

58. AD 【解析】经营机构应当采取有效措施,保证制作发布证券研究报告不受证券发行人、上市公司、基金管理公司、资产管理公司等利益相关者的干涉和影响,故选项 A 正确。经营机构应当公平对待证券研究报告的发布对象,不得将证券研究报告的内容或者观点,优先提供给公司内部部门、人员或者特定对象,故选项 B 错误。经营机构制作证券研究报告应当坚持客观原则,避免使用夸大、低俗、诱导性、煽动性的标题或者用语,不得对证券估值、投资评级作出任何形式的保证,故选项 C 错误。经营机构应当维护证券研究报告制作发布的独立性,从组织设置、人员职责上,将证券研究报告制作发布环节与销售服务环节分开管理,故选项 D 正确。

59. ABC 【解析】流动性风险,是指证券公司无法以合理成本及时获得充足资金,以偿付到期债务、履行其他支付义务和满足正常业务开展的资金需求的风险。

60. ACD 【解析】不得担任私募基金管理人或其控股股东、实际控制人、普通合伙人的情形:①《私募投资基金监督管理条例》规定不得担任私募基金管理人的董事、监事高级管理人员、执行事务合伙人或者委派代表的情形;②因非法集资、非法经营等重大违法行为被注销登记,自被注销登记之日起未逾 3 年的私募基金管理人,或者为该私募基金管理人的控股股东、实际控制人、普通合伙人;③从事的业务与私募基金管理存在利益冲突;④有严重不良信用记录尚未修复。

61. BCD 【解析】期货公司办理下列事项,应当经国务院期货监督管理机构核准:①合并、分立、停业、解散或者申请破产(选项 B);②变更主要股东或者公司的实际控制人;③变更注册资本且调整股权结构(选项 C);④变更业务范围(选项 D);⑤国务院期货监督管理机构规定的其他重大事项。

62. ABD 【解析】证券公司发行与承销业务的主要法律、行政法规包括《证券法》《公司法》《证券公司监督管理条例》等。选项 C,《公司债券承销业务规范》属于部门规章及规范性文件。

63. ACD 【解析】根据《中华人民共和国证券投资基金法》和《证券投资基金管理公司管理办法》的规定，设立基金管理公司，应当具备的条件之一：注册资本不低于1亿元人民币（而非3亿元），且必须为实缴货币资本。故选项B错误。
64. ABCD 【解析】资产支持证券可以按照规定在证券交易所、全国中小企业股份转让系统、机构间私募产品报价与服务系统、证券公司柜台市场以及证监会认可的其他证券交易场所进行挂牌、转让。全国中小企业股份转让系统即为“新三板”。
65. ACD 【解析】证券投资顾问不得从事下列活动：①以任何方式向客户承诺或者保证投资收益；②对服务能力和过往业绩进行虚假、不实、误导性的营销宣传；③向他人泄露客户的投资决策计划信息；④以个人名义向客户收取证券投资顾问服务费用；⑤通过广播、电视、网络、报刊等公众媒体作出买入、卖出或者持有具体证券的投资建议。
66. ABD 【解析】证券公司应当在资产管理合同中明确规定，由客户自行承担投资风险。证券公司应当向客户如实披露其业务资质、管理能力和业绩等情况，应在合同和风险揭示书中充分揭示市场风险，证券公司因丧失客户资产管理业务资格给客户带来的法律风险，以及其他投资风险。
67. ABC 【解析】证券公司董事会承担全面风险管理的最终责任，履行以下职责：①推进风险文化建设（选项A）；②审议批准公司全面风险管理的基本制度（选项B）；③审议批准公司的风险偏好、风险容忍度以及重大风险限额（选项C）；④审议公司定期风险评估报告（选项B）；⑤任免、考核首席风险官，确定其薪酬待遇；⑥建立与首席风险官的直接沟通机制（选项D不当选）；⑦公司章程规定的其他风险管理职责。
68. AC 【解析】对自营资金执行独立清算制度，自营清算岗位应当与经纪业务、资产管理业务及其他业务的清算岗位分离。
69. BC 【解析】董事应当对董事会的决议承担责任。董事会的决议违反法律、行政法规或者公司章程、股东会决议，致使公司遭受严重损失的，参与决议的董事对公司负赔偿责任；经证明在表决时曾表明异议并记载于会议记录的，该董事可以免除责任。
70. BC 【解析】证券公司自营业务中涉及自营规模、风险限额、资产配置、业务授权等方面的重大决策应当经过集体决策并采取书面形式，由相关人员签字确认后存档。
71. ABCD 【解析】我国证券市场法律法规体系的主要层级包括法律、行政法规、部门规章、规范性文件、行业自律规则。
72. ABCD 【解析】非公开募集基金财产的证券投资，包括买卖公开发行的股份有限公司股票、债券、基金份额，以及国务院证券监督管理机构规定的其他证券及其衍生品种。如股权、期货、期权以及基金合同约定的其他投资标的。
73. ACD 【解析】公司不得收购本公司股份。但是，有下列情形之一的除外：①减少公司注册资本（选项A）；②与持有本公司股份的其他公司合并（选项D）；③将股份用于员工持股计划或者股权激励（选项C）；④股东因对股东会作出的公司合并、分立决议持异议，要求公司收购其股份；⑤将股份用于转换上市公司发行的可转换为股票的公司债券；⑥上市公司为维护公司价值及股东权益所必需。
74. AB 【解析】证券公司为期货公司介绍客户时，应当向客户明示其与期货公司的介绍业务委托关系，解释期货交易的方式、流程及风险，不得作获利保证、共担风险等承诺，不得虚假宣传，误导客户。
75. ABCD 【解析】公开披露基金信息，不得有下列行为：①虚假记载、误导性陈述或者重大遗漏；②对证券投资业绩进行预测；③违规承诺收益或者承担损失；④诋毁其他基金管理人、基金托管人或者基金销售机构；⑤法律、行政法规和国务院证券监督管理机构规定禁止的其他行为。
76. AB 【解析】非公开募集基金的基金管理人由依法设立的公司或者合伙企业担任。
77. ABC 【解析】证券公司在向客户融资、融券前，应当办理客户征信，了解客户的身份、财产与收入状况、证券投资经验和风险偏好、诚信合规记录等情况，做好客户适当性管理工作，并以书面和电子方式予以记载、保存。
78. ABCD 【解析】证券公司应当审慎选择代销的金融产品，充分了解金融产品的发行依据、基本性质、投资安排、风险收益特征、管理费用等信息。
79. ABCD 【解析】客户信用交易担保证券账户记录的证券，由证券公司以自己的名义，为客户的利益，行使对证券发行人的权利。前述所称对证券发行人的权利，指请求召开证券持有人会议（选项A）、参加证券持有人会议（选项B）、提案、表决、配售股份的认购（选项C）、请求分配投资收益（选项D）等因持有证券而产生的权利。
80. ABCD 【解析】证券公司代销金融产品，应当建立委托人资格审查、金融产品尽职调查与风险评估、销售适当性管理等制度。

三、判断题

81. B 【解析】资产支持证券初始挂牌交易单位所对应的发行面值或等值份额应不少于100万元人民币。
82. A 【解析】题干表述正确。
83. B 【解析】证券公司不得代理客户进行期货交易、结算或者交割，不得代期货公司、客户收付期货保证金，不得利用证券资金账户为客户存取、划转期货保证金。
84. B 【解析】证券基金经营机构应当履行主动管理职责，自主作出投资决策，不得委托提供港股投资顾问服务的香港机构直接执行投资指令。
85. B 【解析】中国证监会建立全国统一的证券期货市场诚信档案数据库，记录证券期货市场诚信信息。
86. B 【解析】证券公司的监事会或者监事负责对董事、高级管理人员履行合规管理职责的情况进行监督。
87. B 【解析】证券公司及其分支机构负责人应当对反洗钱内部控制制度的有效实施负责，总部应当对分支机构执行反洗钱内部控制制度进行监督管理。
88. B 【解析】证券研究报告相关销售服务人员不得

在证券研究报告发布前干涉和影响证券研究报告的制作过程、研究观点和发布时间。

89. A 【解析】题干表述正确。
90. A 【解析】题干表述正确。
91. B 【解析】投资者融资买入证券时，融资保证金比例不得低于80%。
92. A 【解析】题干表述正确。
93. A 【解析】题干表述正确。
94. A 【解析】题干表述正确。
95. A 【解析】题干表述正确。
96. A 【解析】题干表述正确。
97. B 【解析】董事会负责制定融资融券业务的基本管理制度，决定与融资融券业务有关的部门设置及各部门职责，确定融资融券业务的总规模。
98. A 【解析】题干表述正确。
99. B 【解析】在证券基金经营机构参股的公司仅可兼任董事、监事，且数量不得超过2家，在证券基金经营机构控股子公司兼职的，不受前述限制。
100. B 【解析】自营权益类证券及其衍生品的合计额不得超过净资本的100%。
101. B 【解析】证券公司工作人员对本人在执业活动中遵守信息隔离制度承担直接责任；合规总监和合规部门负责协助董事会和高级管理人员建立和执行信息隔离墙制度，并负有审查、监督、检查、咨询和培训等职责。
102. B 【解析】公司法定代表人依照公司章程的规定，由代表公司执行公司事务的董事或者经理担任。不包含监事长。
103. A 【解析】期货交易场所不得直接或者间接参与期货交易。
104. B 【解析】从事证券投资咨询业务，必须取得中国证监会的业务许可。
105. B 【解析】融资专用资金账户：用于存放证券公司拟向客户融出的资金及客户归还的资金。
106. B 【解析】基金管理人、基金托管人因依法解散、被依法撤销或者被依法宣告破产等原因进行清算的，基金财产不属于其清算财产。
107. A 【解析】题干表述正确。
108. A 【解析】题干表述正确。
109. B 【解析】证券分析师应当对其署名的证券研究报告的内容和观点负责，保证信息来源合法合规，研究方法专业审慎，分析结论具有合理依据。
110. A 【解析】题干表述正确。

四、综合题

111. ABC 【解析】清算人由全体合伙人担任；经全体合伙人过半数同意，可以自合伙企业解散事由出现后15日内指定1个或者数个合伙人，或者委托第三人，担任清算人。
112. B 【解析】清算人自被确定之日起10日内将合伙企业解散事项通知债权人，并于60日内在报纸上公告。
113. ACD 【解析】合伙企业注销后，原普通合伙人对合伙企业存续期间的债务仍应承担无限连带责任。合伙企业不能清偿到期债务的，债权人可以依法向人民法院提出破产清算申请，也可以要求普通合伙人清偿。合伙企业依法被宣告破产的，普通合伙人对合伙企业债务仍应承担无限连带责任。
114. ABCD 【解析】选项所述均正确。
115. ACD 【解析】证券公司发现或者有合理理由怀疑客户、客户的资金或者其他资产、客户的交易或者试图进行的交易与洗钱、恐怖融资等犯罪活动相关的，不论所涉资金金额或者资产价值大小，应当向中国反洗钱监测分析中心提交可疑交易报告，故选项A正确，选项B错误。证券公司在报送可疑交易报告后，应当根据中国人民银行的相关规定采取相应的后续风险控制措施，包括对可疑交易所涉客户及交易开展持续监控、提升客户风险等级(选项C正确)、限制客户交易(选项D正确)、拒绝提供服务、终止业务关系、向相关金融监管部门报告、向相关侦查机关报案等。
116. C 【解析】背信运用受托财产，是指商业银行、证券交易所、期货交易所、证券公司、期货经纪公司、保险公司或者其他金融机构，违背受托义务，擅自运用客户资金或者其他委托、信托的财产，情节严重的行为。
117. ABC 【解析】涉嫌下列情形之一的，应予立案追诉：①擅自运用客户资金或者其他委托、信托的财产数额在30万元以上的(选项A正确，选项D错误)；②虽未达到上述数额标准，但多次擅自运用客户资金或者其他委托、信托的财产，或者擅自运用多个客户资金或者其他委托、信托的财产的(选项B、选项C正确)；③其他情节严重的情形。
118. AB 【解析】商业银行、证券交易所、期货交易所、证券公司、期货经纪公司、保险公司或者其他金融机构，违背受托义务，擅自运用客户资金或者其他委托、信托的财产，情节特别严重的，对其直接负责的主管人员和其他直接责任人员处3年以上(含3年)10年以下有期徒刑(选项C错误)，并处5万元以上(含5万)50万元以下罚金(选项D错误)。
119. ABD 【解析】证券公司应当自相关人员从事证券业务之日起5个工作日内，通过中国证券业协会从业人员管理平台，将经公司审核合格的登记信息提交至中国证券业协会进行登记，故选项A说法正确。登记信息不完备或者不符合规定的，证券公司及相关人员应当按照要求及时补正，故选项B说法正确。登记信息完备且符合规定的，中国证券业协会于5个工作日内办结登记并生成唯一登记编号，故选项C说法错误。登记信息包括基本信息、专业能力水平评价情况、从业经历及相关情况、诚信情况及其他执业声誉情况等，故选项D说法正确。
120. A 【解析】登记人员从事的业务类别发生变化的，证券公司应当自发生变化之日起5个工作日内为其办理变更登记。

证券行业专业人员一般业务水平评价测试

机考题库与高频考点

证券市场基本法律法规

◆机考题库·真题试卷（三）
◆机考题库·真题试卷（四）
（含参考答案及解析）

《证券市场基本法律法规》机考题库·真题试卷

机考题库·真题试卷(三)

答题卡

本试卷采用虚拟答题卡技术，自动评分

考生扫描右侧二维码，将答题选项填入虚拟答题卡中，题库系统可自动统计答题得分，生成完整的答案及解析。题库系统根据考生答题数据，自动收集整理错题，记录考生薄弱知识点，方便考生在题库系统中查漏补缺。

一、单选题(共40题,每小题0.5分,共20分)以下备选项中只有一项最符合题目要求,不选、错选均不得分。

1. 证券公司不得向其股东融资融券,但不包括(　　)。
A. 持有证券公司10%以下股份的股东
B. 持有上市证券公司5%以下流通股份的股东
C. 持有上市证券公司10%以下流通股份的股东
D. 持有证券公司5%以下股份的股东

2. 下列部门规章及规范性文件中,不涉及证券经纪业务具体规范要求的是(　　)。
A.《发布证券研究报告暂行规定》
B.《证券登记结算管理办法》
C.《内地与香港股票市场交易互联互通机制若干规定》
D.《证券经纪人管理暂行规定》

3. 下列关于合伙企业的说法,正确的是(　　)。
A. 普通合伙人对合伙企业承担有限责任
B. 合伙企业具有独立的法人主体资格
C. 合伙企业财产属于合伙人共有
D. 合伙企业与公司一样,具有高度的人合性

4. 下列关于恐怖活动资产冻结工作的说法,正确的是(　　)。
A. 证券公司可以解除冻结措施
B. 证券公司应当严格按照公安部发布的恐怖活动组织名单,依法对相关资产进行查封
C. 证券公司发现恐怖活动组织及恐怖活动人员拥有或者控制的资产,应立即采取冻结措施
D. 没有规定的,参照公安机关的相关规定对被采取冻结措施的资产进行管理及处置

5. 非公开募集基金应当向合格投资者募集,合格投资者累计不得超过(　　)。
A. 100人
B. 200人
C. 50人
D. 300人

6. 根据《中华人民共和国证券法》规定,下列关于公司首次公开发行新股的条件,说法错误的是(　　)。
A. 具备健全且运行良好的组织机构
B. 最近1年财务会计报告被出具无保留意见审计报告
C. 具有持续经营能力
D. 发行人及其控股股东、实际控制人最近3年不存在贪污、贿赂、侵占财产、挪用财产或者破坏社会主义市场经济秩序的刑事犯罪

7. 证券公司应当将子公司的风险管理纳入统一体系,子公司风险管理工作负责人应由证券公司首席风险官考核,考核权重不低于(　　)。
A. 30%
B. 40%
C. 50%
D. 60%

8. 证券公司从事证券自营业务投资范围或者投资比例违反《证券公司监督管理条例》的规定,对直接负责的主管人员和其他直接责任人员,应处以(　　)的罚款。
A. 3万元以上5万元以下
B. 3万元以上10万元以下
C. 10万元以上
D. 1万元以上3万元以下

9. 证券金融公司向证券公司转融通的期限不得超过( )个月。
A. 6 B. 9 C. 12 D. 3

10. 下列关于公司章程的说法,错误的是( )。
A. 公司的经营范围由公司章程规定
B. 设立公司必须依法制定公司章程
C. 公司可以修改公司章程,改变经营范围
D. 公司章程只对公司和股东具有约束力

11. 私募基金管理人应当遵循( ),建立从业人员投资申报、登记、审查、处置等管理制度,防范利益输送和利益冲突。
A. 投资者利益优先原则 B. 专业化管理原则
C. 诚信原则 D. 公平公正原则

12. 公司的经营范围由( )规定。
A. 公司章程 B. 公司登记机关 C. 公司监事会 D. 公司董事会

13. 下列关于证券公司开展资产管理业务,符合规定的是( )。
A. 参与融资融券
B. 以自有资金参与本公司开展的定向资产管理业务
C. 通过报刊、电视等公共媒体公开推介具体的定向资产管理业务方案
D. 将集合资产管理计划资产用于可能承担无限责任的投资

14. 下列属于公司高级管理人员的是( )。
A. 副董事长 B. 公司监事 C. 财务负责人 D. 公司董事

15. ( )是约定基金管理人,托管人和投资人权利义务的重要法律文件。
A. 基金合同 B. 基金代销协议
C. 基金招募说明书 D. 基金托管协议

16. 证券金融公司应当制定转融通业务合同标准格式,报( )备案。
A. 证券登记结算机构 B. 中国证券业协会
C. 证券交易所 D. 中国证监会

17. 下列不适用《中华人民共和国证券法》的是( )。
A. 公司债券的发行交易 B. 汇票的发行交易
C. 股票的发行交易 D. 证券投资基金份额的上市交易

18. 下列选项中,不属于证券登记结算机构职能的是( )。
A. 证券的存管和过户 B. 公布证券交易即时行情
C. 证券持有人名册登记 D. 证券账户、结算账户的设立

19. 保荐工作底稿应当真实、准确、完整地反映整个保荐工作的全过程,保存期不少于( )年。
A. 1 B. 5 C. 10 D. 3

20. 根据《中华人民共和国合伙企业法》规定,下列关于设立合伙企业应具备的条件的说法,正确的是( )。
A. 有书面或口头合伙协议 B. 有 2 个以上合伙人
C. 由过半数以上合伙人协商一致 D. 有合伙人认缴且实际缴付的出资

21. 根据《证券公司客户资产管理业务管理办法》规定,集合资产管理计划应当面向( )推广。
A. 社会投资者 B. 合格投资者 C. 机构投资者 D. 个人投资者

22. 证券经营机构应当加强廉洁文化建设,( )开展覆盖全体工作人员的廉洁培训和教育,确保工作人员熟悉廉洁从业的相关规定,提高工作人员廉洁意识,并在新员工入职、岗位调整、员工晋升时,向其传达相应的廉洁从业要求,并要求其签署廉洁从业承诺。
A. 每周 B. 每月 C. 每个季度 D. 每年

23. 股份有限公司为公司股东、实际控制人提供担保,必须经( )决议。
A. 股东会 B. 董事会 C. 监事会 D. 董事长

24. 证券公司应当委托外部专业机构开展信息技术管理工作的全面审计,频率为( )。
A. 不低于每 3 年一次 B. 不低于每 1 年一次
C. 不低于每 5 年一次 D. 不低于每半年一次

25. 证券公司应当组织与本机构信息系统和网络通信设施相关联主体开展网络安全应急演练，每年至少开展一次，并于演练后(　　)个工作日内将相关情况报告中国证监会。
A. 5　B. 10　C. 15　D. 20
26. 证券公司通过其设立的证券营业部，接受客户委托，按照客户的要求代理客户买卖证券称为(　　)。
A. 证券自营　B. 证券经纪　C. 资产管理　D. 证券结算
27. 证券公司代销金融产品，应当采取适当方式，向客户披露(　　)金融产品合同当事人情况介绍、金融产品说明书等材料。
A. 中国证监会发布的　B. 证券公司根据委托人材料制作的
C. 证券公司独立收集分析的　D. 委托人提供的
28. 根据《上市公司并购重组财务顾问业务管理办法》规定，依法对财务顾问主办人自律管理的机构是(　　)。
A. 中国证监会　B. 中国证券业协会
C. 证券登记结算公司　D. 沪深证券交易所
29. 如果一只证券投资基金出现投资损失，该风险应由该基金的(　　)。
A. 基金发起人承担　B. 基金管理人负责承担
C. 基金持有人共同承担　D. 基金当事人共同承担
30. 下列关于证券公司违反合规管理规定被采取行政监管措施的说法，错误的是(　　)。
A. 责令定期报告　B. 责令改正
C. 认定为不适当人选　D. 监管谈话
31. 根据《证券发行与承销管理办法》，首次公开发行股票采用询价方式的，公开发行后总股本在4亿股(含)以下的，网下初始发行比例不低于本次公开发行的股票数量的(　　)；公开发行后总股本超过4亿股的，网下初始发行比例不低于本次公开发行的股票数量的(　　)。
A. 50%；70%　B. 40%；60%　C. 40%；70%　D. 60%；70%
32. A公司是B公司的全资子公司。2019年，A公司向供应商采购了一批生产物资，至今尚未付款。根据以上情形，下列说法中，正确的是(　　)。
A. 付款责任主要由A公司承担，由B公司承担补充责任
B. 付款责任主要由A公司承担，由B公司承担连带责任
C. 付款责任主要由B公司承担
D. 付款责任主要由A公司独立承担
33. 关于证券公司年度报告的要求，下列说法错误的是(　　)。
A. 应包括财务会计报告、风险控制指标报告以及国务院证券监督管理机构规定的其他专项报告
B. 应当附有会计师事务所出具的内部控制评审报告
C. 国务院证券监督管理机构审核人员无须在审核报告上签字
D. 对证券公司报送的年度报告，国务院证券监督管理机构应当指定专人进行审核
34. 下列融资保证金比例的公式正确的是(　　)。
A. 融资保证金比例 = 保证金 ÷ (融资买入证券数量 × 买入价格) × 100%
B. 融资保证金比例 = 保证金 ÷ (融券买入证券数量 × 买入价格) × 100%
C. 融资保证金比例 = 保证金 ÷ (融券买入证券数量 × 卖出价格) × 100%
D. 融资保证金比例 = 保证金 ÷ (融资买入证券数量 × 卖出价格) × 100%
35. 下列关于证券公司是否可以代理客户进行期货交易的说法，正确的是(　　)。
A. 可以代理客户进行期货交易
B. 可以代理客户进行期货交易，但需要经中国证监会批准
C. 可以代理客户进行期货交易，但需要经期货交易所批准
D. 不能代理客户进行期货交易
36. 公司在进行清算时，隐匿财产，对资产负债表或者财产清单作虚假记载的，对直接负责的主管人员和其他直接责任人员处以(　　)以下的罚款。
A. 5万元以上50万元　B. 10万元以上20万元
C. 1万元以上10万元　D. 3万元以上30万元

37. 证券经营机构(　　)决定廉洁从业管理目标,对廉洁从业管理的有效性承担责任。
A. 监事会　B. 股东会　C. 高级管理人员　D. 董事会
38. 公开募集基金的基金管理人员不得从事的活动不包括(　　)。
A. 向基金份额持有人违规承诺收益
B. 编制基金财务报告
C. 不公平地对待其管理的不同基金财产
D. 将其固有财产或者他人财产混同于基金财产从事证券投资
39. 某证券公司从事证券自营业务,其自营固定收益类证券的合计额与净资本的比例为(　　),这情形符合《证券公司风险控制指标管理办法》的相关规定。
A. 600%　B. 1000%　C. 800%　D. 350%
40. 发行人、上市公司依法披露的信息,必须真实、准确、完整,不得有(　　)。
A. 虚假记载、误导性陈述或者遗漏　B. 盈利预测、误导性陈述或者重大遗漏
C. 盈利预测、误导性陈述或者遗漏　D. 虚假记载、误导性陈述或者重大遗漏

二、多选题(共 40 题,每小题 1 分,共 40 分)以下备选项中有两项或两项以上符合题目要求,多选、少选、错选均不得分。

41. 证券投资咨询机构利用“荐股软件”从事证券投资咨询业务,应当在(　　)等业务环节中,加强投资者教育和客户权益保护。
A. 合同签订　B. 产品销售　C. 客户回访　D. 投诉处理
42. 根据《中华人民共和国证券法》,下列关于发行人、上市公司擅自改变公开发行证券所募集资金用途的相关法律责任的说法中,正确的有(　　)。
A. 责令改正
B. 对直接负责的主管人员和其他直接责任人员给予警告,并处以 10 万元以上 100 万元以下的罚款
C. 发行人、上市公司的控股股东、实际控制人指使从事该违法行为的,给予市场禁入处罚
D. 中国证监会将视情节轻重,对相关机构责任人采取监管谈话、责令改正等监管措施,记入诚信档案并公布
43. 下列关于证券公司为防止敏感信息不当流动和使用应当采取保密措施的说法,正确的有(　　)。
A. 与公司工作人员签署保密文件,要求工作人员对工作中获取的敏感信息严格保密
B. 加强对涉及敏感信息的信息系统、通讯及办公自动化等信息设施、设备的管理,保障敏感信息安全
C. 对可能知悉敏感信息的工作人员使用公司的信息系统或配发的设备形成的电子邮件、即时通讯信息和其他通讯信息进行监测
D. 建立内幕信息知情人管理制度
44. 国务院证券监督管理机构在对证券公司业务活动、财务状况、经营管理情况进行检查时,可以采取的措施有(　　)。
A. 要求证券公司的董事对有关检查事项作出说明
B. 进入证券公司的办公场所进行检查
C. 进入高级管理人员的住所进行检查
D. 检查证券公司的计算机信息管理系统,复制有关数据资料
45. 证券公司开展经纪业务时,与客户权益变动相关业务的经办人员之间,应当建立制衡机制。关于应当一人操作、一人复核,复核应当留痕的业务种类,说法正确的有(　　)。
A. 客户资金账户及证券账户的开立　B. 客户资金账户及证券账户的信息修改
C. 建立及变更客户资金存管关系　D. 客户证券账户转托管和撤销指定交易
46. 证券公司违背受托义务,擅自运用客户资金,应承担的刑事处罚有(　　)。
A. 情节严重的,对单位判处罚金
B. 情节严重的,对单位的直接负责的主管人员,处 3 年以下有期徒刑或者拘役
C. 情节特别严重的,对单位的直接负责的主管人员处 3 年以上 10 年以下有期徒刑
D. 情节特别严重的,吊销营业执照
47. 国务院证券监督管理机构对治理结构不健全、内部控制不完善、经营管理混乱、违法违规的证券公司,可以采取(　　)等措施,并责令其限期改正。
A. 责令增加内部合规检查的次数并提交合规检查报告

B. 对证券公司进行临时接管,并进行全面核查
C. 责令暂停证券公司或者其境内分支机构的部分或者全部业务、限期撤销境内分支机构
D. 责令更换董事、监事、高级管理人员或者限制其权利

48. 下列属于证券公司违反《证券公司监督管理条例》规定情形的有(　　)。
A. 与他人合资、合作经营管理分支机构,或者将分支机构承包、租赁或委托他人经营管理
B. 提取一般风险准备金
C. 未按照规定编制并向客户送交对账单,或者未按照规定建立并有效执行信息查询制度
D. 未按照规定指定专门部门处理客户投诉

49. 下列属于公募基金宣传推介规范的是(　　)。
A. 遵循销售适用性原则,关注投资者风险承受能力和基金产品风险收益特征的匹配性
B. 及时准确地为投资人办理各类基金销售业务手续,识别客户有效身份
C. 严格管理投资人账户
D. 为基金份额持有人提供良好的持续服务,保障基金份额持有人有效了解所投资基金的相关信息

50. 证券经纪人可以代理证券公司进行(　　)。
A. 客户招揽　B. 客户服务　C. 代理客户下单　D. 账户开立

51. 下列选项中,对股东会该项决议投反对票的股东能够请求公司按照合理的价格收购其股权的有(　　)。
A. 甲有限责任公司连续5年盈利,并且符合法律规定的分配利润条件,但却连续5年不向股东分配利润
B. 乙有限责任公司与A有限责任公司合并
C. 丙有限责任公司将其一处废弃的办公大楼出售给B公司
D. 丁有限责任公司章程规定的营业期限已经届满,但股东会议作出决议修改了公司章程,延长营业期限10年

52. 下列具有法人资格的有(　　)。
A. 子公司　B. 分公司　C. 企业财务部门　D. 母公司

53. 下列事项中,需要经国务院证券监督管理机构批准的有(　　)。
A. 证券公司合并　B. 证券公司撤销境内分支机构
C. 证券公司减少注册资本　D. 证券公司在境外参股证券经营机构

54. 标准化债权类资产应当同时满足的条件有(　　)。
A. 等分化,可交易
B. 信息披露充分,集中登记,独立托管
C. 公允定价,流动性机制完善
D. 在银行间市场、证券交易所市场等经国务院同意设立的交易场所交易

55. 根据《中华人民共和国公司法》,股份有限公司股东有权查阅(　　),对公司的经营提出建议或者质询。
A. 财务会计报告　B. 股东名册　C. 会计账簿　D. 公司章程

56. 根据《中华人民共和国公司法》,下列有关股份有限公司董事在任职期间转让所持有的本公司股份的表述,正确的有(　　)。
A. 每年转让的股份不得超过其所持股份总数的5%
B. 每年转让的股份不得超过其所持股份总数的25%
C. 所持股份自公司上市之日起12个月内不得转让
D. 所持股份自公司上市之日起36个月内不得转让

57. 下列选项中,属于股东会行使的职权有(　　)。
A. 对公司合并、分立、解散、清算或者变更公司形式作出决议
B. 审议批准公司的利润分配方案和弥补亏损方案
C. 审议批准监事会或者监事的报告
D. 对发行公司债券作出决议

58. 下列关于证券公司的相关说法,正确的有(　　)。
A. 证券公司合并的,涉及客户权益的重大资产转让应当经具有证券相关业务资格的资产评估机构评估

B. 证券公司解散的,应当经国务院证券监督管理机构批准,并按照有关规定安置客户、处理未了结的业务
C. 证券公司破产的,应当经国务院证券监督管理机构批准,并按照有关规定安置客户、处理未了结的业务
D. 证券公司停业、解散或者破产的,应当经证券业协会批准

59. 根据证券公司自营业务涉及的法律及行政法规,下列说法中正确的有(　　)。
A.《中华人民共和国证券法》对证券公司的证券自营业务作出了原则性规定
B.《证券公司监督管理条例》对证券公司证券自营业务作出一般或基本规定
C.《中华人民共和国证券法》《证券公司监督管理条例》是监管机构制定自营业务相关监管政策、实施监督管理的重要法律依据
D. 证券公司证券自营业务涉及的部门规章及规范性文件不包括《证券公司内部控制指引》

60. 证券期货经营机构及其工作人员在开展投资银行类业务过程中,不得以(　　)方式输送或者谋取不正当利益。
A. 以非公允价格或者不正当方式为自身或者利益关系人获取拟上市公司股权
B. 以非公允价格为利益关系人配售债券或者约定回购债券
C. 泄露证券发行询价和定价信息,操纵证券发行价格
D. 向特定客户以明显低于公司资金成本或者同期市场资金价格的利率提供融资

61. 下列属于证券公司自营业务禁止的行为有(　　)。
A. 以个人名义进行自营业务
B. 在自己实际控制的账户之间进行证券交易
C. 将自营业务与经纪业务分开管理和操作
D. 建立专用自营账户

62. 根据《中华人民共和国公司法》,以下属于关联关系的有(　　)。
A. 公司控股股东与其直接或者间接控制的企业之间的关系
B. 公司实际控制人与其直接或者间接控制的企业之间的关系
C. 公司董事、监事、高级管理人员与其直接或者间接控制的企业之间的关系
D. 同受国家控股企业之间的关系

63. 根据《中华人民共和国证券法》规定,证券公司(　　),必须经国务院证券监督管理机构批准。
A. 变更业务范围　　B. 变更主要股东
C. 变更公司的实际控制人　　D. 证券公司合并、分立

64. 客户在从事融资融券交易期间,可能面临的风险或损失包括(　　)。
A. 担保物被强制平仓
B. 融资融券成本增加
C. 因标的证券终止上市,被提前了结融资融券交易
D. 因融资融券标的证券范围调整,被提前了结融资融券交易

65. 下列关于欺诈发行证券罪的说法中,正确的有(　　)。
A. 必须具有数额巨大、后果严重或者其他严重情节才构成犯罪
B. 若单位构成犯罪的,对单位与直接负责主管人员都判处罚金
C. 欺诈发行的方式包括在发行文件中隐瞒重要事实或者编造重大虚假内容
D. 犯罪主体只能为个人

66. 根据《证券公司监督管理条例》规定,判断证券公司审慎经营的情况包括(　　)。
A. 财务状况　　B. 专业人员数量
C. 高级管理人员业务管理能力　　D. 内控水平

67. 以下属于积极培育中国特色金融文化相关内容的有(　　)。
A. 诚实守信,不逾越底线　　B. 以义取利,不唯利是图
C. 稳健审慎,不急功近利　　D. 守正创新,不脱实向虚

68. 客户交易结算资金第三方存管制度要求,(　　)通过签订合同的形式,明确具体的客户交易结算资金存取、划转、查询等事项。
A. 客户　　B. 指定的商业银行
C. 证券登记结算公司　　D. 证券公司

69.《证券公司监督管理条例》《证券市场禁入规定》分别属于(　　)层级的规定。
A. 法律　　B. 行政法规　　C. 部门规章　　D. 自律管理业务规则

70. 证券公司按《证券公司融资融券业务管理办法》制定的选择客户的具体标准应当包括(　　)。
A. 从事证券交易时间　　B. 信誉状况
C. 投资风格　　D. 资产状况

71. 证券公司违反《中华人民共和国证券法》规定,为客户买卖证券提供融资融券的,监管机构依法可采取的措施包括(　　)。
A. 没收违法所得
B. 情节严重的,禁止其在一定期限内从事证券融资融券业务
C. 处以非法融资融券等值以下的罚款
D. 对直接负责的主管人员和其他直接责任人员给予警告

72. 根据《证券公司信息隔离墙制度指引》规定,下列关于研究报告审核制度的表述,做法正确的有(　　)。
A. 公司质控人员出于质量管理目的,在研究报告发布前对研究报告进行审核
B. 公司合规人员在研究报告发布前对研究报告进行合规审查
C. 拟上市公司对研究人员撰写的投资价值报告草稿中的事实部分章节进行审核
D. 公司自营部门人员在研究报告发布前对研究报告进行审查

73. 下列属于证券公司融资融券交易业务特有风险的有(　　)。
A. 市场风险　　B. 投资风险放大
C. 强制平仓风险　　D. 交易密码泄露风险

74. 根据《中华人民共和国反洗钱法》,下列属于反洗钱罪上游犯罪的有(　　)。
A. 毒品犯罪　　B. 单位犯罪
C. 破坏金融管理秩序犯罪　　D. 贪污贿赂犯罪

75. 下列选项中,符合证券经纪业务客户管理与客户服务制度的有(　　)。
A. 证券公司应当统一组织回访客户,对原有客户的回访比例应当不低于上年末客户总数的10%
B. 证券公司应当统一组织回访客户,对新开户客户应当在半年内完成回访
C. 证券公司应当要求客户在开立资金账户时自行设置密码,提醒客户适时修改密码和增强密码强度
D. 证券公司及证券营业部应当建立客户投诉书面或者电子档案,保存时间不少于2年

76. 关于背信运用受托财产,下列说法正确的有(　　)。
A. 证券交易所可能成为背信运用受托财产罪的犯罪主体
B. 商业银行不可能成为背信运用受托财产罪的犯罪主体
C. 背信运用受托财产罪主观方面只能是故意,过失不构成本罪
D. 背信运用受托财产罪侵犯的客体是金融管理秩序和客户的合法权益

77. 证券金融公司不以营利为目的,履行下列职责(　　)。
A. 为证券公司融资融券业务提供资金和证券的转融通服务
B. 对证券公司融资融券业务运行情况进行监控
C. 遵循审慎原则,审核、选取并确定可充抵保证金证券的名单,并向市场公布
D. 为客户融资融券交易进行结算服务

78. 根据《证券期货投资者适当性管理办法》,下列关于普通投资者享有的特别保护,体现在(　　)。
A. 信息告知　　B. 本金保障　　C. 风险警示　　D. 适当性匹配

79. 申请境内机构投资者资格,应当具备的条件包括(　　)。
A. 基金管理公司净资产不少于2亿元人民币,经营证券投资基金管理业务达2年以上,在最近一个季度末资产管理规模不少于200亿元人民币或等值外汇资产
B. 证券公司各项风险控制指标符合规定标准:净资本不低于5亿元人民币,净资本与净资产比例不低于70%,经营集合资产管理计划业务达2年以上,在最近一个季度末资产管理规模不少于100亿元人民币或等值外汇资产
C. 具有5年以上境外证券市场投资管理经验和相关专业资质的中级以上管理人员不少1名
D. 具有3年以上境外证券市场投资管理相关经验的人员不少于3名

80. 期货交易所履行的职责包括(　　)。
A. 提供交易的场所、设施和服务　　B. 设计期货合约,安排合约上市
C. 组织期货从业人员的业务培训　　D. 开展交易者教育和市场培育工作

三、判断题(共30题,每小题1分,共30分)正确的选A,错误的选B。不选、错选均不得分。

81. 反恐怖融资是指为了预防和遏制为恐怖主义、恐怖分子和恐怖主义组织进行的融资活动,依照《反洗钱法》等法律法规采取相关措施的行为。(　　)
A. 正确　　B. 错误

82. 因故意犯罪被判处刑罚,刑罚执行完毕且已逾3年的单位和个人,不能成为持有证券公司5%以上股权的股东、实际控制人。(　　)
A. 正确　　B. 错误

83. 证券公司进入破产程序的,公安机关应当依法将冻结的涉案资产移送给受理破产案件的人民法院,不得留存任何相关证据材料。(　　)
A. 正确　　B. 错误

84. 开放式基金的份额可以在基金合同约定的时间和场所进行申购或者赎回。(　　)
A. 正确　　B. 错误

85. 期货交易可以采用协议交易或者国务院规定的其他交易方式进行。(　　)
A. 正确　　B. 错误

86. 另类投资子公司应当指定高级管理人员担任合规及风险管理负责人,该合规及风险管理负责人由证券公司聘任。(　　)
A. 正确　　B. 错误

87. 证券公司应当根据全面风险管理要求,建立非常态化的信用风险压力测试机制。(　　)
A. 正确　　B. 错误

88. 证券公司应当按照审慎经营的原则,建立健全风险管理与内部控制制度,防范和控制风险。(　　)
A. 正确　　B. 错误

89. 以募集设立方式设立股份有限公司的,发起人认购的股份不得少于公司净资产的35%。(　　)
A. 正确　　B. 错误

90. 根据《区域性股权市场自律管理与服务规范(试行)》,证券公司及其从业人员违反规范,中国证监会及其派出机构将视情节轻重采取相关自律惩戒措施。(　　)
A. 正确　　B. 错误

91. 在特殊普通合伙企业中,一个合伙人在执业活动中因重大过失造成合伙企业债务的,由全体合伙人承担无限连带责任。(　　)
A. 正确　　B. 错误

92. 证券公司中,应对违反职责范围内的内部控制要求所导致的风险和损失承担首要责任的是董事会。(　　)
A. 正确　　B. 错误

93. 代销金融产品,是指接受金融产品发行人的委托,为其销售金融产品或者介绍金融产品购买人的行为。(　　)
A. 正确　　B. 错误

94. 证券公司的注册资本应当是认缴资本。(　　)
A. 正确　　B. 错误

95. 设立管理公开募集基金的基金管理公司,注册资本不低于1亿元人民币,且必须为实缴货币资本。(　　)
A. 正确　　B. 错误

96. 普通投资者与证券公司发生证券业务纠纷,普通投资者提出调解请求的,证券公司可以拒绝。(　　)
A. 正确　　B. 错误

97. 根据《公司法》,有限责任公司由200个以下股东出资设立。(　　)
A. 正确　　B. 错误

98. 互换合约,是指约定在将来某一特定时间内相互交换特定标的物的金融合约。(　　)
A. 正确　　B. 错误
99. 首席风险官有权参加或者列席与其履职相关的会议。(　　)
A. 正确　　B. 错误
100. 有限责任公司的股东以其认缴的出资额为限对公司债务承担责任。(　　)
A. 正确　　B. 错误
101. 超过效力期限的执业声誉信息不再公开和提供查询、修复、更正等服务,但法律法规、监管规定、协会另有规定的除外。(　　)
A. 正确　　B. 错误
102. 证券公司不采纳合规负责人的合规审查意见的,应当将有关事项提交股东会决定。(　　)
A. 正确　　B. 错误
103. 期货公司变更注册资本且调整股权结构,国务院期货监督管理机构应当自受理申请之日起20日内作出核准或者不予核准的决定。(　　)
A. 正确　　B. 错误
104. 普通投资者可以口头告知证券公司选择成为专业投资者。(　　)
A. 正确　　B. 错误
105. 证券公司从事介绍业务的工作人员不得进行期货交易。(　　)
A. 正确　　B. 错误
106. 按照法律关系发生的方式,可以将法律关系分为确认性法律关系与创设性法律关系。(　　)
A. 正确　　B. 错误
107. 盘后固定价格交易指在竞价交易结束后,投资者通过集合竞价进行委托竞价的交易方式。(　　)
A. 正确　　B. 错误
108. 证券发行规模达到一定数量的,可以采用联合保荐,但参与联合保荐的保荐机构不得超过3家。(　　)
A. 正确　　B. 错误
109. 证券基金经营机构聘任分支机构负责人,应当依法向中国证券业协会备案。(　　)
A. 正确　　B. 错误
110. 科创板股票自上市首个交易日即可作为融资融券标的证券。(　　)
A. 正确　　B. 错误

四、综合题(共10题,每小题1分,共10分)以下备选项中有一项或多项符合题目要求,不选、错选均不得分。

甲公募基金为混合型证券投资基金,采用契约型开放式的运作方式,该基金的最低募集份额总额为2亿份,最低募集金额总额为人民币2亿元,基金募集期为10天,发售对象为符合法律法规规定的可投资于证券投资基金的个人投资者、机构投资者、合格境外机构投资者和人民币合格境外机构投资者以及法律法规或中国证监会允许购买证券投资基金的其他投资人。

根据以上信息,回答下列三题。

111. 下列关于甲公募基金运作方式的说法,正确的有(　　)。
A. 甲公募基金没有固定的存续期限
B. 甲公募基金的基金份额总额不固定
C. 甲公募基金的基金份额持有人在基金合同期限内不得申请赎回
D. 甲公募基金的基金份额可以在基金合同约定的时间和场所申购或者赎回
112. 乙公司为管理甲公募基金的基金管理公司,乙公司应当具备的条件包括(　　)。
A. 有符合《公司法》和《证券投资基金法》规定的章程
B. 取得基金从业资格的人员达到法定人数
C. 董事、监事、高级管理人员具备相应的任职条件
D. 注册资本不低于5000万元人民币,且必须为实缴资本
113. 甲公募基金的合格境外机构投资者是指经中国证监会批准投资于中国证券市场的(　　)。
A. 境外基金管理公司　　B. 境外商业银行
C. 境外政府投资机构　　D. 境外资产评估机构

甲证券公司从事证券基金业务活动,委托乙信息技术服务机构提供相关产品或服务,签订了服务协议和保密协议,明确各方权利、义务和责任,并持续监督乙机构及相关人员落实服务协议和保密协议的情况。

根据以上信息,回答下列两题。

114. 甲证券公司与乙信息技术服务机构签订的协议,应约定的内容有(　　)。

A. 质量考核标准　　B. 持续监控机制

C. 异常处理机制　　D. 现场服务人员保密要求

115. 下列关于信息技术服务机构管理相关说法,错误的是(　　)。

A. 甲证券公司依法应当承担的责任因委托乙信息技术服务机构而免除

B. 甲证券公司应当在选择信息技术服务机构之后,制定更换服务提供方的流程及预案,确保在特定情况下可更换服务提供方

C. 甲证券公司应当确保重要信息系统运行始终处于自身控制范围

D. 除法律法规及中国证监会另有规定外,甲证券公司不得将重要信息系统的运维、日常安全管理交由乙信息技术服务机构独立实施

丙证券公司营业部客户经理刘某,在向多名老年客户销售该公司代销的某高风险等级资产管理产品时,擅自向客户作出保本保息承诺,并表示即使产品亏损,该证券公司也会弥补投资者的损失。另外,刘某为取得销售奖励,诱导多位客户不客观地填写"风险评估表",使风险承受能力较低的客户购买该产品。最终,该资产管理产品投资失败,投资者的本金遭受损失,刘某的多名老年客户上门要求丙公司赔偿并向当地监管部门投诉,严重影响了丙证券公司的正常经营。

根据以上信息,回答下列三题。

116. 下列关于丙证券公司代销金融产品的行为,说法错误的是(　　)。

A. 丙证券公司营业部可以自行代销金融产品

B. 刘某应当具备证券从业资格

C. 刘某应当与客户分享投资收益、分担投资损失

D. 丙证券公司在代销金融产品中需避免利益冲突

117. 刘某的多名老年客户上门要求丙证券公司赔偿并向当地监管部门投诉,严重影响了丙证券公司的正常经营,属于(　　)。

A. 流动性风险　　B. 信用风险　　C. 声誉风险　　D. 市场风险

118. 丙证券公司在销售产品或者提供服务的过程中,禁止开展的活动包括(　　)。

A. 向不符合准入要求的投资者销售产品或者提供服务

B. 向普通投资者主动推介风险等级高于其风险承受能力的产品或者服务

C. 提出明确的适当性匹配意见,将适当的产品或者服务提供给适合的投资者

D. 由于客户年事已高,《投资者风险承受能力评估问卷》可以由业务人员代为填写

黄某2020年8月入职甲证券公司担任保荐代表人,2021年9月因被举报投诉并查证属实,黄某产生不良诚信信息(效力期限自2021年9月至2022年9月),并从甲证券公司离职。2022年1月,乙证券公司招聘保荐代表人,黄某与李某同时参与应聘。综合考虑后,乙证券公司最终选择了诚信良好的李某。

根据以上信息,回答下列两题。

119. 下列说法正确的是(　　)。

A. 若聘任黄某,乙证券公司应当对黄某进行全面考察,并向中国证券业协会提供专项诚信情况说明

B. 保荐代表人不得为失信被执行人

C. 保荐代表人应最近3年内具备24个月以上保荐相关业务经历

D. 保荐代表人应最近12个月持续从事保荐相关业务

120. 保荐代表人应当参加保荐代表人专业能力水平评价测试,符合(　　)条件的,无须参加。

A. 具备10年以上保荐相关业务经历,且最近2年内在符合规定的证券发行项目中担任过项目协办人等主要成员

B. 具备8年以上保荐相关业务经历

C. 具有金融、经济、会计、法律相关专业硕士研究生以上学历

D. 取得国家法律职业资格

机考题库·真题试卷(四)

答题卡

本试卷采用虚拟答题卡技术，自动评分

考生扫描右侧二维码，将答题选项填入虚拟答题卡中，题库系统可自动统计答题得分，生成完整的答案及解析。题库系统根据考生答题数据，自动收集整理错题，记录考生薄弱知识点，方便考生在题库系统中查漏补缺。

一、单选题(共40题,每小题0.5分,共20分)以下备选项中只有一项最符合题目要求,不选、错选均不得分。

1. 根据《中华人民共和国公司法》规定,上市公司属于(　　)。
   A. 国有投资公司
   B. 有限责任公司
   C. 既可以是有限责任公司也可以是股份有限公司
   D. 股份有限公司
2. 下列关于股份公司发行股份的说法,不正确的是(　　)。
   A. 同类别的每一股份应当具有同等权利
   B. 公司发行新股可以根据公司经营情况和财务状况确定其作价方案
   C. 任何单位或者个人所认购的股份,每股应当支付相同价额
   D. 同次发行的同类别股份,每股的发行条件和价格不相同
3. 证券公司从事证券自营业务,可以依据(　　)附件《证券公司证券自营投资品种清单》买卖其中所列的证券。
   A.《证券公司风险控制指标管理办法》
   B.《证券公司内部控制指引》
   C.《证券公司证券自营业务指引》
   D.《关于证券公司证券自营业务投资范围及有关事项的规定》
4. 负责非公开募集基金备案的机构是(　　)。
   A. 基金业协会　　B. 证券交易所
   C. 国务院证券监督管理机构　　D. 基金份额登记机构
5. 根据《证券法》,证券发行、交易活动的当事人应当遵守的原则不包括(　　)。
   A. 诚实信用　　B. 自愿　　C. 有偿　　D. 稳健
6. 根据《证券公司全面风险管理规范》,全面风险管理是指证券公司(　　)参与,对公司经营中的流动性风险、市场风险、信用风险、操作风险、声誉风险等各类风险,进行准确识别、审慎评估、动态监控、及时应对及全程管理。
   A. 董事会及经理层　　B. 经理层及全体员工
   C. 公司高级管理人员　　D. 董事会、经理层以及全体员工共同
7. 证券公司开展各项业务,应当(　　)。
   A. 合规经营、勤勉尽责,坚持客户利益至上原则
   B. 稳健经营、控制规模,坚持股东利益至上原则
   C. 控制风险、保障经营,坚持公司利益至上原则
   D. 规范管理、执行到位,坚持各方利益均衡发展原则
8. 除法律、行政法规另有规定以外,以募集方式设立股份有限公司,发起人认购的股份不得少于公司股份总数的(　　)。
   A. 70%　　B. 65%　　C. 35%　　D. 50%
9. 根据《中华人民共和国刑法》规定,(　　)是指依法负有信息披露义务的公司、企业向股东和社会公众提供虚假的或者隐瞒重要事实的财务会计报告,或者对依法应当披露的其他重要信息不按照规定披露,严重损害股东或者其他人利益的行为。
   A. 欺诈发行证券罪　　B. 擅自发行股票和公司、企业债券罪
   C. 诱骗他人买卖证券罪　　D. 违规披露、不披露重要信息罪

10.《中华人民共和国证券投资基金法》禁止公开募集基金的基金管理人将其固有财产混同于基金财产从事证券投资,体现了基金财产具有(　　)。

A. 契约性　　B. 营利性　　C. 独立性　　D. 确定性

11. 下列关于证券公司客户资产管理业务的说法中,错误的是(　　)。

A. 为客户提供证券及其他金融产品的投资管理服务
B. 证券公司须与客户签订资产管理合同
C. 证券公司对客户委托的资产进行经营运作
D. 证券公司须确保客户资产的稳定增值

12. 公司的发起人在公司成立后抽逃其出资的,由公司登记机关责令改正,处以(　　)的罚款。

A. 所抽逃出资金额 5% 以上 10% 以下　　B. 所抽逃出资金额 10% 以上 15% 以下
C. 所抽逃出资金额 5% 以上 15% 以下　　D. 所抽逃出资金额 1% 以上 15% 以下

13. 根据《中华人民共和国证券法》规定,(　　)不属于证券交易内幕信息的知情人。

A. 证券登记结算机构的有关人员　　B. 发行人的监事
C. 持有公司 3% 股份的股东　　D. 证券监督管理机构的工作人员

14. 证券公司、资产托管机构、销售机构和投资顾问等服务机构的直接负责的主管人员和其他直接责任人员违反《证券期货经营机构私募资产管理业务管理办法》的,中国证监会及其派出机构根据不同情况,可以对其采取监管谈话、(　　)、认定为不适当人选等行政监管措施。

A. 责令处分有关人员　　B. 暂不受理与行政许可有关的文件
C. 出具警示函　　D. 行业内通报批评

15. 下列行为可认定为诱骗投资者买卖证券、期货合约罪的是(　　)。

A. 过失损毁交易记录,致使投资者买卖证券
B. 伪造交易记录,诱骗投资者买卖期货合约,造成严重后果
C. 过失传播虚假信息,致使投资者买卖证券,造成严重后果
D. 变造交易记录,诱骗投资者买卖期货合约,未造成严重后果

16. 根据《证券公司监督管理条例》,下列关于证券公司信息披露的要求,正确的是(　　)。

A. 证券公司向社会公开披露的信息中无须包含高级管理人员薪酬信息
B. 证券公司向社会公开披露的信息应包括经营管理状况
C. 证券公司向社会公开披露的信息中无须包含参股及控股情况
D. 证券公司向社会公开披露的信息中无须包含或有负债情况

17. 下列人员中,可以成为持有证券公司 5% 以上股权的股东的是(　　)。

A. 甲因抢劫罪被判处 3 年有期徒刑,现已刑罚执行完毕 5 年
B. 乙公司净资产占实收资本的 35%
C. 丙因做生意亏本,欠别人 5 万元已经到期,至今不能清偿
D. 丁公司负债达到净资产的 75%

18. 下列属于内幕交易行为的是(　　)。

A. 投资者猜测某公司有重大利好而买入证券
B. 内幕信息知情人利用掌握的内幕信息,建议他人交易
C. 内幕信息知情人在内幕信息公开后从事交易
D. 与他人串通、以事先约定的时间、价格和方式相互进行证券交易,影响证券价格或交易量

19. 企业计提法定公积金超过注册资本的(　　)之后,可不再提取。

A. 50%　　B. 30%　　C. 51%　　D. 25%

20. 股份有限公司监事会应当包括适当比例的公司职工代表,其中职工代表的比例不得低于(　　),具体比例由公司章程规定。

A. 1/2　　B. 1/4　　C. 1/3　　D. 1/5

21. 下列各项中属于证券经纪业务合规风险的是(　　)。

A. 将客户资金账户、证券账户提供给他人使用
B. 工作人员违规操作导致客户账户管理差错
C. 交易场地电脑设备不足
D. 为法人客户开立账户审核资料不严

22. 下列关于法律关系的说法，错误的是(　　)。
A. 法律关系主体主要包括自然人、组织和国家
B. 法律关系客体包括人格
C. 对于自然人来说，有权利能力一定有行为能力
D. 法律关系由主体、客体与内容构成
23. 下列不属于基金份额持有人权利的是(　　)。
A. 按照规定要求召开基金份额持有人大会
B. 分享基金投资收益
C. 查阅基金财产管理业务活动的公开披露资料
D. 确定基金收益分配方案
24. 在融资融券交易中，客户融入证券后、归还证券前，证券发行人派发现金红利的，(　　)。
A. 证券公司将直接从证券发行人处获得该现金红利
B. 融券客户应当向证券公司支付等值的融出证券
C. 由证券公司和融券客户根据双方约定处理
D. 融券客户应当向证券公司补偿对应金额的现金红利
25. 专项计划管理人应当将发生的可能对资产支持证券价值或价格产生实质影响的重大事件，及时向投资者披露，并(　　)。
A. 向中国基金业协会、证券交易场所报告并抄送对管理人有辖区监管权的中国证监会派出机构
B. 向中国基金业协会报告
C. 向中国基金业协会报告并抄送对管理人有辖区监管权的中国证监会派出机构
D. 向中国基金业协会、证券交易场所报告
26. 下列说法中，错误的是(　　)。
A. 资产管理产品的发行人或者管理人违反真实公允确定净值原则，对产品进行保本保收益，视为刚性兑付
B. 资产管理产品的发行人或者管理人采取滚动发行等方式，实现产品保本保收益的，视为刚性兑付
C. 资产管理产品不能如期兑付或者兑付困难时，发行或者管理该产品的金融机构自行筹集资金偿付或者委托其他机构代为偿付，不应视为刚性兑付
D. 经认定存在刚性兑付行为的，应该区分存款类金融机构和非存款类持牌金融机构进行惩处
27. 下列关于证券市场法律法规的说法中，正确的是(　　)。
A.《证券发行与承销管理办法》属于自律性规则
B.《证券公司监督管理条例》和《证券公司风险处置条例》属于部门规章
C.《中华人民共和国证券投资基金法》属于法律
D.《中华人民共和国证券法》属于行政法规
28. 下列关于证券经营机构执行投资者适当性管理过程中应当遵循的基本原则，错误的是(　　)。
A. 差异性原则　　B. 主观性原则
C. 投资者利益优先原则　　D. 勤勉尽责原则
29. 下列行为可能涉嫌构成利用未公开信息交易罪的是(　　)。
A. 上市公司董事泄露该公司重组信息
B. 投资者甲利用非法获取的内幕信息买卖股票
C. 某注册会计师利用上市公司财务信息买卖股票
D. 基金经理利用所掌握的基金持仓信息买卖股票且情节严重
30. 私募基金的合格投资者投资于单只私募基金的金额不低于(　　)万元。
A. 50　　B. 100　　C. 300　　D. 1000
31. 证券公司将自有资金投资于依法公开发行的国债、投资级公司债等中国证监会认可的(　　)的证券，无须取得证券自营业务资格。
A. 风险较高、流动性较弱　　B. 风险较高、流动性较强
C. 风险较低、流动性较强　　D. 风险较低、流动性较弱
32. 投资经理离任的，基金托管银行应立即进行离任审查，并自离任之日起(　　)个工作日内将离任审计报告报送中国证监会及相关证监局。
A. 10　　B. 20　　C. 25　　D. 30
33. 根据《中华人民共和国证券法》，下列关于公开发行证券募集资金用途的说法，正确的是(　　)。
A. 对擅自改变用途的发行人、上市公司直接责任人员仅处警告处理，不处罚款

B. 对公开发行的股票、债券募集资金的用途均没有限制
C. 擅自改变用途而未作纠正的不得再次公开发行
D. 通过董事会的决议可以改变募集资金用途

34. 下列关于公司设立和经营范围的说法,错误的是( )。
A. 公司擅自超越经营范围从事生产经营活动,应承担相应的法律责任
B. 公司经营范围中有属于法律法规规定须经过批准的项目,应当依法经过批准
C. 公司经营范围一旦选定,则不能变更
D. 依法设立的公司,由公司登记机关发给公司营业执照,营业执照应载明公司的经营范围

35. 根据《证券法》,下列关于公司债券上市交易的公司编制、报送和公告定期报告的说法,错误的是( )。
A. 在每一会计年度结束之日起6个月内报送并公告年度报告
B. 年度财务会计报告应当经符合《证券法》规定的会计师事务所审计
C. 在每一会计年度的上半年结束之日起2个月内,报送并公告中期报告
D. 应当按照证监会和交易场所规定的内容和格式编制定期报告

36. 向投资者销售或者提供"荐股软件",并直接或者间接获取经济利益的,应当经中国证监会许可,取得( )资格。
A. 承销与保荐业务　　B. 证券经纪业务
C. 证券投资咨询业务　　D. 一般证券业务

37. 申请证券上市交易,应经( )审核同意,双方签订上市协议。
A. 中国证监会　　B. 证券交易所
C. 中国证券登记结算有限公司　　D. 中国证券业协会

38. 证券的发行、交易活动,必须遵守法律、行政法规,禁止( )。
A. 客户电话委托下单　　B. 为客户开通融资融券业务
C. 欺诈、内幕交易和操纵证券市场　　D. 客户自行买卖股票

39. 根据《证券法》,代销协议应当载明的事项不包括( )。
A. 侵权责任　　B. 代销的付款方式及日期
C. 代销的期限及起止日期　　D. 代销证券的种类、数量、金额及发行价格

40. 根据《证券投资顾问业务暂行规定》,向客户提供证券投资顾问服务的人员,应当符合相关从业条件,并应当在( )注册登记为证券投资顾问。
A. 中国证券业协会　　B. 中国结算公司
C. 中国证监会　　D. 证券交易所

二、多选题(共40题,每小题1分,共40分)以下备选项中有两项或两项以上符合题目要求,多选、少选、错选均不得分。

41. 下列属于不得再次公开发行公司债券的情形有( )。
A. 对已公开发行的公司债券或者其他债务有违约的事实,仍处于继续状态
B. 对已公开发行的公司债券或者其他债务有延迟支付本息的事实,仍处于继续状态
C. 违反《中华人民共和国证券法》规定,改变公开发行公司债券所募资金的用途
D. 对已公开发行的公司债券或者其他债务有违约的事实,但不处于继续状态

42. 根据《证券公司声誉风险管理指引》,证券公司声誉风险管理应遵循( )原则。
A. 全程全员　　B. 预防第一　　C. 审慎管理　　D. 快速响应

43. 下列关于证券公司柜台市场发行、销售与转让产品可采取方式的说法,正确的有( )。
A. 协议　　B. 报价　　C. 做市　　D. 集中竞价

44. 符合条件的( )等机构投资者以及参与科创板发行人首次公开发行的战略投资者,可以作为出借人,通过约定申报和非约定申报方式参与科创板证券出借。
A. 公募基金　　B. 社保基金　　C. 保险资金　　D. 私募基金

45. 违反《证券公司监督管理条例》规定,有( )情形的,责令改正,给予警告,没收违法所得,并处以违法所得等值罚款;没有违法所得或者违法所得不足3万元的,处以3万元以下的罚款;情节严重的,撤销任职资格或者证券从业资格。
A. 合规负责人未按照规定向国务院证券监督管理机构或者有关自律组织报告违法违规行为
B. 证券经纪人从事业务向客户出示证券经纪人证书
C. 证券经纪人同时接受多家证券公司的委托,进行客户招揽、客户服务等活动
D. 证券经纪人接受客户的委托,为客户办理证券认购、交易等事项

46. 下列关于有限责任公司股东用于出资的非货币财产的说法中,正确的有(　　)。
A. 应当是无形资产　　B. 可以用货币估价
C. 可以依法转让　　D. 不违背相关法律、行政法规规定
47. 证券公司、证券投资咨询机构提供证券投资顾问服务,应当与客户签订证券投资顾问服务协议,协议内容包括(　　)。
A. 证券投资顾问的职责和禁止行为　　B. 证券投资顾问服务的内容和方式
C. 收费标准和支付方式　　D. 终止或者解除协议的条件和方式
48. 证券经纪业务营销人员不得(　　)。
A. 以所服务证券公司或证券营业部的名义,与客户或他人签订任何合同、协议
B. 代客户在相关合同、协议、文件等资料上签字
C. 在执业过程中索取或收受客户款项和财物
D. 向客户提供由所服务证券公司统一提供的研究报告及与证券投资有关的信息、证券类金融产品宣传推介材料及有关信息
49. 下列关于有限合伙企业执行合伙事务的说法,正确的有(　　)。
A. 有限合伙企业由普通合伙人执行合伙事务
B. 有限合伙人不执行合伙事务
C. 有限合伙人不得对外代表有限合伙企业
D. 执行事务合伙人可以要求在合伙协议中明确执行事务的报酬及报酬提取方式
50. 根据《证券公司另类投资子公司管理规范》,下列说法正确的有(　　)。
A. 证券公司应当对自营、另类投资等自有资金投资的业务实施另类管理,管理的尺度和标准应当有所区别
B. 另类子公司应当指定高级管理人员担任合规及风险管理负责人,该合规及风险管理负责人不得兼任与其合规或风险管理职责相冲突的职务
C. 证券公司及其他子公司与另类子公司存在利益冲突的人员不得兼任另类子公司的董事、监事、高级管理人员、投资决策机构成员
D. 另类子公司与证券公司其他子公司之间,应当在人员、机构、资产、经营管理、业务运作、办公场所等方面相互独立、有效隔离
51. 证券期货经营机构及其工作人员在开展期货业务及相关活动中,不得以(　　)方式向公职人员、客户、正在洽谈的潜在客户或者其他利益关系人输送不正当利益。
A. 提供礼金、礼品、房产、汽车、有价证券、股权、佣金返还等财物
B. 提供旅游、宴请、娱乐健身、工作安排等利益
C. 安排显著偏离公允价格的结构化、高收益、保本理财产品等交易
D. 直接或者间接向他人提供内幕信息、未公开信息、商业秘密和客户信息,明示或者暗示他人从事相关交易活动
52. 设立合伙企业,应当具备的条件包括(　　)。
A. 有2个以上合伙人　　B. 有书面合伙协议
C. 有合伙人认缴或者实际缴付的出资　　D. 有合伙企业的名称和生产经营场所
53. 公司聘用、解聘承办公司审计业务的会计师事务所,根据公司章程的规定,可以由(　　)决定。
A. 股东会　　B. 董事会　　C. 监事会　　D. 审计委员会
54. 下列关于证券行业文化建设基本要求的说法,正确的有(　　)。
A. 坚持依法合规,筑牢发展基础　　B. 坚持专业精神,提升服务能力
C. 坚持快速高效,促进稳步增长　　D. 牢记社会责任,展现良好形象
55. 从业人员登记类别设为(　　)。
A. 证券经纪人　　B. 证券投资咨询(投资顾问)
C. 保荐代表人　　D. 证券投资咨询(分析师)
56. 证券公司向客户推介金融产品,应当评估客户购买金融产品的适当性,这包括了解(　　)。
A. 客户的身份　　B. 客户的财产和收入状况
C. 客户的金融知识　　D. 客户的投资目标
57. 证券公司代销金融产品,不得有的行为包括(　　)。
A. 夸大宣传　　B. 与客户分享投资收益
C. 与客户分担投资损失　　D. 采取抽奖的方式诱导客户购买金融产品
58. 根据《证券公司信息隔离墙制度指引》规定,证券公司开展保密侧业务,应当在与客户发生实质

性接触后的适当时点,将相关项目所涉公司或证券列入观察名单。前款所称适当时点,以(　　)环节中的较早者为准。

A. 与客户签署保密协议　　B. 对项目立项

C. 进场开展工作　　D. 实际获知项目敏感信息

59. 根据《证券期货经营机构参与股票期权交易试点指引》规定,证券公司从事股票期权经纪业务试点,应当符合的基本条件包括(　　)。

A. 具有证券经纪业务资格

B. 股票期权经纪业务制度健全

C. 配备5名同时取得证券和期货从业人员资格的专业人员

D. 公司及其董事、监事、高级管理人员最近1年内未因重大违法违规行为受到行政处罚或刑事处罚

60. 下列关于有限合伙企业名称的说法,正确的有(　　)。

A. 名称中有特别要求　　B. 名称中应当标明"有限公司"字样

C. 名称中应当标明有限合伙人的名称　　D. 名称中应当标明"有限合伙"字样

61. 根据《上市公司证券发行管理办法》规定,上市公司存在(　　)情形之一的,不得公开发行证券。

A. 擅自改变前次公开发行证券募集资金的用途而未作纠正

B. 上市公司最近12个月内受到过证券交易所的公开谴责

C. 本次发行申请文件有虚假记载、误导性陈述或重大遗漏

D. 上市公司或其现任董事、高级管理人员因涉嫌犯罪被司法机关立案侦查

62. 证券发行、交易活动的当事人具有平等的法律地位,应当遵守(　　)的原则。

A. 自愿　　B. 有偿　　C. 无偿　　D. 诚实信用

63. 证券包销协议的必备条款包括(　　)。

A. 包销证券的种类、数量　　B. 包销证券的金额及发行价格

C. 通知方式　　D. 不可抗力事项

64. 下列有关基金运作方式的表述中,正确的有(　　)。

A. 可以采用封闭式　　B. 可以采用开放式

C. 基金合同应当约定基金的运作方式　　D. 不得采用封闭式、开放式以外的其他方式

65. 证券公司向客户提供证券投资顾问服务,应当通过(　　),公示公司名称、地址、联系方式、投诉电话、证券投资咨询业务许可证号等基本信息。

A. 营业场所　　B. 中国证券业协会网站

C. 中国证监会网站　　D. 公司网站

66. 财务顾问应当建立健全内部报告制度,并对中国证监会提出的问题进行充分的研究、论证,审慎回复。回复意见应当由(　　)签名,并加盖财务顾问单位签章。

A. 部门负责人　　B. 财务顾问的法定代表人或者其授权代表人

C. 财务顾问主办人　　D. 项目协办人

67. 证券公司设立子公司,需要满足的条件包括(　　)。

A. 最近1年净资本不低于12亿元人民币

B. 最近12个月风险控制指标持续符合规定标准

C. 设立子公司经营证券经纪业务的证券公司,最近1年经营该业务的市场占有率不低于行业中等水平

D. 设立子公司经营证券资产管理业务的证券公司,最近1年经营该业务的市场占有率不低于行业中等水平

68. 某证券公司的下列风险控制指标,符合《证券公司风险控制指标管理办法》中关于证券公司必须持续符合的风险控制指标标准的有(　　)。

A. 风险覆盖率为120%　　B. 资本杠杆率为9%

C. 流动性覆盖率为150%　　D. 净稳定资金率为95%

69. 下列关于客户申请开立信用账户的说法,错误的有(　　)。

A. 客户用于上海、深圳证券交易所上市证券交易的信用证券账户只能有一个

B. 客户应当在证券公司开立实名信用资金账户

C. 客户信用交易担保证券账户是客户信用证券账户的二级账户
D. 客户应当在证券公司开立实名信用资金台账和信用证券账户

70. 根据《区域性股权市场自律管理与服务规范(试行)》规定,关于证券公司参与区域性股权市场,下列说法正确的有(　　)。
A. 证券公司开展区域性股权市场业务,应当在每个月的前 10 个工作日内将上个月度业务开展情况报送至中国证监会
B. 证券公司入股区域性股权市场运营机构,不得利用股东身份谋取不正当利益
C. 证券公司分支机构可以经证券公司批准并在授权范围内开展区域性股权市场相关业务
D. 证券公司及其从业人员应当勤勉尽责,严格遵守执业规范和执业道德,按规定和约定履行义务

71. 证券投资基金托管人应当履行的职责包括(　　)。
A. 按照规定召集基金份额持有人大会
B. 按照规定监督基金管理人的投资运作
C. 复核、审查基金管理人计算的基金资产净值
D. 按照规定开设基金财产的资金账户和证券账户

72. 甲为基金管理人固有财产的债权人,同时甲为基金管理人所管理的基金财产的债务人,则对该基金管理人固有财产的债务与其管理的基金财产的债权,下列说法错误的有(　　)。
A. 可以通过另行签订协议的方式抵销　　B. 不得抵销
C. 可以直接抵销　　D. 不得全部抵销,可以部分抵销

73. 证券公司从事融资融券业务,应当建立完备的融资融券业务(　　)。
A. 管理制度　　B. 决策与授权体系
C. 操作流程　　D. 风险识别、评估与控制体系

74. 下列人员中,属于 A 上市公司证券交易内幕信息知情人的有(　　)。
A. A 公司的董事甲某
B. 持有 A 公司 10% 股份的股东 B 公司的普通员工乙某
C. A 公司的实际控制人丙某
D. 为 A 公司本次交易涉及的资产进行评估的注册评估师丁某

75. 为防止敏感信息的不当流动和使用,证券公司可以根据公司实际需求,在公开侧业务之间或保密侧业务之间采取下列(　　)措施。
A. 信息隔离　　B. 跨墙　　C. 观察名单　　D. 限制名单

76. 为做好证券经纪业务合规风险的防范,证券公司应当(　　)。
A. 加强合规文化建设,全员都要增强法治观念和合规意识
B. 建立健全各项规章制度
C. 对账户管理、交易、清算、核算、操作权限等实行分散管理
D. 对主要部门和岗位相互分离的管理制度

77. 下列选项中,属于公司公开发行新股的条件有(　　)。
A. 具备健全且运行良好的组织机构
B. 具有持续经营能力
C. 最近 5 年财务会计文件无虚假记载,无其他重大违法行为
D. 经国务院批准的国务院证券监督管理机构规定的其他条件

78. 当可疑交易符合(　　)情形之一的,证券公司应当在向中国反洗钱监测分析中心提交可疑交易报告的同时,以电子形式或书面形式向所在地中国人民银行或者其分支机构报告,并配合反洗钱调查。
A. 明显涉嫌洗钱等犯罪活动的　　B. 明显涉嫌恐怖融资等犯罪活动的
C. 严重危害国家安全的　　D. 严重影响社会稳定的

79. 甲为证券投资顾问,乙为证券分析师,丙为保荐代表人,丁为客户资产管理业务投资主办人,其中属于证券投资咨询执业人员的有(　　)。
A. 甲　　B. 乙　　C. 丙　　D. 丁

80. 目前的证券交易通道包括(　　)。
A. 银行营业网点柜台服务　　B. 证券营业网点柜台服务
C. 网上交易通道　　D. 电话委托自助式交易通道服务

三、判断题(共30题,每小题1分,共30分)正确的选A,错误的选B。不选、错选均不得分。

81. 证券分析师不得同时注册为证券投资顾问。(　　)
A. 正确　　B. 错误

82. 对于涉及信用风险的业务,证券公司可根据业务特点设置合理的准入要求。(　　)
A. 正确　　B. 错误

83. 证券公司向证券金融公司交存保证金,采取设立信托的方式。(　　)
A. 正确　　B. 错误

84. 证券基金经营机构应当自主作出投资决策。(　　)
A. 正确　　B. 错误

85. 持有公司1%以上股份的股东及其董事、监事、高级管理人员,公司的实际控制人及其董事、监事、高级管理人员属于证券交易内幕信息的知情人。(　　)
A. 正确　　B. 错误

86. 证券公司应对流动性风险实施限额管理,根据其业务规模、性质、复杂程度、流动性风险偏好和外部市场发展变化、监管要求等情况,设定流动性风险限额并对其执行情况进行监控。(　　)
A. 正确　　B. 错误

87. 股份有限公司的股东以其认购的股份为限对公司承担责任。(　　)
A. 正确　　B. 错误

88. 未经登记任何个人不得使用“基金”或者“基金管理”字样或者近似名称进行证券投资活动,单位使用的除外。(　　)
A. 正确　　B. 错误

89. 证券公司分类监管评价首先设定正常经营的证券公司基准分为100分。(　　)
A. 正确　　B. 错误

90. 根据《公司法》,上市公司董事和高级管理人员在任职期间每年转让的股份不得超过其所持本公司股份总数的15%。(　　)
A. 正确　　B. 错误

91. 为保障基金资产安全,基金托管人只能由依法设立的商业银行担任。(　　)
A. 正确　　B. 错误

92. 除公募资产管理产品外,投资者以合伙企业、契约等非法人形式直接或者间接投资于证券公司资产管理计划的,应向管理人充分披露实际投资者和最终资金来源。(　　)
A. 正确　　B. 错误

93. 证券公司对涉及恐怖活动被采取冻结措施的资产的管理及处置,应按照公安机关的规定执行。(　　)
A. 正确　　B. 错误

94. 保荐代表人及其配偶不得以任何名义或者方式持有发行人的股份。(　　)
A. 正确　　B. 错误

95. 证券公司与特定交易对手方进行柜台交易的,应经中国证监会批准可从事证券承销与保荐业务。(　　)
A. 正确　　B. 错误

96. 期货合约品种和标准化期权合约品种应当具有经济价值,合约不易被操纵,符合社会公共利益。(　　)
A. 正确　　B. 错误

97. 董事会是自营业务投资运作最高管理机构,负责确定具体的资产配置策略、投资事项和投资品种。(　　)
A. 正确　　B. 错误

98. 资产支持证券仅限于合格投资者范围内转让。(　　)
A. 正确　　B. 错误

99. 上市公司并购重组活动涉及公开发行股票的,应当按照有关规定聘请具有证券经纪资格的证券公司从事相关业务。(　　)
A. 正确　　B. 错误

100. 期货合约到期时,交易者应通过现金交割了结到期未平仓合约。(　　)
A. 正确　　B. 错误

101. 经营机构发布证券研究报告,应该遵守诚实信用的原则。( )
A. 正确 B. 错误
102. 证券公司内部控制做到事前、事中、事后控制相统一体现的是制衡的原则。( )
A. 正确 B. 错误
103. 国务院证券监督管理机构决定对证券公司进行接管的,被接管证券公司股东会、董事会、监事会以及经理、副经理停止履行职责。( )
A. 正确 B. 错误
104. 证券公司应当在报送年度报告的 15 个工作日内报送年度信息技术管理专项报告,说明报告期内信息技术治理、信息技术合规与风险管理、信息技术安全管理、信息技术审计等方面执行规定的情况。( )
A. 正确 B. 错误
105. 未向社会公开宣传,在亲友或者单位内部针对特定对象吸收资金的,不属于非法吸收或者变相吸收公众存款。( )
A. 正确 B. 错误
106. 根据《证券发行上市保荐业务管理办法》,保荐机构应当在劳动合同、内部制度中明确,保荐业务人员被采取自律监管措施、行政处罚、刑事处罚等的,其应当退还被问责当年已领取的除最低工资外的福利待遇。( )
A. 正确 B. 错误
107. 全国股转系统设置创新层和基础层,全国股转公司对挂牌公司实行分层管理。( )
A. 正确 B. 错误
108. 证券公司可以代理客户进行期货买卖。( )
A. 正确 B. 错误
109. 合伙企业清算结束后,清算人应当编制清算报告,在 15 日内向企业登记机关报送清算报告,申请办理合伙企业注销登记。( )
A. 正确 B. 错误
110. 证券自营账户的管理由自营部门负责,自营资金的调度由非自营部门负责。( )
A. 正确 B. 错误

四、综合题(共 10 题,每小题 1 分,共 10 分)以下备选项中有一项或多项符合题目要求,不选、错选均不得分。

甲公司与乙公司计划合并成立丙公司,双方于 2022 年 11 月 1 日签订合并协议。
根据以上信息,回答下列两题。

111. 在合并过程中,下列做法正确的有( )。
A. 双方编制资产负债表及财产清单
B. 甲公司将合并事宜于 2022 年 11 月 9 日通知其债权人
C. 乙公司于 2022 年 12 月 13 日在报纸上公告合并事宜
D. 甲公司债权人丁公司在 2022 年 12 月 9 日收到甲公司的通知,在 2022 年 12 月 20 日向甲公司要求清偿债务
112. 关于公司合并时合并各方的债权、债务承担,说法正确的有( )。
A. 由甲公司承担
B. 由乙公司承担
C. 由丙公司承担
D. 由甲公司、乙公司、丙公司共同承担

某期货公司是期货交易所的会员,小王是该期货公司的客户。某日结算后,期货公司向小王发出追加保证金通知,次日,小王既未追加保证金也未自行平仓,期货公司按规定实行了强行平仓。
根据以上信息,回答下列两题。

113. 如果期货公司对小王强行平仓后资金仍不足以弥补其账户损失的,期货公司应当采取的措施是( )。
A. 以公司风险准备金、自有资金承担违约责任,并取得对小王的追偿权
B. 动用其他客户的保证金弥补亏损
C. 以公司的结算担保金承担违约责任
D. 起诉小王,待其承担违约责任后,将资金划入期货交易所

114. 关于到期期货合约的说法,错误的是(　　)。
A. 期货合约到期时,交易者应当通过实物交割或者现金交割,了结到期未平仓合约
B. 在标准化期权合约规定的时间,合约的买方有权以约定的价格买入或者卖出标的物
C. 期货合约采取实物交割的,由期货结算机构负责组织货款与标准仓单等合约标的物权利凭证的交付
D. 标准化期权合约的行权,由期货交易者进行

甲证券公司根据自身经营目标和运营状况,结合自身的环境条件,建立有效的内部控制制度、机制。

根据以上信息,回答下列两题。

115. 以下关于甲证券公司内部控制当前遵循的原则,正确的是(　　)。
A. 甲证券公司的内部控制覆盖所有业务、部门和人员
B. 为了提高效率,甲证券公司承担内部控制监督检查职能的部门同时辅助前台业务运作
C. 证券公司以合理的成本实现内部控制目标
D. 前台业务运作与后台管理支持适当分离

116. 根据《证券公司内部控制指引》,甲证券公司业务创新应当重点防范的风险包含(　　)。
A. 违法违规　　B. 规模失控
C. 决策失误　　D. 盈利未达预期

2021 年下半年,乙公司因资金紧张、经营困难,公司法定代表人张某与公司高管研究决定发行私募债券融资,并安排财务负责人高某具体负责。为顺利发行债券,张某安排高某对会计师事务所隐瞒乙公司及张某负债数千万元的重要事实,并提供虚假财务账表、凭证,通过虚构公司销售收入和应收款项、骗取审计询证等方式,致使会计师事务所的审计报告发生重大误差,且在募集说明书中引用审计报告。

根据以上信息,回答下列两题。

117. 张某和高某的行为构成(　　)。
A. 非法吸收公众存款罪　　B. 集资诈骗罪
C. 背信运用受托财产罪　　D. 欺诈发行证券罪

118. 下列符合欺诈发行证券罪的刑事立案追诉标准,应予立案追诉的是(　　)。
A. 非法募集资金金额在 500 万元以上的
B. 虚增或者虚减资产达到当期资产总额 30% 以上的
C. 虚增或者虚减利润达到当期利润总额 30% 以上的
D. 造成投资者直接经济损失数额累计在 100 万元以上的

张某为乙证券公司独立董事,工作勤勉尽责、廉洁从业、专业能力强,乙证券公司拟聘请张某分管公司某业务,丙证券公司、丁基金公司均欲邀请张某兼职独立董事。

根据以上信息,回答下列两题。

119. 下列说法正确的是(　　)。
A. 若张某继续担任乙证券公司独立董事,则其不得分管乙证券公司业务
B. 张某仅能在丙证券公司、丁基金公司中择其一任职独立董事职务
C. 张某可以分管乙证券公司业务,同时担任乙证券公司独立董事
D. 张某可以同时兼职丙证券公司、丁基金公司的独立董事

120. 下列关于董事、监事、高级管理人员及分支机构负责人、部门负责人的履职限制,表述错误的是(　　)。
A. 董事兼职的,应当及时通知证券基金经营机构
B. 董事长因故不能履行职务的,证券基金经营机构应当在 15 个工作日内决定由符合任职条件的人员代为履行职务
C. 分支机构负责人强制离岗 5 个工作日以上的,证券公司应当指定专人代为履行职务
D. 分支机构负责人因故缺位 3 个工作日以上的,证券公司应当指定专人代为履行职务

机考题库·真题试卷参考答案及解析

机考题库·真题试卷(三)

答题卡

便捷速查答案及详细解析，难题典型题有视频讲解

考生用微信扫描右侧二维码，可以按题号迅速查解析，难题、典型题配视频讲解

一、单选题

1. B 【解析】对未按照要求提供有关情况、从事证券交易时间不足半年、缺乏风险承担能力、最近20个交易日日均证券类资产低于50万元或者有重大违约记录的客户，以及本公司的股东(不包括仅持有上市证券公司5%以下流通股份的股东)、关联人，证券公司不得为其开立信用账户。

2. A 【解析】《发布证券研究报告暂行规定》是证券公司、证券投资咨询机构发布证券研究报告的规范，《证券登记结算管理办法》《内地与香港股票市场交易互联互通机制若干规定》《证券经纪人管理暂行规定》均属于证券经纪业务方面的规范。

3. C 【解析】普通合伙人对合伙企业债务承担无限连带责任，选项A错误。合伙企业是非企业法人，不是法人，不具有独立的法人主体资格，选项B错误。合伙企业财产属于合伙人共有，选项C正确。合伙企业具有浓重的人合性，合伙人之间存在密切的人身信赖关系；而公司除无限公司外，多属资合企业，公司股东之间的人身联系较为松散，选项D错误。

4. C 【解析】证券公司发现恐怖活动组织及恐怖活动人员拥有或者控制的资产，应立即采取冻结措施(选项C正确)。非依法律规定，证券公司不得擅自解除冻结措施(选项A错误)。证券公司对根据《涉及恐怖活动资产冻结管理办法》被采取冻结措施的资产的管理及处置，应当按照中国人民银行、中国证监会等相关规定执行；没有规定的，参照公安机关、国家安全机关、检察机关的相关规定执行(选项B、选项D错误)。

5. B 【解析】非公开募集基金应当向合格投资者募集，合格投资者累计不得超过200人。

6. B 【解析】根据《中华人民共和国证券法》第十二条规定，公司首次公开发行新股，应当符合下列条件：①具备健全且运行良好的组织机构；②具有持续经营能力；③最近3年(而非1年)财务会计报告被出具无保留意见审计报告；④发行人及其控股股东、实际控制人最近3年不存在贪污、贿赂、侵占财产、挪用财产或者破坏社会主义市场经济秩序的刑事犯罪；⑤经国务院批准的国务院证券监督管理机构规定的其他条件。

7. C 【解析】子公司风险管理工作负责人应由证券公司首席风险官考核，考核权重不低于50%。

8. B 【解析】证券公司违反《证券公司监督管理条例》规定，有下列情形之一的，责令改正，给予警告，没收违法所得，并处以违法所得1倍以上5倍以下的罚款；没有违法所得或者违法所得不足10万元的，处以10万元以上30万元以下的罚款；情节严重的，暂停或者撤销其相关证券业务许可。对直接负责的主管人员和其他直接责任人员，给予警告，并处以3万元以上10万元以下的罚款；情节严重的，撤销任职资格或者证券从业资格：①违反规定委托其他单位或者个人进行客户招揽、客户服务或者产品销售活动；②向客户提供投资建议，对证券价格的涨跌或者市场走势作出确定性的判断；③违反规定委托他人代为买卖证券；④从事证券自营业务、证券资产管理业务，投资范围或者投资比例违反规定；⑤从事证券资产管理业务，接受一个客户的单笔委托资产价值低于规定的最低限额。

9. A 【解析】证券金融公司向证券公司转融通的期限不得超过6个月。

10. D 【解析】设立公司应当依法制定公司章程，选项B正确。公司的经营范围由公司章程规定，选项A正确。公司可以修改公司章程，变更经营范围，选项C正确。公司章程对公司、股东、董事、监事、高级管理人员具有约束力，选项D错误。

11. A 【解析】私募基金管理人应当遵循投资者利益优先原则，建立从业人员投资申报、登记、审查、处置等管理制度，防范利益输送和利益冲突。

12. A 【解析】公司的经营范围由公司章程规定。

13. A 【解析】证券公司在开展资产管理业务中禁止下列行为：①挪用客户资产；②利用客户委托资产进行内幕交易、操纵证券价格；③未经客户允许，将定向资产管理客户委托资产用于融资或者担保，将集合资产管理计划资产用于资金拆借、贷款、抵押融资或者对外担保等用途；④将集合资产管理计划资产用于可能承担无限责任的投资(选项D)；⑤通过报刊、电视、广播、互联网和其他公共媒体公开推介具体的定向资产管理业务方案和集合资产管理计划(选项C)；⑥以自有资金参与本公司开展的定向资产管理业务等(选项B)。

14. C 【解析】高级管理人员是指公司的经理、副经理、财务负责人，上市公司董事会秘书和公司章程规定的其他人员。

15. A 【解析】基金合同是约定基金管理人，托管人和投资人权利义务的重要法律文件。

16. D 【解析】证券金融公司应当制定转融通业务合同标准格式，报中国证监会备案。
17. B 【解析】在中华人民共和国境内，股票、公司债券、存托凭证和国务院依法认定的其他证券的发行和交易，适用《中华人民共和国证券法》。政府债券、证券投资基金份额的上市交易，适用《中华人民共和国证券法》。资产支持证券、资产管理产品发行、交易的管理办法，由国务院依照《中华人民共和国证券法》的原则规定。
18. B 【解析】证券登记结算机构履行下列职能：①证券账户、结算账户的设立；②证券的存管和过户；③证券持有人名册登记；④证券交易所上市证券交易的清算和交收；⑤受发行人的委托派发证券权益；⑥办理与上述业务有关的查询；⑦国务院证券监督管理机构批准的其他业务。
19. C 【解析】保荐工作底稿应当真实、准确、完整地反映整个保荐工作的全过程，保存期不少于10年。
20. B 【解析】设立合伙企业应具备的条件：①有2个以上合伙人（选项B正确），合伙人为自然人的，应当具有完全民事行为能力；②有书面合伙协议（选项A错误）；③有合伙人认缴或者实际缴付的出资（选项D错误）。设立合伙企业不需要由过半数以上合伙人协商一致（选项C错误）。
21. B 【解析】集合资产管理计划应当面向合格投资者推广，合格投资者累计不得超过200人。
22. D 【解析】证券经营机构应当加强廉洁文化建设，每年开展覆盖全体工作人员的廉洁培训和教育，确保工作人员熟悉廉洁从业的相关规定，提高工作人员廉洁意识，并在新员工入职、岗位调整、员工晋升时，向其传达相应的廉洁从业要求，并要求其签署廉洁从业承诺。
23. A 【解析】公司为公司股东或者实际控制人提供担保，必须经股东会决议。
24. A 【解析】证券公司应当委托外部专业机构开展信息技术管理工作的全面审计，频率不低于每3年一次。
25. C 【解析】证券公司应当组织与本机构信息系统和网络通信设施相关联主体开展网络安全应急演练，每年至少开展一次，并于演练后15个工作日内将相关情况报告中国证监会。
26. B 【解析】证券经纪业务是指证券公司通过其设立的证券营业部，接受客户委托，按照客户的要求，代理客户买卖证券的业务。
27. D 【解析】《证券公司代销金融产品管理规定》第十三条规定，证券公司应当采取适当方式，向客户披露委托人提供的金融产品合同当事人情况介绍、金融产品说明书等材料，全面、公正、准确地介绍金融产品有关信息，充分说明金融产品的信用风险、市场风险、流动性风险等主要风险特征，并披露其与金融合同当事人之间是否存在关联关系。
28. B 【解析】中国证券业协会依法对财务顾问及其财务顾问主办人进行自律管理。
29. C 【解析】证券投资基金的特点之一是利益共享，风险共担。即投资人根据其持有基金份额的多少，分享基金投资的收益和承担基金投资的风险。
30. C 【解析】证券公司违反合规管理规定的，中国证监会可以采取出具警示函、责令定期报告（选项A）、责令改正（选项B）、监管谈话（选项D）等行政监管措施；对直接负责的董事、监事、高级管理人员和其他责任人员，可以采取出具警示函、责令参加培训、责令改正、监管谈话、认定为不适当人选等行政监管措施。故选C。
31. D 【解析】首次公开发行股票采用询价方式的，公开发行股票后总股本在4亿股（含）以下的，网下初始发行比例不低于本次公开发行股票数量的60%；公开发行后总股本超过4亿股的，网下初始发行比例不低于本次公开发行股票数量的70%。
32. D 【解析】子公司具有法人资格，能够依法独立承担民事责任。故选D。
33. C 【解析】年度报告中包括财务会计报告、风险控制指标报告以及国务院证券监督管理机构规定的其他专项报告（选项A正确），应当经会计师事务所审计，并应当附有该会计师事务所出具的内部控制评审报告（选项B正确）。对证券公司报送的年度报告、月度报告，国务院证券监督管理机构应当指定专人进行审核（选项D正确），并制作审核报告。审核人员应当在审核报告上签字（选项C错误）。审核中发现问题的，国务院证券监督管理机构应当及时采取相应措施。
34. A 【解析】融资保证金比例＝保证金÷（融资买入证券数量×买入价格）×100%。
35. D 【解析】证券公司不得代理客户进行期货交易、结算或者交割，不得代期货公司、客户收付期货保证金，不得利用证券资金账户为客户存取、划转期货保证金。
36. C 【解析】公司在进行清算时，隐匿财产，对资产负债表或者财产清单作虚假记载的，由公司登记机关责令改正，对公司处以隐匿财产或者未清偿债务前分配公司财产金额5%以上10%以下的罚款；对直接负责的主管人员和其他直接责任人员处以1万元以上10万元以下的罚款。
37. D 【解析】证券经营机构董事会决定廉洁从业管理目标，对廉洁从业管理的有效性承担责任。
38. B 【解析】选项B描述的是基金管理人员的职责，其他三项都是公开募集基金的基金管理人员不得从事的活动。
39. D 【解析】证券公司经营证券自营业务的，必须符合的规定之一：自营固定收益类证券的合计额不得超过净资本的500%，选项D。其余三项均超过了500%。
40. D 【解析】发行人、上市公司依法披露的信息，必须真实、准确、完整，不得有虚假记载、误导性陈述或者重大遗漏。

二、多选题

41. ABCD 【解析】证券投资咨询机构利用"荐股软件"从事证券投资咨询业务，应当在合同签订、产品销售、服务提供、客户回访、投诉处理等各个业务环节中，加强投资者教育和客户权益保护。
42. AB 【解析】根据《中华人民共和国证券法》第一百八十五条规定，发行人违反规定擅自改变公开发行证券所募集资金的用途的，责令改正（选项A正确），处以50万元以上500万元以下的罚款；对直接负责的主管人员和其他直接责任人员给予警告，并处以10万元以上100万元以下的罚款（选项B正确）。发行人的控股股东、实际控制人从事或者组织、指使从事前款违法行为的，给予警告，并处以

50万元以上500万元以下的罚款(选项C错误);对直接负责的主管人员和其他直接责任人员,处以10万元以上100万元以下的罚款(选项D错误)。

43. ABCD 【解析】证券公司应当采取保密措施,防止敏感信息的不当流动和使用,包括但不限于:①与公司工作人员签署保密文件,要求工作人员对工作中获取的敏感信息严格保密;②加强对涉及敏感信息的信息系统、通讯及办公自动化等信息设施、设备的管理,保障敏感信息安全;③对可能知悉敏感信息的工作人员使用公司的信息系统或配发的设备形成的电子邮件、即时通讯信息和其他通讯信息进行监测;④建立内幕信息知情人管理制度。

44. ABD 【解析】根据《证券公司监督管理条例》规定,国务院证券监督管理机构有权采取下列措施,对证券公司的业务活动、财务状况、经营管理情况进行检查:①询问证券公司的董事、监事、工作人员,要求其对有关检查事项作出说明;②进入证券公司的办公场所或者营业场所进行检查;③查阅、复制与检查事项有关的文件、资料,对可能被转移、隐匿或者毁损的文件、资料、电子设备予以封存;④检查证券公司的计算机信息管理系统,复制有关数据资料。

45. ABCD 【解析】证券公司开展经纪业务时与客户权益变动相关业务的经办人员之间,应当建立制衡机制。涉及客户资金账户及证券账户的开立、信息修改、注销,建立及变更客户资金存管关系,客户证券账户转托管和撤销指定交易等与客户权益直接相关的业务应当一人操作、一人复核,复核应当留痕。

46. ABC 【解析】根据《刑法》第一百八十五条规定,商业银行、证券交易所、期货交易所、证券公司、期货经纪公司、保险公司或者其他金融机构,违背受托义务,擅自运用客户资金或者其他委托、信托的财产,情节严重的,对单位判处罚金,并对其直接负责的主管人员和其他直接责任人员,处3年以下有期徒刑或者拘役,并处3万元以上30万元以下罚金;情节特别严重的,处3年以上10年以下有期徒刑,并处5万元以上50万元以下罚金。

47. ABCD 【解析】国务院证券监督管理机构对治理结构不健全、内部控制不完善、经营管理混乱、设立账外账或者进行账外经营、拒不执行监督管理决定、违法违规的证券公司,应当责令其限期改正,并可以采取下列措施:①责令增加内部合规检查的次数并提交合规检查报告(选项A);②对证券公司及其有关董事、监事、高级管理人员、境内分支机构负责人给予谴责;③责令处分有关责任人员,并报告结果;④责令更换董事、监事、高级管理人员或者限制其权利(选项D);⑤对证券公司进行临时接管,并进行全面核查(选项B);⑥责令暂停证券公司或者其境内分支机构的部分或者全部业务、限期撤销境内分支机构(选项C)。证券公司被暂停业务、限期撤销境内分支机构的,应当按照有关规定安置客户、处理未了结的业务。

48. ACD 【解析】选项A、选项C、选项D均属于证券公司违反《证券公司监督管理条例》规定的情形。证券公司应当按照规定提取一般风险准备金,选项B不当选。

49. ABCD 【解析】选项所述均属于公募基金宣传推介规范。

50. AB 【解析】证券经纪人是指接受证券公司的委托,代理其从事客户招揽和客户服务等活动的证券公司以外的自然人。

51. ABD 【解析】有下列情形之一的,对股东会该项决议投反对票的股东可以请求公司按照合理的价格收购其股权:①公司连续5年不向股东分配利润,而公司该5年连续盈利,并且符合《中华人民共和国公司法》规定的分配利润条件(选项A);②公司合并、分立、转让主要财产(选项B);③公司章程规定的营业期限届满或者章程规定的其他解散事由出现,股东会会议通过决议修改章程使公司存续(选项D)。

52. AD 【解析】分公司不具有法人资格,其民事责任由公司承担。公司可以设立子公司,子公司具有法人资格,依法独立承担民事责任。母公司具有法人资格,企业财务部门不具有法人资格。

53. ABCD 【解析】证券公司增加注册资本且股权结构发生重大调整,减少注册资本,变更业务范围或者公司章程中的重要条款,合并、分立,设立、收购或者撤销境内分支机构,在境外设立、收购、参股证券经营机构,应当经国务院证券监督管理机构批准。

54. ABCD 【解析】标准化债权类资产应当同时符合以下条件:①等分化,可交易;②信息披露充分;③集中登记,独立托管;④公允定价,流动性机制完善;⑤在银行间市场、证券交易所市场等经国务院同意设立的交易市场交易。

55. ABD 【解析】股东有权查阅、复制公司章程、股东名册、股东会会议记录、董事会会议决议、监事会会议决议、财务会计报告,对公司的经营提出建议或者质询。

56. BC 【解析】公司董事、监事、高级管理人员应当向公司申报所持有的本公司的股份及其变动情况,在就任时确定的任职期间每年转让的股份不得超过其所持有本公司股份总数的25%;所持本公司股份自公司股票上市交易之日起1年内不得转让。

57. ABCD 【解析】选项所述均属于股东会职权。

58. ABC 【解析】证券公司合并、分立的,涉及客户权益的重大资产转让应当经具有证券相关业务资格的资产评估机构评估(选项A正确)。证券公司停业、解散或者破产的,应当经国务院证券监督管理机构批准,并按照有关规定安置客户、处理未了结的业务(选项B、选项C正确,选项D错误)。

59. ABC 【解析】《中华人民共和国证券法》对证券公司的证券自营业务作出了原则性规定,《证券公司监督管理条例》对证券公司证券自营业务作出一般或基本规定。上述法律及行政法规是中国证监会等监管机构制定自营业务相关监管政策、实施监督管理的重要法律依据。除上述法律及行政法规外,证券公司证券自营业务涉及的部门规章及规范性文件包括《证券公司风险控制指标管理办法》《证券公司风险控制指标计算标准规定》《证券公司内部控制指引》《证券公司证券自营业务指引》《关于证券公司证券自营业务投资范围及有关事项的规定》等。

60. ABC 【解析】选项D属于融资融券、股票质押式回购交易等融资类业务中禁止性行为。

61. AB 【解析】证券公司自营业务禁止的行为:①假借他人名义或者以个人名义进行自营业务(选项A

当选);②违反规定委托他人代为买卖证券;③违反规定购买本证券公司控股股东或者与本证券公司有其他重大利害关系的发行人发行的证券;④将自营账户借给他人使用;⑤将自营业务与代理业务混合操作;⑥法律、行政法规或中国证监会禁止的其他行为。证券公司在从事自营业务过程中不得从事操纵市场的行为。选项B,在自己实际控制的账户之间进行证券交易属于操纵市场的行为,选项B当选。

62. ABC 【解析】关联关系是指公司控股股东、实际控制人、董事、监事、高级管理人员与其直接或者间接控制的企业之间的关系,以及可能导致公司利益转移的其他关系。但是,国家控股的企业之间不因为同受国家控股而具有关联关系。

63. ABCD 【解析】《中华人民共和国证券法》第一百二十二条规定,证券公司变更证券业务范围,变更主要股东或者公司的实际控制人,合并、分立、停业、解散、破产,应当经国务院证券监督管理机构核准。

64. ABCD 【解析】选项所述均属于客户在从事融资融券交易期间,可能面临的风险或损失。

65. AC 【解析】单位犯欺诈发行证券罪的,对单位判处罚金,并对其直接负责的主管人员和其他直接责任人员,处5年以下有期徒刑或者拘役,故选项B说法错误。欺诈发行证券罪的主体主要是单位,自然人在一定条件下也能成为犯罪的主体,故选项D说法错误。选项A、选项C说法均正确。

66. ABCD 【解析】证券公司设立时,其业务范围应当与其财务状况、内部控制制度、合规制度和人力资源状况相适应;证券公司在经营过程中,经其申请,国务院证券监督管理机构可以根据其财务状况、内部控制水平、合规程度、高级管理人员业务管理能力、专业人员数量,对其业务范围进行调整。

67. ABCD 【解析】积极培育中国特色金融文化相关内容:诚实守信,不逾越底线;以义取利,不唯利是图;稳健审慎,不急功近利;守正创新,不脱实向虚;依法合规,不胡作非为。

68. ABD 【解析】客户交易结算资金第三方存管制度要求,客户、证券公司和指定的存管银行通过签订合同的形式,明确具体的客户交易结算资金存取、划转、查询等事项。

69. BC 【解析】《证券公司监督管理条例》《证券市场禁入规定》分别属于行政法规、部门规章层级的规定。

70. ABCD 【解析】证券公司应当按《证券公司融资融券业务管理办法》规定的有关条件和征信的要求制定选择客户的具体标准,一般主要包括以下几方面:①从事证券交易时间;②账户状态;③信誉状况;④资产状况;⑤投资风格及业绩;⑥关联关系。

71. ABCD 【解析】根据《中华人民共和国证券法》第二百零二条规定,证券公司违反本法第一百二十条第五款规定提供证券融资融券服务的,没收违法所得,并处以融资融券等值以下的罚款;情节严重的,禁止其在一定期限内从事证券融资融券业务。对直接负责的主管人员和其他直接责任人员给予警告,并处以20万元以上200万元以下的罚款。

72. ABC 【解析】除下列情形外,证券公司不得允许任何人在报告发布前接触报告或对报告内容产生影响:①公司内部有关工作人员对报告进行质量管理、合规审查和按照正常业务流程参与报告制作发布的;②研究对象和公司保密侧业务工作人员为核实事实而仅接触报告草稿有关内容的。证券公司不应在报告发布前向研究对象和公司保密侧业务部门提供研究摘要、投资评级或目标价格等内容。

73. BC 【解析】选项B、选项C,投资风险放大风险和强制平仓风险属于证券公司融资融券交易业务的特有风险。

74. ACD 【解析】反洗钱是指为了预防通过各种方式掩饰、隐瞒毒品犯罪、黑社会性质的组织犯罪、恐怖活动犯罪、走私犯罪、贪污贿赂犯罪、破坏金融管理秩序犯罪、金融诈骗犯罪等犯罪所得及其收益的来源和性质的洗钱活动,依照《中华人民共和国反洗钱法》的规定采取相关措施的行为。

75. AC 【解析】证券公司应当统一组织回访客户,对新开户客户应当在1个月内完成回访(选项B不符合),对原有客户的回访比例应当不低于上年末客户总数(不含休眠账户及中止交易账户客户)的10%(选项A符合),证券公司应当要求客户在开立资金账户时自行设置密码,提醒客户适时修改密码和增强密码强度(选项C符合)。证券公司及证券营业部应当建立客户投诉书面或者电子档案,保存时间不少于3年(选项D不符合)。

76. ACD 【解析】背信运用受托财产罪的犯罪主体是特殊主体,即金融机构,具体指商业银行、证券交易所、期货交易所、证券公司、期货经纪公司、保险公司或者其他金融机构,故选项A正确、选项B错误。本罪在主观方面表现为故意,故选项C正确。本罪侵犯的客体是金融管理秩序和客户的合法权益,故选项D正确。

77. AB 【解析】证券金融公司是中国证监会根据国务院的决定,批准设立专司转融通业务的股份有限公司,证券金融公司不以营利为目的,履行下列职责:①为证券公司融资融券业务提供资金和证券的转融通服务(选项A);②对证券公司融资融券业务运行情况进行监控(选项B);③监测分析全市场融资融券交易情况,运用市场化手段防控风险;④中国证监会确定的其他职责。

78. ACD 【解析】普通投资者享有的特别保护体现在信息告知、风险警示、适当性匹配。

79. ACD 【解析】根据《合格境内机构投资者境外证券投资管理暂行办法》规定,符合条件的基金管理公司可以申请境内机构投资者资格,开展境外证券投资业务。基金管理公司申请境内机构投资者资格应当具备下列条件:①申请人的财务稳健,资信良好。净资产不少于2亿元人民币;经营证券投资基金管理业务达2年以上;在最近一个季度末资产管理规模不少于200亿元人民币或等值外汇资产(选项A)。②具有5年以上境外证券市场投资管理经验和相关专业资质的中级以上管理人员不少于1名,具有3年以上境外证券市场投资管理相关经验的人员不少于3名(选项C、选项D)。③具有健全的治理结构和完善的内部控制制度,经营行为规范。④最近3年没有受到监管机构的重大处罚,没有重大事项正在接受司法部门、监管机构的立案调查。⑤中国证监会根据审慎监管原则规定的其他条件。

80. ABD 【解析】选项C属于期货业协会的职责，其余选项均属于期货交易所的职责。

三、判断题

81. A 【解析】题干表述正确。
82. B 【解析】因故意犯罪被判处刑罚，刑罚执行完毕未逾3年的单位和个人，不能成为持有证券公司5%以上股权的股东、实际控制人。
83. B 【解析】证券公司进入破产程序的，公安机关应当依法将冻结的涉案资产移送给受理破产案件的人民法院，并留存必需的相关证据材料。
84. A 【解析】题干表述正确。
85. B 【解析】期货交易采用公开的集中交易方式或者国务院期货监督管理机构批准的其他方式进行。
86. B 【解析】另类子公司应当指定高级管理人员担任合规及风险管理负责人。前述合规及风险管理负责人应当由证券公司推荐，向证券公司合规、风险管理负责人报告并由其考核，且不得兼任与其合规或风险管理职责相冲突的职务。
87. B 【解析】证券公司应当根据全面风险管理要求，建立常态化的信用风险压力测试机制，并根据市场变化、业务变化和风险水平情况，在压力测试中充分考虑信用风险因素。
88. A 【解析】题干表述正确。
89. B 【解析】以募集设立方式设立股份有限公司的，发起人认购的股份不得少于公司章程规定的公司设立时应发行股份总数的35%；但是，法律、行政法规另有规定的，从其规定。
90. B 【解析】区域性股权市场运营机构、证券公司及其相关业务人员违反《区域性股权市场自律管理与服务规范(试行)》规定，中国证券业协会(而非中国证监会及其派出机构)将视情节轻重采取相关自律惩戒措施；存在违反法律、法规行为的，将移交中国证监会或其他有权机关依法查处。
91. B 【解析】一个合伙人或者数个合伙人在执业活动中因故意或者重大过失造成合伙企业债务的，应当承担无限责任或者无限连带责任，其他合伙人以其在合伙企业中的财产份额为限承担责任。
92. B 【解析】直接从事业务经营活动的业务部门和分支机构的相关人员有义务向证券公司报告内部控制的缺陷，并及时加以纠正。相关人员应对违反职责范围内的内部控制导致的风险和损失承担首要责任。
93. A 【解析】题干表述正确。
94. B 【解析】证券公司的注册资本应当是实缴资本。
95. A 【解析】题干表述正确。
96. B 【解析】投资者与发行人、证券公司等发生纠纷的，双方可以向投资者保护机构申请调解。普通投资者与证券公司发生证券业务纠纷，普通投资者提出调解请求的，证券公司不得拒绝。
97. B 【解析】有限责任公司股东人数不得超过50人。
98. A 【解析】题干表述正确。
99. A 【解析】首席风险官有权参加或者列席与其履行职责相关的会议，调阅相关文件资料，获取必要信息。
100. A 【解析】题干表述正确。
101. A 【解析】题干表述正确。
102. B 【解析】证券公司不采纳合规负责人的合规审查意见的，应当将有关事项提交董事会决定。
103. A 【解析】题干表述正确。
104. B 【解析】普通投资者申请转化为专业投资者亦需要遵守相应的程序。投资者须主动通过书面形式提出申请并确认自主承担可能产生的风险和后果，提供相关证明材料。
105. A 【解析】题干表述正确。
106. A 【解析】题干表述正确。
107. B 【解析】盘后固定价格交易指在竞价交易结束后，投资者通过收盘定价委托，按照收盘价买卖股票的交易方式。
108. B 【解析】证券发行规模达到一定数量的，可以采用联合保荐，但参与联合保荐的保荐机构不得超过2家。
109. B 【解析】证券基金经营机构聘任分支机构负责人，应当依法向中国证监会相关派出机构备案。
110. A 【解析】科创板股票自上市首个交易日起可作为融资融券标的，且融券标的的证券选择标准与A股有所差别。

四、综合题

111. ABD 【解析】开放式基金的基金合同期限不是固定的，故选项A说法正确。开放式基金，是指基金份额总额不固定，基金份额可以在基金合同约定的时间和场所申购或者赎回的基金，故选项B、选项D说法正确。封闭式基金，是指基金份额总额在基金合同期限内固定不变，基金份额持有人不得申请赎回的基金，故选项C说法错误。
112. ABC 【解析】设立管理公开募集基金的基金管理公司，应当具备的条件有：①有符合《证券投资基金法》和《公司法》规定的章程(选项A正确)；②注册资本不低于1亿元人民币，且必须为实缴货币资本(选项D错误)；③主要股东应当具有经营金融业务或者管理金融机构的良好业绩、良好的财务状况和社会信誉，资产规模达到国务院规定的标准，最近3年没有违法记录；④取得基金从业资格的人员达到法定人数(选项B正确)；⑤董事、监事、高级管理人员具备相应的任职条件(选项C正确)；⑥有符合要求的营业场所、安全防范设施和与基金管理业务有关的其他设施；⑦有良好的内部治理结构、完善的内部稽核监控制度、风险控制制度。
113. ABC 【解析】根据《合格境外机构投资者和人民币合格境外机构投资者境内证券期货投资管理办法》，合格境外机构投资者，是指符合该办法的规定，经中国证监会批准投资于中国证券市场的境外基金管理公司(选项A符合)、商业银行(选项B符合)、保险公司、证券公司、期货公司、信托公司、政府投资机构(选项C符合)、主权基金、养老基金、慈善基金、捐赠基金、国际组织等。不包含境外资产评估机构。
114. ABCD 【解析】证券公司应当与信息技术服务机构签订服务协议和保密协议，明确各方权利、义务和责任，约定质量考核标准(选项A正确)、持续监控机制(选项B正确)、异常处理机制(选项C正确)、服务变更或者终止的处置流程以及现场服务人员保密要求(选项D正确)等内容，并持续监督信息技术服务机构及相关人员落实服务协议和保密协议的情况。
115. AB 【解析】证券基金经营机构借助信息技术手

段从事证券基金业务活动的，可以委托信息技术服务机构提供产品或服务，但证券基金经营机构依法应当承担的责任不因委托而免除或减轻，故选项A说法错误。证券基金经营机构应当在选择信息技术服务机构之前(而非之后)，制定更换服务提供方的流程及预案，确保在特定情况下可更换服务提供方，故选项B说法错误。证券基金经营机构应当清晰、准确、完整的掌握重要信息系统的技术架构、业务逻辑和操作流程等内容，确保重要信息系统运行始终处于自身控制范围，故选项C说法正确。除法律法规及中国证监会另有规定外，不得将重要信息系统的运维、日常安全管理交由信息技术服务机构独立实施，故选项D说法正确。

116. AC 【解析】证券公司应当对代销金融产品活动实行集中统一管理，明确内设部门和分支机构在代销金融产品活动中的职责，防止分支机构(如营业部)擅自代销金融产品，故选项A说法错误。证券公司从事代销金融产品活动的人员，应当具有证券从业资格，从事基金销售业务的人员还应当取得基金销售业务资格，故选项B说法正确。证券公司及其从事金融产品代销业务的人员在代销金融产品过程中不得与客户分享投资收益、分担投资损失，故选项C说法错误。证券公司在代销金融产品中需避免利益冲突，实行集中统一管理，故选项D说法正确。

117. C 【解析】声誉风险是指由于证券经营机构行为或外部事件及其工作人员违反廉洁规定、职业道德、业务规范、行规行约等相关行为，导致投资者、发行人、监管机构、自律组织、社会公众、媒体等对证券公司形成负面评价，从而损害其品牌价值，不利其正常经营，甚至影响到市场稳定和社会稳定的风险。

118. ABD 【解析】经营机构在销售产品或者提供服务的过程中，应勤勉尽责，审慎履职，全面了解投资者情况，充分揭示风险，基于投资者的不同风险承受能力以及产品或者服务的不同风险等级等因素，提出明确的适当性匹配意见，将适当的产品或者服务提供给适合的投资者(选项C不当选)，并禁止进行下列活动：①向不符合准入要求的投资者销售产品或者提供服务(选项A当选)；②向投资者就不确定事项提供确定性的判断，或者告知投资者有可能使其误认为具有确定性的意见；③向普通投资者主动推介风险等级高于其风险承受能力的产品或者服务(选项B当选)；④向普通投资者主动推介不符合其投资目标的产品或者服务；⑤向风险承受能力最低类别的投资者销售或者提供风险等级高于其风险承受能力的产品或者服务；⑥其他违背适当性要求，损害投资者合法权益的行为。选项D当选，《投资者基本信息表》《投资者风险承受能力评估问卷》应当由投资者本人或合法授权人填写，经营机构业务人员不得以任何方式诱导、误导或欺骗投资者，从而影响填写结果。

119. ABD 【解析】保荐代表人不得为失信被执行人(选项B正确)，应最近5年内具备36个月以上保荐相关业务经历(选项C错误)、最近12个月持续从事保荐相关业务(选项D正确)，最近3年未受到证券交易所等自律组织的重大纪律处分或者中国证监会的行政处罚、重大行政监管措施。保荐机构为存在效力期限内负面执业声誉信息的人员进行保荐代表人登记时，应当提供道德品行情况说明(选项A正确)，说明其符合品行良好的要求以及针对其负面执业声誉信息有关情况对其加强监督管理的具体举措。

120. A 【解析】符合下列条件之一的，可视为熟练掌握保荐业务相关法律、会计、财务管理、税务、审计等专业知识，达到相应专业能力水平，无须参加保荐代表人专业能力水平评价测试：①具备10年以上保荐相关业务经历，且最近2年内在符合规定的证券发行项目中担任过项目协办人等主要成员(发行人、保荐机构、保荐代表人因证券发行上市相关违规行为受到处罚处分措施的项目除外)；②中国证监会和中国证券业协会规定的其他条件。

机考题库·真题试卷(四)

便捷速查答案及详细解析，难题典型题有视频讲解

考生用微信扫描右侧二维码，可以按题号迅速查解析，难题、典型题配视频讲解

一、单选题

1. D 【解析】《中华人民共和国公司法》所称上市公司，是指其股票在证券交易所上市交易的股份有限公司。

2. D 【解析】《中华人民共和国公司法》规定，同次发行的同类别股份，每股的发行条件和价格应当相同，故选项D说法错误。

3. D 【解析】证券公司从事证券自营业务，可以买卖《关于证券公司证券自营业务投资范围及有关事项的规定》附件《证券公司证券自营投资品种清单》所列证券。

4. A 【解析】基金业协会应当在非公开募集基金备案材料齐备后的20个工作日内，通过网站公告私募基金名单及其基本情况的方式，为私募基金办结备案手续。

5. D 【解析】证券发行、交易活动的当事人具有平等的法律地位，应当遵守自愿、有偿、诚实信用的原则。

6. D 【解析】全面风险管理是指证券公司董事会、经理层以及全体员工共同参与，对公司经营中的流动性风险、市场风险、信用风险、操作风险、声誉风险等各类风险，进行准确识别、审慎评估、动态监控、及时应对及全程管理。

7. A 【解析】证券公司开展各项业务，应当遵循合规经营、勤勉尽责，坚持客户利益至上原则。

8. C 【解析】以募集设立方式设立股份有限公司的，发起人认购的股份不得少于公司股份总数的35%；但是，法律、行政法规另有规定的，从其规定。

9. D 【解析】违规披露、不披露重要信息罪是指依法负有信息披露义务的公司、企业向股东和社会公众提供虚假的或者隐瞒重要事实的财务会计报告，或者对依法应当披露的其他重要信息不按照规定披露，严重损害股东或者其他人利益，或者有其他严重情节的行为。

10. C 【解析】基金财产的独立性要求基金财产独立于基金管理人、基金托管人的固有财产。基金管理人、基金托管人不得将基金财产归入其固有财产。

11. D 【解析】证券公司从事客户资产管理业务，应当依照《证券公司客户资产业务管理办法》的规定与客户签订资产管理合同(选项B正确)，根据资产管理合同约定的方式、条件、要求及限制，对客户资产进行经营运作(选项C正确)，为客户提供证券及其他金融产品的投资管理服务(选项A正确)。证券公司从事客户资产管理业务不得向客户做出保证其资产本金不受损失或者取得最低收益的承诺(选项D错误)。

12. C 【解析】根据《中华人民共和国公司法》规定，公司的发起人、股东在公司成立后，抽逃其出资的，由公司登记机关责令改正，处以所抽逃出资金额5%以上15%以下的罚款。

13. C 【解析】《中华人民共和国证券法》第五十一条规定，证券交易内幕信息的知情人包括：①发行人及其董事、监事、高级管理人员(选项B)；②持有公司5%以上股份的股东及其董事、监事、高级管理人员，公司的实际控制人及其董事、监事、高级管理人员；③发行人控股或者实际控制的公司及其董事、监事、高级管理人员；④由于所任公司职务或者因与公司业务往来可以获取公司有关内幕信息的人员；⑤上市公司收购人或者重大资产交易方及其控股股东、实际控制人、董事、监事和高级管理人员；⑥因职务、工作可以获取内幕信息的证券交易场所、证券公司、证券登记结算机构、证券服务机构的有关人员(选项A)；⑦因职责、工作可以获取内幕信息的证券监督管理机构工作人员(选项D)；⑧因法定职责对证券的发行、交易或者对上市公司及其收购、重大资产交易进行管理可以获取内幕信息的有关主管部门、监管机构的工作人员；⑨国务院证券监督管理机构规定的可以获取内幕信息的其他人员。

14. C 【解析】证券期货经营机构、托管人、销售机构和投资顾问等服务机构违反法律、行政法规、《证券期货经营机构私募资产管理业务管理办法》及中国证监会其他规定的，中国证监会及相关派出机构可以对其采取责令改正、监管谈话、出具警示函、责令定期报告、暂不受理与行政许可有关的文件等行政监管措施；对直接负责的主管人员和其他直接责任人员，采取监管谈话、出具警示函、责令参加培训、认定为不适当人选等行政监管措施。

15. B 【解析】诱骗投资者买卖证券、期货合约罪是指证券交易所、期货交易所、证券公司、期货经纪公司的从业人员，证券业协会、期货业协会或者证券期货监督管理部门的工作人员，故意提供虚假信息或者伪造、变造、销毁交易记录，诱骗投资者买卖证券、期货合约，造成严重后果的行为。

16. B 【解析】证券公司应当依法向社会公开披露其基本情况、参股及控股情况、负债及或有负债情况、经营管理状况、财务收支状况、高级管理人员薪酬和其他有关信息。具体办法由国务院证券监督管理机构制定。

17. A 【解析】有下列情形之一的单位或者个人，不得成为持有证券公司5%以上股权的股东、实际控制人：①因故意犯罪被判处刑罚，刑罚执行完毕未逾3年；②净资产低于实收资本的50%，或者或有负债达到净资产的50%；③不能清偿到期债务；④国务院证券监督管理机构认定的其他情形。

18. B 【解析】证券交易活动中，涉及公司的经营、财务或者对该公司证券的市场价格有重大影响的尚未公开的信息，为内幕信息。证券交易内幕信息的知情人和非法获取内幕信息的人禁止利用内幕信息从事证券交易活动。选项A、选项C不属于内幕交易行为。选项D属于操纵证券市场行为。

19. A 【解析】公司法定公积金累计额为公司注册资本的50%以上的，可以不再提取。

20. C 【解析】监事会成员应当包括股东代表和适当比例的公司职工代表，其中职工代表的比例不得低于1/3，具体比例由公司章程规定。

21. A 【解析】选项B、选项D属于管理风险，选项C属于技术风险。

22. C 【解析】法律关系由主体、客体与内容构成，选项D正确。法律关系主体的种类包括自然人、组织和国家，选项A正确。法律关系客体包括物，人身、人格，精神成果，行为，选项B正确。对于自然人来说，有权利能力并不等于一定有行为能力，选项C错误。

23. D 【解析】基金份额持有人享有以下权利：①分享基金财产收益(选项B)；②参与分配清算后的剩余基金财产；③依法转让或者申请赎回其持有的基金份额；④按照规定要求召开基金份额持有人大会(选项A)；⑤对基金份额持有人大会审议事项行使表决权；⑥查阅或者复制公开披露的基金信息资料(选项C)；⑦对基金管理人、基金托管人、基金销售机构损害其合法权益的行为依法提出诉讼；⑧基金合同约定的其他权利。选项D是基金管理人的职责。

24. D 【解析】客户融入证券后、归还证券前，在下列情形下应当按照融券数量对证券公司进行补偿：①证券发行人派发现金红利的，融券客户应当向证券公司补偿对应金额的现金红利；②证券发行人派发股票红利或权证等证券的，融券客户应当根据双方约定向证券公司补偿对应数量的股票红利或权证等证券，或以现金结算方式予以补偿；③证券发行人向原股东配售股份的，或者证券发行人增发新股以及发行权证、可转债等证券时原股东有优先认购权的，由证券公司和融券客户根据双方约定处理。

25. A 【解析】专项计划管理人应当将发生的可能对资产支持证券价值或价格产生实质影响的重大事件，及时向投资者披露，并向中国基金业协会、证券交易场所报告并抄送对管理人有辖区监管权的中国证监会派出机构。

26. C 【解析】资产管理产品不能如期兑付或者兑付困难时,发行或者管理该产品的金融机构自行筹集资金偿付或者委托其他机构代为偿付,应视为刚性兑付。故选项C说法错误。

27. C 【解析】选项A属于部门规章,选项B属于行政法规,选项D属于法律。

28. B 【解析】证券经营机构及其工作人员在落实投资者适当性管理中,应当遵循以下原则:①投资者利益优先原则;②勤勉尽责原则;③客观性原则;④有效性原则;⑤差异性原则。

29. D 【解析】利用未公开信息交易罪是指证券交易所、期货交易所、证券公司、期货经纪公司、基金管理公司、商业银行、保险公司等金融机构的从业人员以及有关监管部门或者行业协会的工作人员,利用因职务便利获取的内幕信息以外的其他未公开的信息,违反规定,从事与该信息相关的证券、期货交易活动,或者明示、暗示他人从事相关交易活动,情节严重的行为。

30. B 【解析】私募基金的合格投资者投资于单只私募基金的金额不低于100万元。

31. C 【解析】证券公司将自有资金投资于依法公开发行的国债、投资级公司债、货币市场基金、央行票据等中国证券监督管理委员会认可的风险较低、流动性较强的证券,或者委托其他证券公司或者基金管理公司进行证券投资管理,且投资规模合计不超过其净资本80%的,无须取得证券自营业务资格。

32. D 【解析】证券期货经营机构分管私募资产管理业务的高级管理人员、私募资产管理业务部门负责人以及投资经理离任的,证券期货经营机构应当立即对其进行离任审查,并自离任之日起30个工作日内将审查报告报送中国证监会相关派出机构。

33. C 【解析】发行人违反规定擅自改变公开发行证券所募集资金的用途的,责令改正,处以50万元以上500万元以下的罚款;对直接负责的主管人员和其他直接责任人员给予警告,并处以10万元以上100万元以下的罚款(选项A错误)。公司对公开发行股票所募集资金,必须按照招股说明书或者其他公开发行募集文件所列资金用途使用;改变资金用途,必须经股东会(而非董事会)作出决议(选项B、选项D错误)。擅自改变用途,未作纠正的,或者未经股东会认可的,不得公开发行新股(选项C正确)。

34. C 【解析】公司经营范围是可以变更的,故选项C说法错误。

35. A 【解析】上市公司和公司债券上市交易的公司,应当在每一会计年度结束之日起4个月内,向国务院证券监督管理机构和证券交易所报送年度报告,故选项A说法错误。

36. C 【解析】向投资者销售或者提供“荐股软件”,并直接或者间接获取经济利益的,属于从事证券投资咨询业务,应当经中国证监会许可,取得证券投资咨询业务资格。

37. B 【解析】申请证券上市交易,应当向证券交易所提出申请,由证券交易所依法审核同意,并由双方签订上市协议。

38. C 【解析】证券的发行、交易活动,必须遵守法律、行政法规;禁止欺诈、内幕交易和操纵证券市场的行为。

39. A 【解析】证券公司承销证券,应当同发行人签订代销或者包销协议,载明下列事项:①当事人的名称、住所及法定代表人姓名;②代销、包销证券的种类、数量、金额及发行价格;③代销、包销的期限及起止日期;④代销、包销的付款方式及日期;⑤代销、包销的费用和结算办法;⑥违约责任;⑦国务院证券监督管理机构规定的其他事项。

40. A 【解析】向客户提供证券投资顾问服务的人员,应当符合相关从业条件,并在中国证券业协会注册登记为证券投资顾问。

二、多选题

41. ABC 【解析】根据《中华人民共和国证券法》第十七条规定,有下列情形之一的,不得再次公开发行公司债券:①对已公开发行的公司债券或者其他债务有违约或者延迟支付本息的事实,仍处于继续状态(选项A、选项B);②违反本法规定,改变公开发行公司债券所募资金的用途(选项C)。

42. ABCD 【解析】证券公司声誉风险管理应遵循全程全员原则、预防第一原则、审慎管理原则、快速响应原则。

43. ABC 【解析】证券公司可以采取协议、报价、做市、拍卖竞价、标购竞价等方式发行、销售与转让私募产品,不得采用集中竞价方式,法律法规有明确规定的除外。

44. ABC 【解析】符合条件的公募基金、社保基金、保险资金等机构投资者以及参与科创板发行人首次公开发行的战略投资者,可以作为出借人,通过约定申报和非约定申报方式参与科创板证券出借。

45. ACD 【解析】违反《证券公司监督管理条例》规定,有下列情形之一的,责令改正,给予警告,没收违法所得,并处以违法所得等值罚款;没有违法所得或者违法所得不足3万元的,处以3万元以下的罚款;情节严重的,撤销任职资格或者证券从业资格:①合规负责人未按照规定向国务院证券监督管理机构或者有关自律组织报告违法违规行为;②证券经纪人从事业务未向客户出示证券经纪人证书;③证券经纪人同时接受多家证券公司的委托,进行客户招揽、客户服务等活动;④证券经纪人接受客户的委托,为客户办理证券认购、交易等事项。

46. BCD 【解析】股东可以用货币出资,也可以用实物、知识产权、土地使用权、股权、债权等可以用货币估价并可以依法转让的非货币财产作价出资;但是,法律、行政法规规定不得作为出资的财产除外。对作为出资的非货币财产应当评估作价,核实财产,不得高估或者低估作价。法律、行政法规对评估作价有规定的,从其规定。

47. ABCD 【解析】证券公司、证券投资咨询机构提供证券投资顾问服务,应当与客户签订证券投资顾问服务协议,并对协议实行编号管理。协议应当包括下列内容:①当事人的权利义务;②证券投资顾问服务的内容和方式;③证券投资顾问的职责和禁止行为;④收费标准和支付方式;⑤争议或者纠纷解决方式;⑥终止或者解除协议的条件和方式。

48. ABC 【解析】证券经纪业务营销人员不得有以下行为:①以所服务证券公司或证券营业部的名义,与客户或他人签订任何合同、协议;②代客户在相关合同、协议、文件等资料上签字;③在执业过程中索取或收受客户款项和财物;④向客户提供非由所服务证券公司统一提供的研究报告及与证券投资有关的信息、证券类金融产品宣传推介材料及有关信息;⑤违背职业道德的其他行为。

49. ABCD 【解析】选项所述均正确。

50. BCD 【解析】证券公司应当对自营、另类投资等自有资金投资的业务实施统一管理,管理的尺度和标准应当基本一致,故选项 A 说法错误。其余选项法均正确。

51. ABCD 【解析】《证券期货经营机构及其工作人员廉洁从业规定》第九条规定,证券期货经营机构及其工作人员在开展证券期货业务及相关活动中,不得以下列方式向公职人员、客户、正在洽谈的潜在客户或者其他利益关系人输送不正当利益:①提供礼金、礼品、房产、汽车、有价证券、股权、佣金返还等财物,或者为上述行为提供代持等便利;②提供旅游、宴请、娱乐健身、工作安排等利益;③安排显著偏离公允价格的结构化、高收益、保本理财产品等交易;④直接或者间接向他人提供内幕信息、未公开信息、商业秘密和客户信息,明示或者暗示他人从事相关交易活动;⑤其他输送不正当利益的情形。

52. ABCD 【解析】选项所述均属于设立合伙企业应当具备的条件。

53. ABC 【解析】公司聘用、解聘承办公司审计业务的会计师事务所,依照公司章程的规定,由股东会、董事会或者监事会决定。

54. ABD 【解析】证券行业文化建设的基本要求:①坚持依法合规,筑牢发展基础;②坚持诚实守信,恪守职业操守;③坚持专业精神,提升服务能力;④坚持稳健经营,促进健康发展;⑤坚持廉洁自律,弘扬清风正气;⑥牢记社会责任,展现良好形象。

55. ABCD 【解析】从业人员应当符合从事证券业务的条件,并按照规定由所在证券公司按照规定向中国证券业协会登记。登记类别包括一般证券业务、证券经纪人、证券投资咨询(证券投资顾问)、证券投资咨询(证券分析师)、保荐代表人等。

56. ABCD 【解析】证券公司向客户推介金融产品,应当了解客户的身份、财产和收入状况、金融知识和投资经验、投资目标、风险偏好等基本情况,评估其购买金融产品的适当性。

57. ABCD 【解析】证券公司代销金融产品,不得有下列行为:①采取夸大宣传、虚假宣传等方式误导客户购买金融产品;②采取抽奖、回扣、赠送实物等方式诱导客户购买金融产品;③与客户分享投资收益、分担投资损失;④使用除证券公司客户交易结算资金专用存款账户外的其他账户,代委托人接收客户购买金融产品的资金;⑤其他可能损害客户合法权益的行为。

58. ABCD 【解析】《证券公司信息隔离墙制度指引》规定,证券公司开展保密侧业务时,应当在与客户发生实质性接触后的适当时点,将相关项目所涉公司或证券列入观察名单。前款所称适当时点,以与客户签署保密协议、对项目立项、进场开展工作和实际获知项目内幕信息中较早者为准。

59. ABD 【解析】证券公司从事股票期权经纪业务试点,应当符合下列基本条件:①具有证券经纪业务资格(选项 A)。②股票期权经纪业务制度健全(选项 B),拟负责股票期权经纪业务的高级管理人员具备股票期权业务知识和相应的专业能力,配备 3 名具备相应专业能力的业务人员。③具有满足从事股票期权经纪业务相关要求的营业场所、经营设备、技术系统等软硬件设施;业务设施和技术系统符合相关技术规范且运行状况良好,股票期权经纪业务技术系统已通过相关证券交易所、中国证券登记结算有限责任公司组织的测试。④公司及其董事、监事、高级管理人员最近 1 年内未因重大违法违规行为受到行政处罚或刑事处罚(选项 D)。

60. AD 【解析】有限合伙企业名称中应当标明“有限合伙”字样,选项 A、选项 D 正确。

61. ABCD 【解析】《上市公司证券发行管理办法》规定,上市公司存在下列情形之一的,不得公开发行证券:①本次发行申请文件有虚假记载、误导性陈述或重大遗漏(选项 C);②擅自改变前次公开发行证券募集资金的用途而未作纠正(选项 A);③上市公司最近 12 个月内受到过证券交易所的公开谴责(选项 B);④上市公司及其控股股东或实际控制人最近 12 个月内存在未履行向投资者作出的公开承诺的行为;⑤上市公司或其现任董事、高级管理人员因涉嫌犯罪被司法机关立案侦查或涉嫌违法违规被中国证监会立案调查(选项 D);⑥严重损害投资者的合法权益和社会公共利益的其他情形。

62. ABD 【解析】证券发行、交易活动的当事人具有平等的法律地位,应当遵守自愿、有偿、诚实信用的原则。

63. AB 【解析】证券公司承销证券,应当同发行人签订代销或者包销协议,载明下列事项:①当事人的名称、住所及法定代表人姓名;②代销、包销证券的种类、数量、金额及发行价格;③代销、包销的期限及起止日期;④代销、包销的付款方式及日期;⑤代销、包销的费用和结算办法;⑥违约责任;⑦国务院证券监督管理机构规定的其他事项。

64. ABC 【解析】根据《中华人民共和国证券投资基金法》规定,基金合同应当约定基金的运作方式。基金的运作方式可以采用封闭式、开放式或者其他方式。

65. ABD 【解析】证券公司应当通过营业场所、中国证券业协会和公司网站,公示公司名称、地址、联系方式、投诉电话、证券投资咨询业务许可证号,证券投资顾问的姓名及其执业资格编码等信息,方便投资者查询、监督。

66. BCD 【解析】财务顾问应当建立健全内部报告制度,并对中国证监会提出的问题进行充分的研究、论证,审慎回复。回复意见应当由财务顾问的法定代表人或者其授权代表人、财务顾问主办人和项目协办人签名,并加盖财务顾问单位公章。

67. ABCD 【解析】证券公司设立子公司,应当符合下列审慎性要求:①最近 12 个月各项风险控制指标持续符合规定标准,最近 1 年净资本不低于 12 亿元人民币;②具备健全的公司治理结构、完善的风险管理制度和内部控制机制,能够有效防范证券公司与其子公司之间出现风险传递和利益冲突;③具备较强的经营管理能力,设立子公司经营证券经纪、证券承销与保荐或者证券资产管理业务的,最近1年公司经营该业务的市场占有率不低于行业中等水平;④中国证监会的其他要求。

68. ABC 【解析】证券公司必须持续符合下列风险控制指标标准:①风险覆盖率不得低于100%;②资本杠杆率不得低于8%;③流动性覆盖率不得低于100%;④净稳定资金率不得低于100%。

69. ABC 【解析】客户用于一家证券交易所上市证券交易的信用证券账户只能有一个,故选项A错误。客户通过证券公司开展融资融券业务,应当在证券公司开立实名信用资金台账和信用证券账户,在指定的商业银行(而不是证券公司)开立实名信用资金账户,故选项B错误。客户信用证券账户是证券公司客户信用交易担保证券账户的二级账户,用于记录客户委托证券公司持有的担保证券的明细数据,故选项C错误。

70. BCD 【解析】证券公司开展区域性股权市场业务,应当在每个月的前10个工作日内将上个月度业务开展情况报送至中国证券业协会(而非中国证监会),故选项A说法错误。其余选项说法均正确。

71. ABCD 【解析】基金托管人应当履行下列职责:①安全保管基金财产;②按照规定开设基金财产的资金账户和证券账户;③对所托管的不同基金财产分别设置账户,确保基金财产的完整与独立;④保存基金托管业务活动的记录、账册、报表和其他相关资料;⑤按照基金合同的约定,根据基金管理人的投资指令,及时办理清算、交割事宜;⑥办理与基金托管业务活动有关的信息披露事项;⑦对基金财务会计报告、中期和年度基金报告出具意见;⑧复核、审查基金管理人计算的基金资产净值和基金份额申购、赎回价格;⑨按照规定召集基金份额持有人大会;⑩按照规定监督基金管理人的投资运作;⑪国务院证券监督管理机构规定的其他职责。

72. ACD 【解析】基金财产的债权,不得与基金管理人、基金托管人固有财产的债务相抵销;不同基金财产的债权债务,不得相互抵销。

73. ABCD 【解析】公司应建立完备的融资融券业务管理制度、决策与授权体系、操作流程和风险识别、评估与控制体系。

74. ACD 【解析】证券交易内幕信息的知情人包括:①发行人的董事、监事、高级管理人员;②持有公司5%以上股份的股东及其董事、监事、高级管理人员,公司的实际控制人及其董事、监事、高级管理人员(B公司是内幕信息知情人,其普通员工乙某不是,故选项B不属于);③发行人控股的公司及其董事、监事、高级管理人员;④由于所任公司职务可以获取公司有关内幕信息的人员;⑤证券监督管理机构工作人员以及由于法定职责对证券的发行、交易进行管理的其他人员;⑥保荐人、承销的证券公司、证券交易所、证券登记结算机构、证券服务机构的有关人员;⑦国务院证券监督管理机构规定的其他人员。

75. ABCD 【解析】证券公司可以根据公司实际需要,在公开侧业务之间或保密侧业务之间采取信息隔离、跨墙、观察名单、限制名单等措施,防范敏感信息的不当流动和使用。

76. ABD 【解析】合规风险的防范:①证券公司要加强合规文化建设;②要建立健全各项规章制度,严格按经纪业务内部控制的要求完善内部控制机制和制度;③对客户交易结算资金实行第三方存管,对经纪业务各环节实行集中统一管理,对风险程度和重要性不同的业务,实行实时复核、分级审批;④强化岗位制约和监督,主要部门和岗位相互分离。

77. ABD 【解析】根据《中华人民共和国证券法》第十二条的规定,公司首次公开发行新股,应当符合下列条件:①具备健全且运行良好的组织机构(选项A);②具有持续经营能力(选项B);③最近3年财务会计报告被出具无保留意见审计报告;④发行人及其控股股东、实际控制人最近3年不存在贪污、贿赂、侵占财产、挪用财产或者破坏社会主义市场经济秩序的刑事犯罪;⑤经国务院批准的国务院证券监督管理机构规定的其他条件(选项D)。

78. ABCD 【解析】当可疑交易符合下列情形之一的,证券公司应当在向中国反洗钱监测分析中心提交可疑交易报告的同时,以电子形式或书面形式向所在地中国人民银行或者其分支机构报告,并配合反洗钱调查:①明显涉嫌洗钱、恐怖融资等犯罪活动的;②严重危害国家安全或者影响社会稳定的;③其他情节严重或者情况紧急的情形。

79. AB 【解析】证券投资咨询执业人员分为证券投资顾问和证券分析师。

80. BCD 【解析】目前的证券交易通道包括证券营业网点柜台服务、网上交易通道和电话委托自助式交易通道服务等。

三、判断题

81. A 【解析】题干表述正确。

82. B 【解析】对于涉及信用风险的业务,证券公司应根据业务特点设置合理的准入要求。

83. A 【解析】题干表述正确。

84. A 【解析】题干表述正确。

85. B 【解析】持有公司5%以上股份的股东及其董事、监事、高级管理人员,公司的实际控制人及其董事、监事、高级管理人员属于证券交易内幕信息的知情人。

86. A 【解析】题干表述正确。

87. A 【解析】题干表述正确。

88. B 【解析】未经登记,任何单位或者个人不得使用"基金"或者"基金管理"字样或者近似名称进行证券投资活动;但是,法律、行政法规另有规定的除外。

89. A 【解析】题干表述正确。

90. B 【解析】公司董事、监事、高级管理人员应当向公司申报所持有的本公司的股份及其变动情况,在任职期间每年转让的股份不得超过其所持有本公司股份总数的25%。

91. B 【解析】基金托管人是指按照法律、法规的规定和基金合同的约定,在证券投资基金活动中承担基金资产保管、基金资金清算、交易监督、会计核算等职责的商业银行或其他金融机构。

92. A 【解析】题干表述正确。

93. B 【解析】证券公司对根据《涉及恐怖活动资产冻结管理办法》被采取冻结措施的资产的管理及处置,应当按照中国人民银行、中国证监会等相关规定执行;没有规定的,参照公安机关、国家安全机关、检察机关的相关规定执行。

94. A 【解析】在开展保荐业务活动中,保荐代表人及其配偶不得以任何名义或者方式持有发行人的股份。

95. B 【解析】证券公司与特定交易对手方进行柜台交易的,应经中国证监会批准可从事证券自营业务。

96. A 【解析】题干表述正确。

97. B 【解析】董事会是自营业务的最高决策机构,投资决策机构是自营业务投资运作的最高管理机构。

98. A 【解析】题干表述正确。

99. B 【解析】上市公司并购重组活动涉及公开发行股票的,应当按照有关规定聘请具有保荐资格的证券公司从事相关业务。

100. B 【解析】期货合约到期时,交易者应当通过实物交割或者现金交割,了结到期未平仓合约。

101. B 【解析】经营机构发布证券研究报告,应遵守独立原则、客观原则、公平原则和审慎原则。

102. B 【解析】证券公司内部控制做到事前、事中、事后控制相统一体现的是健全的原则。

103. A 【解析】题干表述正确。

104. B 【解析】证券公司应当在报送年度报告的同时报送年度信息技术管理专项报告,说明报告期内信息技术治理、信息技术合规与风险管理、信息技术安全管理、信息技术审计等方面执行规定的情况。

105. A 【解析】题干表述正确。

106. B 【解析】保荐业务人员被采取自律监管措施、自律处分、行政监管措施、市场禁入措施、行政处罚、刑事处罚等的,保荐机构应当进行内部问责。保荐机构应当在劳动合同、内部制度中明确,保荐业务人员出现前述情形的,应当退还相关违规行为发生当年除基本工资外的其他薪酬。

107. A 【解析】题干表述正确。

108. B 【解析】证券公司不得代理客户进行期货交易、结算或者交割,不得代期货公司、客户收付期货保证金,不得利用证券资金账户为客户存取、划转期货保证金。

109. A 【解析】清算结束,清算人应当编制清算报告,经全体合伙人签名、盖章后,在15日内向企业登记机关报送清算报告,申请办理合伙企业注销登记。

110. B 【解析】证券自营业务必须以证券公司自身名义、通过专用自营席位进行,并由非自营业务部门负责自营账户的管理,包括开户、销户、使用登记等。

四、综合题

111. ABD 【解析】公司合并,应当由合并各方签订合并协议,并编制资产负债表及财产清单,故选项A做法正确。公司应当自作出合并决议之日起10日内通知债权人,并于30日内在报纸上公告,故选项B做法正确。乙公司于2022年12月13日在报纸上公告合并事宜的做法错误,应该在2022年12月1日之前公告,故选项C做法错误。债权人自接到通知书之日起30日内,未接到通知书的自公告之日起45日内,可以要求公司清偿债务或者提供相应的担保,故选项D做法正确。

112. C 【解析】公司合并时,合并各方的债权、债务,应当由合并后存续的公司或者新设的公司承继。

113. A 【解析】交易者在结算过程中违约的,其委托的结算参与人(期货公司)按照合同约定动用该交易者的保证金以及结算参与人的风险准备金和自有资金完成结算;结算参与人以其风险准备金和自有资金完成结算的,可以依法对该交易者进行追偿,故选项A正确。

114. D 【解析】标准化期权合约的行权,由期货结算机构组织进行,故选项D说法错误。其余选项说法均正确。

115. ACD 【解析】证券公司内部控制应当贯彻健全、合理、制衡、独立的原则,确保内部控制有效。①健全性:内部控制应当做到事前、事中、事后控制相统一;覆盖证券公司的所有业务、部门和人员(选项A正确),渗透到决策、执行、监督、反馈等各个环节,确保不存在内部控制的空白或漏洞。②合理性:内部控制应当符合国家有关法律法规和中国证监会的有关规定,与证券公司经营规模、业务范围、风险状况及证券公司所处的环境相适应,以合理的成本实现内部控制目标(选项C正确)。③制衡性:证券公司部门和岗位的设置应当权责分明、相互牵制;前台业务运作与后台管理支持适当分离(选项D正确)。④独立性:承担内部控制监督检查职能的部门应当独立于证券公司其他部门(选项B错误)。

116. ABC 【解析】证券公司对业务创新应重点防范违法违规、规模失控、决策失误等风险。

117. D 【解析】张某及高某的上述行为构成《刑法》第一百六十条规定的"在招股说明书、认股书、公司、企业债券募集办法中隐瞒重要事实或者编造重大虚假内容,发行股票或者公司、企业债券,数额巨大、后果严重或者有其他严重情节"的违法行为,构成欺诈发行证券罪。

118. BCD 【解析】选项A,非法募集资金金额在1000万元以上的,应予立案追诉。选项B、C、D均符合欺诈发行证券罪的刑事立案追诉标准。

119. AB 【解析】证券基金经营机构的独立董事,不得在拟任职的机构担任董事会外的职务(选项A正确,选项C错误)。证券基金经营机构的高级管理人员、部门负责人和分支机构负责人,不得在证券基金经营机构参股或者控股的公司以外的营利性机构兼职;在证券基金经营机构参股的公司仅可兼任董事、监事,且数量不得超过2家(选项B正确,选项D错误),在证券基金经营机构控股子公司兼职的,不受前述限制。

120. D 【解析】证券公司分支机构负责人强制离岗或因故缺位5个工作日以上的,证券公司应当指定专人代为履行职务,并在指定之日起3个工作日内向分支机构所在地证监局报告,代为履行职务的时间不得超过3个月,故选项D表述错误。其余选项表述均正确。

证券行业专业人员一般业务水平评价测试

机考题库与高频考点

证券市场基本法律法规

◆机考题库·真题试卷（五）
◆机考题库·真题试卷（六）
（含参考答案及解析）

机考题库·真题试卷(五)

答题卡

本试卷采用虚拟答题卡技术，自动评分

考生扫描右侧二维码，将答题选项填入虚拟答题卡中，题库系统可自动统计答题得分，生成完整的答案及解析。题库系统根据考生答题数据，自动收集整理错题，记录考生薄弱知识点，方便考生在题库系统中查漏补缺。

一、单选题(共40题,每小题0.5分,共20分)以下备选项中只有一项最符合题目要求,不选、错选均不得分。

1. 证券公司应当统一组织回访客户,对原有客户的回访比例应当不低于上年末客户总数(不含休眠账户及中止交易账户客户)的(　　)。

A.15%　　B.3%　　C.10%　　D.5%

2. 股份有限公司公开发行公司债券,至少最近(　　)年平均可分配利润足以支付公司债券1年的利息。

A.1　　B.3　　C.4　　D.2

3. 证券期货经营机构在内部检查中,发现存在违反规定行为的,证券期货经营机构应当在(　　)个工作日内,向中国证监会有关派出机构报告。

A.3　　B.5　　C.10　　D.15

4. 某证券公司根据《证券公司风险控制指标管理办法》等规定对风险覆盖率设置预警,下列关于风险覆盖率预警的说法,正确的是(　　)。

A.风险覆盖率预警线不低于80%　　B.风险覆盖率预警线不低于100%

C.风险覆盖率预警线不低于110%　　D.风险覆盖率预警线不低于120%

5. 在证券公司董事、监事、高级管理人员任职资格方面,下列做法符合《证券公司监督管理条例》规定的是(　　)。

A.李某在甲证券公司担任监事前取得了公司注册地所属证监会派出机构核准的任职资格

B.丙证券公司因其分支机构负责人张某不再具备任职资格,应向证监会派出机构申请核准解除

C.丁证券公司选聘赵某为财务部负责人,证监会派出机构要求赵某必须取得任职资格

D.乙证券公司选聘杨某为董事会秘书,杨某不须取得证监会派出机构核准的任职资格

6. 证券公司受期货公司委托从事中间介绍业务,应当提供的服务包括(　　)。

A.代收期货保证金

B.代理客户进行期货交易

C.提供期货行情信息、交易设施

D.使用证券资金账户为客户存取、划转期货保证金

7. 财务与会计人员应当正确处理财务会计工作与业务发展、客户利益保护与所在单位利益之间的关系,对存在潜在冲突的情形(　　)。

A.应主动向监管机关报告　　B.暂不须关注

C.应持续关注　　D.应主动向所在机构的管理层说明

8. 因故意犯罪被判处刑罚,刑罚执行完毕未逾3年的张某,不得成为证券公司的(　　)。

A.持股5%以上的股东　　B.客户

C.合格投资者　　D.外聘顾问

9. 下列关于关联关系的说法,错误的是(　　)。

A.公司不得与具有关联关系的企业进行交易

B.国家控股的企业之间不仅因为同受国家控股而具有关联关系

C.公司的董事、监事、高级管理人员不得利用其关联关系损害公司利益

D.公司的控股股东、实际控制人不得利用其关联关系损害公司利益

10. 根据《中华人民共和国证券法》,非法开设证券交易场所的,由(　　)级以上人民政府予以取

缔,没收违法所得,并处以违法所得1倍以上10倍以下的罚款。

A. 省　B. 县　C. 市　D. 乡

11. 下列关于证券公司客户交易安全监控的说法中,错误的是(　　)。

A. 证券公司确认盗买盗卖等异常交易行为,应立即采取措施控制资产

B. 客户开户时,证券公司应代替客户设置安全度较高的密码

C. 证券公司应提醒客户密码的保护

D. 证券公司确认盗买盗卖等异常交易行为,应协助客户向公安机关报案

12. 股份有限公司发起人中须有(　　)的发起人在中国境内有住所。

A. 1/3 以上　B. 2/3 以上

C. 1/5 以上　D. 1/2 以上

13. 甲公司出资20万元,乙公司出资10万元共同设立丙有限责任公司。丁公司系甲公司的子公司。在丙公司经营过程中,甲公司多次利用其股东地位通过公司决议让丙公司以高于市场同等水平的价格从丁公司进货,致使丙公司因成本过高而严重滞销,造成公司亏损。下列说法正确的是(　　)。

A. 甲公司应对乙公司的债务承担连带责任

B. 甲公司应对丙公司承担赔偿责任

C. 丙公司应对甲公司的债务承担连带责任

D. 甲公司、乙公司共同对丙公司承担赔偿责任

14. 金融机构开展资产管理业务,下列规定中,不符合要求的是(　　)。

A. 对资产管理产品的资金综合管理、综合建账、综合核算

B. 不得开展或者参与具有滚动发行的资金池业务

C. 金融机构应当合理确定资产管理产品所投资资产的期限,加强对期限错配的流动性风险管理

D. 资产管理产品直接或间接投资于未上市企业股权及其收益权的,应当为封闭式资产管理产品

15. 下列关于证券公司柜台市场信息披露的说法,错误的是(　　)。

A. 涉及客户隐私的信息不得公开披露

B. 涉及第三方商业秘密的信息不得公开披露

C. 信息披露包括公开披露和向特定对象披露

D. 证券公司应通过本公司网站、机构间私募产品报价与服务系统或者中国证监会认可的其他信息披露平台披露私募产品相关信息

16. 根据《证券公司客户资产管理业务管理办法》规定,证券公司、资产托管机构、推广机构及其高级管理人员、直接负责的主管人员和其他直接责任人员涉嫌犯罪的,应当(　　)。

A. 认定为不适当人选　B. 责令停止职权

C. 依法移送司法机关,追究刑事责任　D. 对其采取监管谈话

17. 根据《证券公司风险处置条例》有关规定,下列关于禁止参与处置证券公司风险工作的机构或人员的情形,错误的是(　　)。

A. 涉嫌严重违法正在被行政管理部门立案稽查

B. 处于证券市场禁入期

C. 涉嫌犯罪正在被立案侦查、起诉

D. 曾受过行政处罚

18. 投资顾问与投资者(客户)之间的关系是(　　)。

A. 合作关系　B. 无关系

C. 劳动聘用关系　D. 服务关系

19. 证券公司最近(　　)个月内存在违反诚信的不良记录的,不得担任财务顾问。

A. 24　B. 48　C. 36　D. 60

20. 根据客户资产保护相关规定,下列说法正确的是(　　)。

A. 指定商业银行应当保证客户能够随时查询客户的交易结算资金的余额及变动情况

B. 客户的交易结算资金的存取,可通过任意商业银行办理

C. 客户的交易结算资金存管合同应由证券公司及客户双方签订

D. 客户的交易结算资金存管合同应由商业银行及客户双方签订

21. 下列关于自营业务内部控制的说法中,错误的是(　　)。
A. 稽查部门应定期对自营业务的合规运作、盈亏、风险监控等情况进行全面稽核
B. 证券公司应定期对自营业务投资组合的市值变化及其对公司以净资产为核心的风险监控指标的潜在影响进行敏感性分析和压力测试
C. 证券公司应建立健全自营业务风险监控缺陷的纠正与处理机制
D. 证券公司应建立完善的投资决策和投资操作档案管理制度

22. 证券公司或者其股东、实际控制人违反规定,拒不向证券监督管理机构报送或者提供经营管理信息和材料,或者报送、提供的经营管理信息和资料有虚假记载、误导性陈述或者重大遗漏的,责令改正,给予警告,并处以(　　)的罚款,可以暂停或者撤销证券公司相关业务许可。
A. 3 万元以上 10 万元以下　　B. 3 万元以上 30 万元以下
C. 10 万元以上 30 万元以下　　D. 3 万元以上 50 万元以下

23. 证券公司从事证券自营业务的,应该定期对自营业务投资组合的市值变化及其对公司以(　　)为核心的风险监控指标的潜在影响进行敏感性分析和压力测试。
A. 净资本　　B. 净利润　　C. 净资产　　D. 总资产

24. 证券公司应当对证券经纪人进行不少于(　　)个小时的执业前培训,其中法律法规和职业道德的培训时间不少于(　　)个小时。
A. 50;10　　B. 50;20　　C. 60;10　　D. 60;20

25. 关于证券公司进行期货交易的中间介绍业务,下列情形不是证券公司必须告知客户的事项的是(　　)。
A. 解释期货交易的方式　　B. 证券公司与期货公司的控股关系
C. 解释期货交易的风险　　D. 证券公司与期货公司的介绍业务委托关系

26. 证券公司设立私募基金子公司,应满足最近(　　)个月各项风险控制指标符合中国证监会及中国证券业协会的相关要求,且设立私募基金子公司后,各项风险控制指标仍持续符合规定。
A. 3　　B. 6　　C. 9　　D. 12

27. 证券公司(　　)负责制订融资融券合同的标准文本,确定对具体客户的授信额度。
A. 业务执行部门　　B. 业务决策机构　　C. 分支机构　　D. 董事会

28. 甲企业是一家有限合伙企业,下列有关甲企业的做法,不符合规定的是(　　)。
A. 甲企业由 40 名合伙人设立
B. 甲企业有 5 名普通合伙人
C. 甲企业的有限合伙人以劳务出资
D. 甲企业的名称中应当标明“有限合伙”字样

29. 下列关于诱骗投资者买卖证券、期货合约的说法,错误的是(　　)。
A. 诱骗投资者买卖证券、期货合约的客观要件表现为行为人故意提供虚假信息或者伪造、变造、销毁交易记录,诱骗投资者买卖证券、期货合约,造成严重后果的行为
B. 诱骗投资者买卖证券、期货合约罪的犯罪主观方面可以是过失
C. 因诱骗投资者买卖证券、期货合约而应当承担民事赔偿责任和缴纳罚款、罚金的,其财产不足以同时支付时,先承担民事赔偿责任
D. 诱骗投资者买卖证券、期货合约罪侵犯的客体是证券、期货交易市场的正常管理秩序和证券、期货投资人的合法利益

30. 下列各项中,不属于证券行业化建设基本要求的是(　　)。
A. 坚持依法合规,筑牢发展基础　　B. 坚持廉洁自律,弘扬清风正气
C. 坚持盈利导向,回馈股东信任　　D. 牢记社会责任,展现良好形象

31. 证券公司认为客户甲购买某金融产品不适当,未向其进行推介,如果甲主动要求通过证券公司购买该金融产品,证券公司认为该金融产品对客户不适当的,(　　)。
A. 不得销售该金融产品给该投资人,除非证券公司将其投资人不适当性判断的结论书面告知客户,提示其审慎决策,并由客户签字确认
B. 不得销售该金融产品给该投资人,除非客户甲主动再次主动要求购买
C. 可以无条件向该客户销售该金融产品
D. 不得销售该金融产品给该投资人,除非在原有风险揭示内容基础上,证券公司向客户揭示金融投资一般风险和该金融产品的特殊风险

32. 公司在合并、分立、减少注册资本或者进行清算时,不依照《中华人民共和国公司法》规定通知

或者公告债权人的,由公司登记机关责令改正,对公司处以(　　)的罚款。

A. 20 万元以下　　B. 1 万元以上 10 万元以下

C. 5 万元以上 50 万元以下　　D. 3 万元以上 30 万元以下

33. 在中华人民共和国境内,(　　)和国务院依法认定的其他证券的发行和交易,适用《中华人民共和国证券法》。

A. 股票、企业债券　　B. 政府债券、证券投资基金

C. 股票、政府债券　　D. 股票、公司债券、存托凭证

34. 股份有限公司股东会作出修改公司章程的决议,必须经(　　)通过。

A. 代表 2/3 以上表决权的股东　　B. 公司普通股股份的半数以上

C. 出席会议股东所持表决权的半数以上　　D. 公司普通股股份的 2/3 以上

35. 证券公司董事会承担全面风险管理的(　　)。

A. 最终责任　　B. 直接责任

C. 主要责任　　D. 监督责任

36. 上市公司设董事会秘书,其职责不包括(　　)。

A. 决定聘任会计师事务所

B. 负责公司股东会和董事会会议的筹备、文件保管

C. 负责办理信息披露事务

D. 负责公司股东资料的管理

37. 关于证券投资咨询人员执业行为的总体要求,下列表述不正确的是(　　)。

A. 证券投资咨询人员应当以行业公认的谨慎、诚实和勤勉尽责的态度,为投资人或客户提供证券投资咨询服务

B. 证券投资咨询人员应当完整、客观、准确地运用有关信息、资料向投资人或客户提供投资分析、预测和建议

C. 证券投资咨询人员引用有关信息、资料时,应当注明出处和著作权人

D. 证券投资咨询机构与报刊、电台、电视台合办或者协办证券投资咨询版面、节目或者与电信服务部门进行业务合作时,应当向证券业协会备案

38. 下列关于公司税后利润分配的顺序正确的是(　　)。

A. 弥补公司以前年度亏损、向股东分配股利、提取法定公积金、提取任意公积金

B. 提取法定公积金、提取任意公积金、弥补公司以前年度亏损、向股东分配股利

C. 提取法定公积金、弥补公司以前年度亏损、提取任意公积金、向股东分配股利

D. 弥补公司以前年度亏损、提取法定公积金、提取任意公积金、向股东分配股利

39. 下列关于股份有限公司股份发行价格的说法,错误的是(　　)。

A. 不得低于票面金额　　B. 可以超过票面金额

C. 可以低于票面金额　　D. 可以按照票面金额

40. 证券公司从事证券自营业务的最高决策机构是(　　)。

A. 非自营业务部门　　B. 自营投资决策机构

C. 董事会　　D. 自营业务部门

二、多选题(共 40 题,每小题 1 分,共 40 分)以下备选项中有两项或两项以上符合题目要求,多选、少选、错选均不得分。

41. 保荐代表人出现(　　)情形且情节特别严重的,中国证监会可以采取认定为不适当人选的监管措施。

A. 尽职调查工作日志缺失　　B. 未完成或者未参加辅导工作

C. 重大事项未报告、未披露　　D. 持续督导工作未勤勉尽责

42. 根据《证券基金经营机构董事、监事、高级管理人员及从业人员监督管理办法》,下列关于证券基金经营机构从业人员应当持续符合的条件,表述错误的是(　　)。

A. 最近 3 年未因犯罪被判处刑罚

B. 最近 5 年未被中国证监会撤销基金从业资格

C. 被中国证监会采取证券市场禁入措施

D. 最近 3 年未被基金业协会取消基金从业资格

43. 根据《中华人民共和国公司法》规定,股份有限公司合并可以采取(　　)的形式。

A. 完全合并　　B. 吸收合并　　C. 部分合并　　D. 新设合并

44. 下列关于公司公开财务状况的说法中，正确的有(　　)。
A. 有限责任公司应当自会计年度结束之日起20日内将财务会计报告送交各股东
B. 股份有限公司应当在召开股东会年会的20日前将财务会计报告置备于本公司
C. 股份有限公司应当在召开临时股东会的20日前将财务会计报告置备于本公司
D. 公开发行股票的股份有限公司必须按照规定公告其财务会计报告

45. 证券公司申请融资融券业务资格，应当具备的条件包括(　　)。
A. 具有证券经纪业务资格
B. 公司治理健全，内部控制有效，能有效识别、控制和防范业务经营风险和内部管理风险
C. 财务状况良好，最近2年各项风险控制指标持续符合规定，注册资本和净资本符合增加融资融券业务后的规定
D. 财务状况良好，最近1年各项风险控制指标持续符合规定，注册资本和净资本符合增加融资融券业务后的规定

46. 证券公司开展融资融券业务，需要遵循的基本原则是(　　)。
A. 合法合规性原则　　B. 集中管理原则
C. 业务隔离原则　　D. 了解客户原则

47. 公司法定代表人依照公司章程的规定，可以由(　　)担任。
A. 董事　　B. 经理
C. 监事长　　D. 高级管理人员

48. 甲、乙、丙三人出资成立了一家有限责任公司，经营过程中，丙与丁达成协议，拟将其在公司拥有的股份全部转让给丁，经甲和乙协商，均表示同意并愿意购买丙的股份。下列有关说法正确的有(　　)。
A. 同等条件下，甲和乙都有优先购买权
B. 同等条件下，丙可以自行决定优先购买人
C. 由甲和乙协商确定各自的购买比例
D. 如果甲和乙协商不成，丙可以将股份转让给丁

49. 证券投资顾问向客户提供投资建议的依据包括(　　)。
A. 证券研究报告　　B. 基于证券研究报告形成的投资分析意见
C. 基于理论模型形成的投资分析意见　　D. 基于分析方法形成的投资分析意见

50. 根据融资融券业务合同必备条款的相关规定，合同应载明的事项包括(　　)。
A. 当事人姓名、住所等相关信息　　B. 约定融资融券特定的财产信托关系
C. 融资融券交易的主要业务操作环节　　D. 约定融资融券交易所涉及的权益处理事项

51. 关联关系是指公司(　　)与其直接或者间接控制的企业之间的关系，以及可能导致公司利益转移的其他关系。
A. 控股股东　　B. 实际控制人
C. 董事、监事、高级管理人员　　D. 股东

52. 下列情形中，有关单位或个人应当事先告知证券公司，由证券公司报国务院证券监督管理机构批准的有(　　)。
A. 认购或者受让证券公司的股权后，其持股比例达到证券公司注册资本的3%
B. 认购或者受让证券公司的股权后，其持股比例达到证券公司注册资本的5%
C. 以持有证券公司股东的股权或者其他方式，实际控制证券公司3%以上的股权
D. 以持有证券公司股东的股权或者其他方式，实际控制证券公司5%以上的股权

53. 下列属于有限责任公司监事会职权的有(　　)。
A. 检查公司财务　　B. 提议召开临时股东会会议
C. 向股东会会议提出提案　　D. 罢免董事、高级管理人员

54. 私募基金子公司及其下设特殊目的机构可以以现金管理为目的管理闲置资金，但应当坚持有效控制风险、保持流动性的原则，且只能投资于(　　)。
A. 依法公开发行的国债　　B. 央行票据
C. 短期融资券　　D. 流动性较弱的证券

55. 证券公司受期货公司委托从事中间介绍业务时，不得提供的服务包括(　　)。
A. 协助办理开户手续　　B. 提供期货行情信息、交易设施
C. 代理客户进行期货结算　　D. 代理客户进行期货交易

56. 下列关于科创板的说法,正确的是(　　)。
A. 科创板主要服务于符合国家战略、突破关键核心技术、市场认可度高的科技创新企业
B. 科创板的具体行业范围由上海证券交易所发布并适时更新
C. 个人投资者可直接申请开通科创板股票交易权限
D. 投资者仅须向其委托的证券公司申请,在已有沪市 A 股证券账户上开通科创板股票交易权限即可,无须在中国结算开立新的证券账户

57. 有限责任公司章程需要载明的事项有(　　)。
A. 公司法定代表人
B. 公司的机构及其产生办法、职权、议事规则
C. 股东的出资方式、出资额和出资时间
D. 股东的出资证明书编号

58. 甲公司的子公司在经营范围内以自己的名义对外签订了一份货物买卖合同。根据《中华人民共和国公司法》规定,下列关于该合同的效力及其责任承担的表述中,错误的有(　　)。
A. 该合同有效,其民事责任由甲公司承担
B. 该合同有效,其民事责任由子公司独立承担
C. 该合同有效,其民事责任由子公司承担,甲公司承担连带责任
D. 该合同无效,甲公司和子公司均不承担民事责任

59. 根据《证券期货投资者适当性管理办法》规定,下列关于经营机构投资者适当性管理办法的说法,正确的有(　　)。
A. 根据产品或者服务的不同风险等级,对其适合销售产品或者提供服务的投资者类型作出判断
B. 根据投资者的不同分类,对其适合购买的产品或者接受的服务作出判断
C. 如存在适当性不匹配的情况,不得主动向投资者进行推介
D. 经书面风险警示,投资者仍坚持购买风险等级高于其风险承受能力的产品,可以向其销售该产品

60. 下列人员中,属于违法买卖股票并应当承担法律责任的有(　　)。
A. 在上海证券交易所工作的张某　　B. 在中国证监会工作的王某
C. 某证券公司经纪人王某　　D. 为某证券公司提供物业服务的赵某

61. 证券投资基金市场营销与有形产品营销相比,其特殊性体现在(　　)。
A. 服务性　　B. 专业性　　C. 持续性　　D. 适用性

62. 下列关于证券公司融资融券业务管理的说法,正确的有(　　)。
A. 证券公司开展融资融券业务,必须经中国证监会批准
B. 证券公司融资专用账户用于记录证券公司持有的拟向客户融出的证券和客户归还的证券,并用于证券买卖
C. 证券公司分支机构不得自行决定融资融券客户签约、授信、保证金收款等事项
D. 证券公司分管融资融券业务的高级管理人员可以兼管风险监控部门,但不能兼管业务稽核部门

63. 委托、聘用第三方机构或者个人提供投资顾问、财务顾问、产品代销、专业咨询等服务,应当明确第三方的资质条件,事先签署服务协议,履行内部审批程序,协议中应明确约定(　　)。
A. 服务内容　　B. 服务期限　　C. 费用标准　　D. 服务方式

64. 融资融券业务中,标的证券为股票的,必须满足在最近 3 个月内没有出现下列(　　)情形之一。
A. 日均换手率低于基准指数日均换手率的 15%,且日均成交金额小于 5000 万元
B. 日均涨跌幅平均值与基准指数涨跌幅平均值的偏离值超过 4%
C. 日均涨幅平均值与基准指数涨幅平均值的偏离值不超过 5%
D. 波动幅度达到基准指数波动幅度的 5 倍以上

65. 证券公司经营融资融券业务,应以自己的名义,在证券登记结算机构分别开立(　　)。
A. 融券专用证券账户　　B. 信用交易证券交收账户
C. 信用交易资金交收账户　　D. 客户信用交易担保证券账户

66. 除了法律及行政法规外,证券公司自营业务涉及的部门规章及规范性文件还包括(　　)。
A.《证券公司风险控制指标管理办法》
B.《证券公司内部控制指引》
C.《证券公司证券自营业务指引》
D.《关于证券公司证券自营业务投资范围及有关事项的规定》

67. 下列属于证券公司高级管理人员的有(　　)。
A. 公司财务负责人　　B. 公司合规负责人
C. 分支机构负责人　　D. 董事会秘书

68. 根据《证券业财务与会计人员执业行为规范》规定,证券业财务与会计人员包括(　　)。
A. 证券公司中从事会计核算的人员　　B. 基金管理公司中从事财务管理的人员
C. 证券公司中从事资金管理的人员　　D. 基金公司中从事交易管理的人员

69. 证券公司、证券投资咨询机构应当对证券投资顾问(　　)、客户回访、投诉处理等环节实行留痕管理。
A. 业务推广　　B. 协议签订　　C. 服务提供　　D. 注册登记

70. 根据《中华人民共和国公司法》规定,下列表述错误的有(　　)。
A. 有限责任公司应当由100个以下的股东出资设立
B. 有限责任公司设立应有符合公司章程规定的全体股东认缴的出资额
C. 有限责任公司章程应由全体股东共同制定,章程无须全体股东签字、盖章
D. 有限责任公司章程应载明公司的法定代表人

71. 根据《中华人民共和国证券法》规定,下列关于上市公司收购的说法中,错误的有(　　)。
A. 采取协议收购方式的,协议双方可以临时委托证券登记结算机构保管协议转让的股票
B. 进行协议收购的,收购人必须事先向国务院证券监督管理机构报送上市公司收购报告书
C. 采取要约收购方式的,收购人在收购期限内可以卖出被收购公司的股票
D. 采取要约收购方式的,收购人在收购期限内不得采取要约规定以外的形式和超出要约的条件买入被收购公司的股票

72. 关于违规披露、不披露重要信息罪,下列表述正确的有(　　)。
A. 本罪侵犯的客体是国家对公司、企业的信息公开披露制度和股东、社会公众和其他利害关系人的合法权益
B. 本罪在客观方面表现为公司向股东和社会公众提供虚假的或者隐瞒重要事实的财务会计报告,或者对依法应当披露的其他重要信息不披露或者不按规定披露,严重损害股东或者其他人的利益,或者有其他严重情节的行为
C. 本罪在主观方面一般表现为故意,特殊情况下表现为过失
D. 本罪的主体是一般主体

73. 根据《证券公司流动性风险管理指引》规定,下列关于流动性风险限额管理的说法,正确的有(　　)。
A. 证券公司应对流动性风险实施限额管理
B. 证券公司应至少每半年对流动性风险限额进行一次评估,必要时进行调整
C. 证券公司应结合业务发展实际情况和流动性风险管理情况,制定流动性风险管理控制指标
D. 证券公司应建立现金流测算和分析框架,有效计量、检测和控制正常和压力情景下未来不同时间段的现金流缺口

74. 证券金融公司开展转融通业务,可以使用的资金和证券包括(　　)。
A. 自有资金和证券
B. 通过证券交易所的业务平台融入的资金和证券
C. 通过证券金融公司的业务平台融入的资金
D. 通过发行公司债券依法筹集的资金

75. 下列关于集资诈骗罪的说法,正确的有(　　)。
A. 集资诈骗罪的犯罪主观方面是故意,无须以非法占有为目的
B. 集资诈骗罪的犯罪客观方面为使用诈骗手段实施非法集资,且数额较大的行为
C. 以非法占有为目的,使用诈骗方法非法集资,数额在10万元以上的,应予立案追诉
D. 单位犯集资诈骗罪的,对单位判处罚金,并对其直接负责的主管人员和其他直接责任人员依照《中华人民共和国刑法》相关规定进行处罚

76. 下列属于公开发行的有(　　)。
A. 向不特定对象发行证券
B. 向特定对象发行证券累计超过200人
C. 向依法实施员工持股计划的员工发行证券累计超过200人
D. 法律、行政法规规定的其他发行行为

77. 证券投资顾问服务与发布证券研究报告的区别主要体现在(　　)。
A. 市场影响　B. 服务方式　C. 服务对象　D. 服务内容
78. 证券公司自营业务的投资决策机构负责确定(　　)。
A. 自营业务规模　B. 资产配置策略　C. 可承受的风险限额　D. 投资品种
79. 下列关于背信运用受托财产罪的说法中,正确的有(　　)。
A. 背信运用受托财产罪的犯罪主体是特殊主体,即金融机构
B. 背信运用受托财产罪客观上表现为实施了违背受托义务、擅自运用客户资金的行为
C. 本罪的主观方面表现为过失
D. 本罪既处罚单位,也处罚直接负责的主管人员和其他直接责任人员
80. 收购人或者收购人的控股股东,利用上市公司收购,损害被收购公司及其股东的合法权益,给被收购公司及其股东造成损失的,应当对收购人或其控股股东的(　　)给予警告,并处罚款。
A. 法定代表人　B. 稽核部门负责人
C. 直接负责的主管人员　D. 其他直接责任人员

三、判断题(共30题,每小题1分,共30分)正确的选A,错误的选B。不选、错选均不得分。

81. 具有证券经纪业务资格的证券公司,经中国证监会批准,可以从事股票期权做市业务。(　　)
A. 正确　B. 错误
82. 公开侧业务的工作人员被动接触到保密侧业务的内幕消息,无须履行跨墙批程序。(　　)
A. 正确　B. 错误
83. 证券公司经营证券经纪业务的,其净资本不得低于人民币2000万元。(　　)
A. 正确　B. 错误
84. 拟任证券基金经营机构高级管理人员的,曾担任证券基金经营机构部门负责人以上职务不少于3年。(　　)
A. 正确　B. 错误
85. 财务顾问应当对新进入上市公司的董事、监事和高级管理人员、控股股东和实际控制人的主要负责人进行辅导,并对辅导结果进行验收,验收不合格的,应当重新进行辅导和验收。(　　)
A. 正确　B. 错误
86. 擅自公开或者变相公开发行证券的,责令停止发行,退还所募资金并加算银行同期贷款利息,处以法定数额罚款。(　　)
A. 正确　B. 错误
87. 股票质押式回购是指符合条件的资金融入方以所持有的股票或其他证券质押,向符合条件的资金融出方融入资金,并约定在未来返还资金、解除质押的交易。(　　)
A. 正确　B. 错误
88. 证券公司对于列入观察名单的公司或证券有关的业务活动无须监控。(　　)
A. 正确　B. 错误
89. 采取风险处置措施期间,任何情况下,不得对被处置证券公司债务进行个别清偿。(　　)
A. 正确　B. 错误
90. 从事套期保值等风险管理活动的,可以申请持仓限额豁免。(　　)
A. 正确　B. 错误
91. 同时经营证券经纪业务、资产管理业务的证券公司,其董事会应当设薪酬与提名委员会。(　　)
A. 正确　B. 错误
92. 证券登记结算机构应当妥善保存登记、存管和结算的原始凭证及有关文件和资料。其保存期限不得少于15年。(　　)
A. 正确　B. 错误
93. 未经国务院证券监督管理机构批准,期货交易所不得从事信托投资、股票投资、非自用不动产投资等与其职责无关的业务。(　　)
A. 正确　B. 错误
94. 子公司风险管理工作负责人应由证券公司首席风险官考核,考核权重不低于30%。(　　)
A. 正确　B. 错误
95. 股票发行价格可以按票面金额,也可以超过票面金额,但不得低于票面金额。(　　)
A. 正确　B. 错误
96. 持续督导工作开始前,保荐机构应明确参与持续督导工作的人员,相关人员应至少包括2名保

荐代表人。(　　)

A. 正确　　　　B. 错误

97. 证券投资顾问不得通过网络做出买卖具体股票的投资建议。(　　)

A. 正确　　　　B. 错误

98. 国务院证券监督管理机构在处置证券公司风险工作中应保障被处置证券公司各项证券业务正常进行。(　　)

A. 正确　　　　B. 错误

99. 基金托管人应当对所托管的不同基金财产分别设置账户,确保基金财产的完整与独立。(　　)

A. 正确　　　　B. 错误

100. 处置证券公司风险过程中,发现涉嫌犯罪的案件,属公安机关管辖的,由证券公司总部及分支机构所在地公安部门自行查处。(　　)

A. 正确　　　　B. 错误

101. 证券公司分支机构可以自行代销金融产品。(　　)

A. 正确　　　　B. 错误

102. 有限责任公司由200个以下股东出资设立。(　　)

A. 正确　　　　B. 错误

103. 证券基金经营机构的独立董事,不得在拟任职的机构担任董事会外的职务。(　　)

A. 正确　　　　B. 错误

104. 证券公司委托信息技术服务机构提供服务,应当按照规定对信息技术服务机构及相关信息系统进行内部审查。(　　)

A. 正确　　　　B. 错误

105. 合伙企业注销3年后,原普通合伙人不再对合伙企业存续期间的债务承担无限连带责任。(　　)

A. 正确　　　　B. 错误

106. 证券公司有权自主决定是否同意普通投资者转化为专业投资者。(　　)

A. 正确　　　　B. 错误

107. 期货合约,是指期货交易场所统一制定的、约定在将来某一特定的时间和地点交割一定数量标的物的标准化合约。(　　)

A. 正确　　　　B. 错误

108. 分级私募产品应当根据所投资资产的风险程度设定分级比例,商品及金融衍生品类产品、混合类产品的分级比例不得超过3:1。(　　)

A. 正确　　　　B. 错误

109. 持有公司5%以上股份的股东构成证券期货交易内幕信息的知情人员。(　　)

A. 正确　　　　B. 错误

110. 证券公司可以根据公司实际需要,在公开侧业务之间或保密侧业务之间采取信息隔离、跨墙、观察名单、限制名单等措施,防范敏感信息的不当流动和使用。(　　)

A. 正确　　　　B. 错误

四、综合题(共10题,每小题1分,共10分)以下备选项中有一项或多项符合题目要求,不选、错选均不得分。

王某在甲证券公司营业部任职开户岗位,为一般证券从业人员。2021年3月,客户张某准备在甲证券公司开立账户进行证券交易委托。王某为张某开立账户,并为其办理交易结算资金存管手续。

根据以上信息,回答下列三题。

111. 下列关于王某为客户张某开立账户做法,符合规定的有(　　)。

A. 王某要求客户张某出具真实有效的身份证明文件

B. 王某采取必要措施对客户张某的身份真实性进行审核

C. 王某向客户张某讲解相关业务规则和开户协议等内容,并由客户张某签署相关协议及风险揭示书

D. 王某按照规定了解客户张某的基本情况,对客户张某风险承受能力进行评估,履行适当性管理义务,并进行留痕管理

112. 张某在同一市场最多可以申请开立(　　)个 A 股账户。

A. 1　　B. 2　　C. 3　　D. 4

113. 客户张某的交易结算资金应当存放在指定(　　),以每个客户的名义单独立户管理。

A. 证券登记结算公司　　B. 商业银行

C. 证券交易所　　D. 证券公司

甲上市公司为奖励本公司职工,拟收购本公司部分股份。

根据以上信息,回答下列两题。

114. 如果甲上市公司已发行的股份总额为 25 亿股,则该公司可以收购的股份数额为(　　)万股。

A. 2500　　B. 12500　　C. 25000　　D. 50000

115. 甲公司该收购事项可以依照公司章程的规定或者股东会的授权,经(　　)董事出席的董事会会议决议。

A. 1/2 以上　　B. 1/3 以上　　C. 2/3 以上　　D. 全部

客户张某在甲证券公司营业部申请开通融资融券信用账户后,随后向营业部两融专员王某提出了两融绕标套现的需求,即通过融资融券交易套取资金,以实现购买非标的证券(即“绕标”)或融资转出信用账户(即“融资”)等非正常交易项目,客户张某希望两融专员王某能够向其提供绕标套现方案。

根据以上信息,回答下列三题。

116. 客户张某在证券公司开展融资融券业务,应提供的申请材料包括(　　)。

A. 融资融券业务申请表　　B. 已在营业部开立的普通资金账户和证券账户

C. 融资融券担保品证明　　D. 客户具有支配权的资产证明

117. 针对客户张某的该需求,王某的正确做法有(　　)。

A. 尽量满足客户需求　　B. 明确拒绝该需求

C. 对客户张某进行投资者教育　　D. 明确告知客户绕标套现的危害

118. 融资融券业务的决策与授权体系原则上按照(　　)的架构设立和运行。

A. 董事会—业务决策机构—业务执行部门—分支机构

B. 董事会—业务执行部门—业务决策机构—分支机构

C. 股东会—业务决策机构—业务执行部门—分支机构

D. 股东会—业务执行部门—业务决策机构—分支机构

甲有限合伙企业成立于 2020 年 3 月,顾某为普通合伙人,丁某为有限合伙人。2021 年 3 月,潘某与甲公司签订《借款协议》约定,甲公司从潘某处借款 800 万元。2022 年 5 月,甲的合伙人变更为乙公司(普通合伙人)和丙公司(有限合伙人),同时,顾某和丁某退休。后因甲迟迟不归还 800 万元借款及利息,潘某提起诉讼。

根据以上信息,回答下列两题。

119. 关于合伙人顾某和丁某的说法,错误的是(　　)。

A. 顾某作为甲公司普通合伙人,对该项债务承担无限责任

B. 丁某作为甲公司有限合伙人,对该项债务以其认缴的出资额为限承担责任

C. 顾某可以执行甲公司合伙事务

D. 丁某作为原有限合伙人已经退休,不再承担该项债务责任

120. 关于新的合伙人乙公司和丙公司,说法正确的是(　　)。

A. 乙公司作为甲企业的新普通合伙人,应当对该项债务承担无限责任

B. 丙公司作为甲企业的新有限合伙人,对入伙前的该项债务以其认缴的出资额为限承担责任

C. 乙公司、丙公司入伙,除合伙协议另有约定外,应当经全体合伙人一致同意

D. 丙公司可以同甲有限合伙企业进行交易

机考题库·真题试卷(六)

本试卷采用虚拟答题卡技术，自动评分

考生扫描右侧二维码，将答题选项填入虚拟答题卡中，题库系统可自动统计答题得分，生成完整的答案及解析。题库系统根据考生答题数据，自动收集整理错题，记录考生薄弱知识点，方便考生在题库系统中查漏补缺。

一、单选题(共40题,每小题0.5分,共20分)以下备选项中只有一项最符合题目要求,不选、错选均不得分。

1. 根据证券市场基本法律法规的规定,下列不属于证券公司治理基本要求的是( )。

A. 建立健全组织架构、明确职责划分　　B. 不得侵犯客户的合法权益

C. 有效管理内幕信息和未公开信息　　D. 建立完备的内部控制体系

2. 合规部门中具备( )年以上证券、金融、法律、会计、信息技术等有关领域工作经历的合规管理人员数量不得低于公司总部人数的一定比例,具体比例由中国证券业协会规定。

A. 3　　B. 4　　C. 1　　D. 2

3. 声誉风险管理应遵循的原则不包括( )。

A. 全程全员原则　　B. 预防第一原则　　C. 全面审慎原则　　D. 快速响应原则

4. 根据《证券公司风险处置条例》,下列关于证券公司被接管的说法,错误的是( )。

A. 证券公司治理混乱、管理失控,情节严重的,国务院证券监督管理机构可以对该证券公司进行接管

B. 国务院证券监督管理机构决定对证券公司进行接管的,被接管证券公司股东会、董事会、监事会以及经理、副经理停止履行职责

C. 接管期限届满,确实需要继续接管的,国务院证券监督管理机构可以决定延期,延期最长不超过6个月

D. 行政接管是监管部门对经营存在严重问题的证券公司介入,全面接收和管理其债权债务和业务经营,防止其经营风险进一步恶化的行政强制措施

5. 证券在证券交易所上市交易,应当采用( )。

A. 公开的集中交易方式或者国务院证券监督管理机构批准的其他方式

B. 做市商交易方式

C. 集中竞价交易方式

D. 公开的交易方式

6. 证券公司管理敏感信息的基本原则是( ),这是信息隔离墙制度中敏感信息管理的核心原则。

A. 责任自负原则　　B. 需知原则

C. 分散投资原则　　D. 理智投资原则

7. 证券研究报告可以使用的信息来源不包括( )。

A. 政府部门、行业协会、证券交易所等机构发布的政策、市场、行业以及企业相关信息

B. 上市公司相关内幕信息或者未公开重大信息

C. 上市公司按照法定信息披露义务通过指定媒体公开披露的信息

D. 证券公司、证券投资咨询机构等第三方合法取得的市场、行业及企业的相关信息

8. 公开募集基金的基金管理人同时管理A、B两只公开募集基金,以下说法正确的是( )。

A. 基金管理人可以将其自身财产混同于B基金财产进行管理

B. 基金管理人可以将其自身财产混同于A基金财产进行管理

C. 基金管理人应当公平对待管理的不同基金

D. 基金管理人可以将A基金的部分财产转移至B基金进行运作

9.《证券发行与承销管理办法》属于( )层级。

A. 法律　　B. 行政法规　　C. 部门规章　　D. 自律性规则

10. 财务顾问的工作档案和工作底稿应当真实准确、完整,保存期不少于(　　)年。
A. 1　　B. 5　　C. 10　　D. 20

11. 证券发行与交易的“三公原则”是指(　　)。
A. 公正、公平、公开　　B. 公信、公平、公开
C. 公共、公平、公开　　D. 公正、公信、公平

12. 证券公司解聘合规负责人,自解聘之日起(　　)个工作日内将解聘的事实和理由书面报告国务院证券监督管理机构。
A. 2　　B. 3　　C. 5　　D. 7

13. 下列关于非公开发行证券,说法正确的是(　　)。
A. 非公开发行又称为不定向发行
B. 非公开发行证券向不特定对象发行证券
C. 非公开发行证券向特定对象发行证券累计超过200人
D. 非公开发行证券不得采用广告、公开劝诱等公开方式

14. 下列关于欺诈发行证券罪立案标准的说法,错误的是(　　)。
A. 发行数额在200万元以上的
B. 利用募集的资金进行违法活动的
C. 转移或者隐瞒所募集资金的
D. 伪造、变造国家公文、有效证明文件或相关凭证、单据的

15. 分级私募产品应当根据所投资资产的风险程度设定分级比例,权益类产品的分级比例不得超过(　　)。
A. 1∶1　　B. 2∶1
C. 3∶1　　D. 4∶1

16. 融资融券业务中,(　　)是客户在指定商业银行开立的用于记载客户交存的担保资金的明细数据的账户。
A. 客户信用资金台账　　B. 客户信用资金账户
C. 融资专用资金账户　　D. 信用交易资金交收账户

17. 甲在不同证券公司以不同身份开设了十余个账户,并且以自己为交易对象,自买自卖相关股票,严重影响上述股票的价格,获得巨大非法收益,则甲的行为构成(　　)罪。
A. 诱骗消费者购买罪　　B. 利用未公开信息交易
C. 内幕交易　　D. 操纵证券市场

18. 根据《证券公司治理准则》,下列关于证券公司与客户关系的基本原则的说法,错误的是(　　)。
A. 证券公司向客户提供的产品或者服务,对有关产品和服务的内容应履行保密的义务
B. 证券公司不得侵犯客户的财产权、选择权、公平交易权、知情权及其他合法权益
C. 证券公司不得挪用客户交易结算资金、委托管理的资产及托管在公司的证券
D. 证券公司应当设专职部门或者岗位负责与客户进行沟通,处理客户的投诉等事宜

19. 人民法院依照法律规定的强制执行程序转让股东的股权时,应当通知公司及全体股东,其他股东在同等条件下有优先购买权。其他股东自人民法院通知之日起满(　　)日不行使优先购买权的,视为放弃优先购买权。
A. 10　　B. 15　　C. 20　　D. 30

20. 股份有限公司董事、监事、高级管理人员应当向公司申报所持有的本公司股权及其变动情况,在任职期间每年转让的股份不得超过其所持有本公司股份总数的比例为(　　)。
A. 20%　　B. 25%　　C. 30%　　D. 35%

21. 甲证券公司是我国内地证券基金经营机构,在使用港股投资顾问服务的过程中,不符合业务规范的是(　　)。
A. 甲证券公司委托提供港股投资顾问服务的香港机构直接执行投资指令
B. 甲证券公司与提供港股投资顾问服务的香港机构签订协议
C. 甲证券公司在招募说明书中如实披露使用港股投资顾问服务的情况
D. 甲证券公司对使用港股通投资顾问服务的情况实行留痕管理,并以电子方式存储

22. 根据《证券投资基金法》,下列关于基金财产独立性要求的说法,错误的是(　　)。
A. 基金管理人、基金托管人不得将基金财产归入其固有财产
B. 非因基金财产本身承担的债务,不得对基金财产强制执行
C. 基金财产的债权,可以与基金管理人、基金托管人固有财产的债务相抵销
D. 非因投资人本身的债务或者法律规定的其他情形,不得查封、冻结、扣划或者强制执行基金销售结算资金、基金份额

23. 证券公司必须持续符合风险控制指标标准的要求,下列能够符合要求的是(　　)。
A. 丙证券公司的流动性覆盖率为80%　　B. 丁证券公司的净稳定资金率为40%
C. 甲证券公司的风险覆盖率为120%　　D. 乙证券公司的资本杠杆率为6%

24. 证券公司应当根据应急预案定期组织关键岗位人员开展应急演练,应急演练应当形成报告,保存期不得少于(　　)年。
A. 3　　B. 5　　C. 7　　D. 10

25. 按照法律关系发生的方式,可以将法律关系分为(　　)。
A. 确认性法律关系与创设性法律关系　　B. 纵向法律关系与横向法律关系
C. 主法律关系与从法律关系　　D. 双边法律关系与多边法律关系

26. 基金财产与基金公司自有财产分账户经营体现了基金财产的(　　)。
A. 独立性　　B. 合法性　　C. 托付性　　D. 收益性

27. 证券公司代发行人发售证券,在承销期结束时将未售出的证券全部退还发行人,这种承销方式为(　　)。
A. 代销方式　　B. 助销方式　　C. 包销方式　　D. 直销方式

28. 下列不属于证券公司在全国股份转让系统开展业务的主要类型的是(　　)。
A. 推荐业务　　B. 经纪业务
C. 股票质押式回购业务　　D. 做市业务

29. 根据《中华人民共和国合伙企业法》有关规定,以下说法错误的是(　　)。
A. 合伙企业只能由自然人依法设立
B. 合伙企业包括普通合伙企业和有限合伙企业
C. 合伙协议依法由全体合伙人协商一致,以书面形式订立
D. 普通合伙人对合伙企业债务承担无限连带责任,有限合伙人以其认缴的出资额为限对合伙企业债务承担责任

30. 金融衍生品存续期间发生重大业务风险、重大业务损失或影响持续运行等重大事件的,证券公司应立即采取有效措施,并于重大事件发生后(　　)个工作日内向报价系统提交报告。
A. 2　　B. 5　　C. 7　　D. 10

31. 某公司公开发行股票募集3000万元,现该公司想改变当初招股说明书中的资金用途,依照法律规定,该决议须经(　　)认可。
A. 中国证监会　　B. 公司股东会　　C. 证券交易所　　D. 中国证券业协会

32. 下列对证券公司董事会的要求,不符合规定的是(　　)。
A. 证券公司设董事会的,内部董事人数不得超过董事人数的1/3
B. 证券公司章程应当明确规定董事会的职责
C. 证券公司董事会每年至少召开2次会议
D. 证券公司可以聘请外部专业人士担任董事

33. 法律、行政法规规定设立公司必须经批准的,设立这类公司的正确程序是(　　)。
A. 设立人应先向公司登记机关申请登记,然后依法办理审批手续,最后领取营业执照
B. 设立人可以自行决定先报审批机关批准或先向公司登记机关申请登记
C. 设立人应先向公司登记机关申请登记,然后领取营业执照,最后依法办理审批手续
D. 设立人应先依法办理审批手续,再向公司登记机关申请登记,最后领取营业执照

34. 下列关于公司对外投资和担保的说法,不符合《中华人民共和国公司法》规定的是(　　)。
A. 公司为公司股东或者实际控制人提供担保,应当经股东会决议
B. 公司不可以为所投资企业的债务承担连带责任

C. 公司可以向其他企业投资

D. 公司向其他企业投资或者为他人提供担保,按照公司章程的规定,由董事会或者股东会决议

35. 证券公司进行柜台交易,应当报(　　)备案。

A. 中国证券业协会　　B. 中国证监会

C. 全国中小企业股份转让系统　　D. 中国证券登记结算有限责任公司

36. 证券公司股东的非货币财产出资总额不得超过证券公司注册资本的(　　)。

A. 30%　　B. 25%　　C. 35%　　D. 20%

37. 根据相关法规的规定,下列证券公司治理的基本要求中,有关不得侵犯客户合法权益的说法,不正确的是(　　)。

A. 证券公司不得挪用客户交易结算资金

B. 证券公司不得挪用客户委托管理的资产

C. 证券公司可以根据实际情况挪用客户托管在公司的证券

D. 证券公司的股东和实际控制人不得占用客户资产,损害客户合法权益

38. 基金托管人根据(　　)指令办理清算事宜。

A. 基金投资人　　B. 基金注册登记机构

C. 基金销售机构　　D. 基金管理人

39. 根据《中华人民共和国证券法》规定,申请公开发行公司债券,不需要向国务院授权的部门或者国务院证券监督管理机构报送(　　)。

A. 公司营业执照　　B. 公司章程　　C. 财务会计报告　　D. 公司债券募集办法

40. 非公开募集基金财产的证券投资,包括买卖公开发行的股份有限公司股票、债券、基金份额,以及(　　)规定的其他证券及其衍生品种。

A. 财政部　　B. 中国证监会　　C. 中国人民银行　　D. 中国证券业协会

二、多选题(共40题,每小题1分,共40分)以下备选项中有两项或两项以上符合题目要求,多选、少选、错选均不得分。

41. 2022年7月,某证券公司拟推荐部分员工担任本公司财务顾问主办人,根据《上市公司并购重组财务顾问业务管理办法》,下列人员中不符合条件的是(　　)。

A. 刘某,2022年6月经校园招聘入职(首次参加工作),已取得证券从业资格

B. 王某,办理的大额贷款已逾期

C. 于某,因出具的上市保荐书存在重大遗漏于2020年12月被交易所给予通报批评处分

D. 李某,私下接受客户委托买卖证券于2019年12月被中国证监会处以罚款

42. 证券行业文化建设具有重要意义,健康良好的行业文化是(　　)。

A. 行稳致远的立身之本　　B. 服务实体经济的内在要求

C. 全面深化资本市场改革的重要保障　　D. 防范金融风险的有力抓手

43. 根据《中华人民共和国公司法》规定,公司种类包括(　　)。

A. 有限责任公司　　B. 无限公司

C. 股份有限公司　　D. 两合公司

44. 证券公司持续合规状况主要根据(　　)等情况进行评价。

A. 司法机关采取的刑事处罚措施

B. 中国证监会及其派出机构采取的行政监管措施

C. 证券期货行业自律组织纪律处分

D. 证券期货行业自律组织自律监管措施

45. 发生下列(　　)情形的,应当在国务院证券监督管理机构指定的报刊上公告,并按照规定将经营证券业务许可证交国务院证券监督管理机构注销。

A. 证券公司停止全部证券业务　　B. 证券公司解散

C. 证券公司破产　　D. 证券公司撤销境内分支机构

46. 下列关于有限合伙企业被宣告破产,其责任承担的说法,错误的有(　　)。

A. 全体合伙人无须承担责任　　B. 普通合伙人应当承担补充责任

C. 有限合伙人无须承担责任　　D. 普通合伙人应当承担无限连带责任

47. 下列属于关联关系的有(　　)。
A. A 股份有限公司控股股东张某,与其持有股份达到 70% 的 B 股份有限公司
B. C 股份有限公司董事孙某,与其儿子实际控制下的 D 股份有限公司
C. 甲有限责任公司高级法律顾问陆某,与其担任监事的乙股份有限公司
D. 丙股份有限公司总经理常某,与其出资额占 60% 的丁有限责任公司
48. 信用风险指因融资方、交易对手或发行人等违约导致损失的风险。按照业务类型分类,信用风险包括但不限于(　　)。
A. 股票质押式回购交易、约定购回式证券交易、融资融券等融资类业务
B. 互换、场外期权、远期、信用衍生品等场外衍生品业务
C. 债券投资交易,债券包括但不限于国债、地方债、金融债、政府支持机构债、企业债、非金融企业债务融资工具、公司债、资产支持证券、同业存单
D. 非标准化债权资产投资
49. 下列关于普通合伙企业与有限合伙企业主要区别的说法,正确的有(　　)。
A. 合伙人对企业债务的责任方面不同
B. 关联交易方面不同
C. 利润分配方面不同
D. 合伙人拥有的权利方面不同
50. 下列关于利用未公开信息交易罪的说法中,正确的有(　　)。
A. 保险公司从业人员可以构成该罪主体
B. 该罪和内幕交易罪的信息范围相同
C. 该罪主观方面包括故意和过失
D. 该罪只能是在明知为未公开信息的情况下构成
51. 证券公司从事介绍业务时,与期货公司签订的书面委托协议应当载明的事项包括(　　)。
A. 介绍业务的范围
B. 介绍业务对接规则
C. 执行期货保证金安全存管制度的措施
D. 客户投诉的接待处理方式
52. 下列属于委托指令的具体形式的有(　　)。
A. 柜台委托
B. 网上委托
C. 电话委托
D. 热键委托
53. 根据《中华人民共和国证券法》规定,下列关于发行人、上市公司擅自改变公开发行证券募集资金用途的后果,说法正确的有(　　)。
A. 未作纠正或未经股东会认可的,不得公开发行新股
B. 对直接责任人员处以警告并处以 10 万元以上 100 万元以下的罚款
C. 对指使该行为的控股股东处以警告并处以 50 万元以上 500 万元以下的罚款
D. 对负责证券承销的证券公司处以警告,责令整改
54. 股份有限公司的营业执照上应当载明的事项有(　　)。
A. 公司设立方式
B. 公司注册资本
C. 公司法定代表人姓名
D. 公司股份总数
55. 在收购要约确定的承诺期限内,收购人不得撤销其收购要约。收购人需要变更收购要约的,应当及时公告,载明具体变更事项,且不得存在(　　)情形。
A. 降低收购价格
B. 减少预定收购股份数额
C. 缩短收购期限
D. 国务院证券监督管理机构规定的其他情形
56. 证券公司应当建立健全信息查询制度,保证客户能够通过现场、电话或者互联网络的方式随时查询证券经纪人的信息,包括(　　)等信息。
A. 证券经纪人服务的证券营业部
B. 证券经纪人的执业地域范围
C. 登记编号
D. 证券经纪人从业年限
57. 关于私募基金的募集,说法正确的有(　　)。
A. 私募基金应非公开募集
B. 不得向投资者承诺投资本金不受损失或者承诺最低收益

C. 应当以私募基金托管人名义宣传推介
D. 不得以虚假、片面、夸大等方式宣传推介

58. 经营机构应当按照有效维护投资者合法权益的要求,综合考虑(　　)等因素,确定普通投资者的风险承受能力,对其进行细化分类和管理。
A. 收入来源　　B. 资产状况
C. 投资知识和经验　　D. 风险偏好

59. 下列关于股份有限公司监事的表述中,正确的有(　　)。
A. 董事不得兼任监事
B. 经理不得兼任监事
C. 经股东会批准,除经理之外的其他高级管理人员可以兼任
D. 职工不得兼任监事

60. 证券公司证券自营投资品种包括(　　)。
A. 已经和依法可以在符合规定的区域性股权交易市场挂牌转让的私募债券
B. 已经和依法可以在境内证券交易所上市交易和转让的证券
C. 已经在全国中小企业股份转让系统挂牌转让的证券
D. 已经和依法可以在境内银行间市场交易的证券

61.《融资融券交易风险揭示书》中向客户提示的风险应包括(　　)。
A. 政策风险　　B. 市场风险　　C. 系统风险　　D. 违约风险

62. 证券公司违反规定,假借他人名义或者以个人名义从事证券自营业务的,应(　　)。
A. 责令改正,没收违法所得
B. 处以违法所得1倍以上10倍以下的罚款
C. 没有违法所得或者违法所得不足50万元的,处以50万元以上500万元以下的罚款
D. 情节严重的,撤销相关业务许可或者责令关闭

63. 证券期货经营机构出现(　　)情形且涉嫌犯罪的,相关部门应当依法移送监察、司法机关。
A. 证券期货经营机构在内部检查中,发现存在违反规定行为的
B. 证券期货经营机构及其工作人员发现监管人员存在应当回避的情形而未进行回避、利用职务之便索取或者收受不正当利益等违反廉洁规定行为的
C. 证券期货经营机构及其工作人员发现其股东、客户等相关方以不正当手段干扰监管工作的
D. 证券期货经营机构或者其工作人员因违反廉洁从业规定被纪检监察部门、司法机关立案调查或者被采取纪律处分、行政处罚、刑事处罚等措施的

64. 下列关于股份有限公司责任的说法,正确的有(　　)。
A. 股东以自身财产对公司债务承担责任
B. 公司以全部财产对公司债务承担责任
C. 股东以认购股份对公司债务承担责任
D. 公司以未分配利润对公司债务承担责任

65. 私募基金管理人不得实施的行为有(　　)。
A. 从事损害基金财产的投资活动　　B. 公平地对待其管理的不同基金财产
C. 挪用基金财产　　D. 玩忽职守,不按规定履行职责

66. 以下关于合伙企业清算的说法,正确的有(　　)。
A. 清算人自被确定之日起10日内通知债权人,并于30日内在报纸上公告
B. 清算人自被确定之日起10日内通知债权人,并于60日内在报纸上公告
C. 债权人自接到通知书之日起30日内,未接到通知书的自公告之日起60日内,向清算人申报债权
D. 债权人自接到通知书之日起30日内,未接到通知书的自公告之日起45日内,向清算人申报债权

67.《中华人民共和国证券法》规定的上市公司收购方式包括(　　)。
A. 要约收购　　B. 协议收购
C. 竞价收购　　D. 其他合法收购方式

68. 资产支持证券可依法(　　)。
A. 继承　　B. 交易　　C. 转让　　D. 出质

69. 以下属于证券投资顾问禁止行为的是(　　)。
A. 以任何方式向客户承诺或者保证投资收益
B. 向客户提供建议服务
C. 向他人泄露客户的投资决策计划信息
D. 以个人名义向客户收取证券投资顾问服务费用

70. 根据《证券公司合规管理实施指引》规定,属于证券公司董事会的合规管理职责的是(　　)。
A. 组织制定规章制度,并监督其实施
B. 审议批准年度合规报告
C. 决定解聘对发生重大合规风险负有主要责任或者领导责任的高级管理人员
D. 决定聘任、解聘、考核合规负责人,决定其薪酬待遇

71. 禁止经营机构进行下列(　　)活动。
A. 向符合准入要求的投资者销售产品或者提供服务
B. 向普通投资者主动推介不符合其投资目标的产品或者服务
C. 向普通投资者主动推介风险等级高于其风险承受能力的产品或者服务
D. 向投资者就不确定事项提供确定性的判断

72. 在发生下列(　　)情形时,证券公司应当进行合规事项专项检查。
A. 公司发生违法违规行为的
B. 公司监事会认为必要的
C. 监管部门或自律组织要求的
D. 公司业务部门认为需要的

73. 证券公司应当设立信息技术管理部门负责实施(　　)等工作。
A. 信息技术规划
B. 信息系统建设
C. 信息技术质量控制
D. 运维管理

74. 证券公司内部控制应当遵循的原则包括(　　)。
A. 健全　B. 合理　C. 独立　D. 制衡

75. 下列属于证券公司年度合规报告内容的是(　　)。
A. 合规负责人履行职责情况
B. 违法违规行为、合规风险隐患的发现及整改情况
C. 合规管理有效性的评估及整改情况
D. 证券基金经营机构和各层级子公司合规管理的基本情况

76. 公司以下行为中需要依法办理变更登记的有(　　)。
A. 合并　B. 分立　C. 解散　D. 新设

77. 私募基金子公司应当在完成工商登记后5个工作日内在本公司及证券公司网站上披露私募基金子公司的(　　)等事项,并及时更新。
A. 名称
B. 注册资本
C. 法定代表人
D. 高级管理人员

78. 关于证券公司从事金融衍生产品交易的说法,正确的有(　　)。
A. 具备证券自营业务资格的证券公司可以从事不以对冲风险为目的的金融衍生产品交易
B. 具备证券自营业务资格的证券公司可以从事以对冲风险为目的的金融衍生产品交易
C. 不具备证券自营业务资格的证券公司可以从事不以对冲风险为目的的金融衍生产品交易
D. 不具备证券自营业务资格的证券公司可以从事以对冲风险为目的的金融衍生产品交易

79. 证券公司分支机构包括(　　)。
A. 从事业务经营的分公司
B. 证券营业部
C. 证券公司子公司
D. 期货子公司

80. 股份有限公司不得收购本公司股份。但是,有(　　)情形的,可以收购。
A. 减少公司注册资本
B. 与持有本公司股份的其他公司合并
C. 将股份用于员工持股计划或者股权激励
D. 股东因对股东会作出的公司合并决议持异议,要求公司收购其股份

三、判断题(共30题,每小题1分,共30分)正确的选A,错误的选B。不选、错选均不得分。

81. 公开侧业务部门需要派员跨墙进行业务协作的,跨墙人员应当自行向所属部门和合规部门提出申请,并经其审批同意。(　　)
A. 正确　　B. 错误
82. 法律主体是法律关系的参与者,主要包括自然人、组织和国家。(　　)
A. 正确　　B. 错误
83. 证券公司柜台市场业务年度报告的内容包括柜台市场业务总体情况、交易、登记结算、风险及合规管理等。(　　)
A. 正确　　B. 错误
84. 从业人员应当以所在机构的名义从事证券基金业务活动,可以同时在其他证券基金经营机构执业。(　　)
A. 正确　　B. 错误
85. 期货交易者是指依照《期货和衍生品法》从事期货交易,承担交易结果的自然人、法人和非法人组织。(　　)
A. 正确　　B. 错误
86. 期货公司可以从事期货自营业务。(　　)
A. 正确　　B. 错误
87. 合规负责人是证券公司的高级管理人员,直接向股东会负责。(　　)
A. 正确　　B. 错误
88. 财务顾问进行尽职调查时,不得利用其他证券服务机构出具的专业意见,以保持其独立判断。(　　)
A. 正确　　B. 错误
89. 证券公司应当在资产管理计划成立之日起5个工作日内,将资产管理合同、投资者名单与认购金额、验资报告或者资产缴付证明等材料报证券投资基金业协会备案,并抄报中国证监会相关派出机构。(　　)
A. 正确　　B. 错误
90. 证券公司股东可以通过协议使用证券公司客户资金。(　　)
A. 正确　　B. 错误
91. 证券公司开展私募资产管理业务,应具备符合条件的高级管理人员和5名以上投资经理。(　　)
A. 正确　　B. 错误
92. 证券公司利用生物特征进行客户身份认证的,不得将人脸、步态、指纹、虹膜、声纹等生物特征作为唯一的客户身份认证方式,强制客户同意收集其个人生物特征信息。(　　)
A. 正确　　B. 错误
93. 证券投资顾问一般是证券研究报告服务的重要基础。(　　)
A. 正确　　B. 错误
94. 证券公司股东的货币财产出资总额不得超过证券公司注册资本的30%。(　　)
A. 正确　　B. 错误
95. 证券公司借助信息技术手段从事证券基金业务活动,应当在依法合规、有效防范风险的前提下进行。(　　)
A. 正确　　B. 错误
96. 融资融券业务的决策可由证券公司总部授权各分支机构开展。(　　)
A. 正确　　B. 错误
97. 证券公司应当要求其从业人员在每个培训周期内完成一定时间的业务培训,建议不少于15学时,每学时为45分钟。(　　)
A. 正确　　B. 错误
98. 虽不是公司的股东,但通过投资关系、协议或者其他安排,能够实际支配公司行为的人是公司的

名义管理人。(　　)

A. 正确　　B. 错误

99. 证券公司应当对自营、另类投资等自有资金投资的业务实施统一管理,管理的尺度和标准应当基本一致。(　　)

A. 正确　　B. 错误

100. 根据资产支持证券信息披露的规定,管理人、托管人应当在每年4月30日之前向资产支持证券合格投资者披露上年度资产管理报告、年度托管报告。(　　)

A. 正确　　B. 错误

101. 诚信是底线,合规是义务,专业是特色,稳健是保证。(　　)

A. 正确　　B. 错误

102. 投资经理是指证券基金经营机构从事自营业务、私募资产管理业务中负责投资的专业人员。(　　)

A. 正确　　B. 错误

103. 发起人向社会公开募集股份,必须公告招股说明书,并制作认股书。(　　)

A. 正确　　B. 错误

104. 证券基金经营机构应当在基金合同或者招募说明书中如实披露使用港股投资顾问服务的情况。(　　)

A. 正确　　B. 错误

105. 不具备证券承销业务资格的证券公司只能以对冲风险为目的,从事金融衍生产品交易。(　　)

A. 正确　　B. 错误

106. 开放式基金,是指基金份额总额固定不变,基金份额可以在基金合同约定的时间和场所申购或者赎回的基金。(　　)

A. 正确　　B. 错误

107. 证券公司首席风险官负责全面风险管理工作,应充分了解证券公司信用风险水平及其管理状况,并及时向董事会及经理层报告。(　　)

A. 正确　　B. 错误

108. 合伙企业依法被宣告破产的,普通合伙人对合伙企业债务仍应承担无限连带责任。(　　)

A. 正确　　B. 错误

109. 北交所的交易方式包括竞价交易、大宗交易、协议转让与其他交易方式,同时采取多种价格稳定机制。(　　)

A. 正确　　B. 错误

110. 在收购要约确定的承诺期限内,收购人不得变更其收购要约。(　　)

A. 正确　　B. 错误

四、综合题(共10题,每小题1分,共10分)以下备选项中有一项或多项符合题目要求,不选、错选均不得分。

甲是A有限责任公司的股东之一。股东会通过决议连续5年不向股东分配利润,而A公司该5年连续盈利,并符合分配利润条件。

根据以上信息,回答下列两题。

111. 甲对该项决议投了反对票,以下说法正确的有(　　)。

A. 甲可以请求公司其他股东按照合理的价格收购其股权

B. 甲可以请求公司按照合理的价格收购其股权

C. 甲与公司不能达成股权收购协议的,可以在法定期限内向人民法院提起诉讼

D. 公司收购甲的股权后,应注销甲的出资证明书

112. 异议股东可以请求公司按照合理的价格收购其股权的情形有(　　)。

A. 公司合并、分立的

B. 公司转让主要财产的

C. 公司章程规定的营业期限届满,股东会会议通过决议修改章程使公司存续的
D. 公司章程规定的其他解散事由出现,股东会会议通过决议修改章程使公司存续的

甲证券公司、李某存在如下违法事实:截至立案调查时,甲公司未按规定制定和落实相关投资者适当性内部管理制度,未明确投资者适当性匹配的具体依据、方法、流程等。李某是前述违法行为直接负责的主管人员。

根据以上信息,回答下列三题。

113. 下列关于证券经营机构及其工作人员落实投资者适当性管理的说法,正确的有(　　)。
A. 全面了解投资者情况　　B. 深入调查分析产品或者服务信息
C. 充分揭示风险　　D. 实施相同的适当性管理措施

114. 下列关于甲公司和李某的处罚,表述正确的是(　　)。
A. 对甲给予警告,并处以 3 万元罚款
B. 对甲给予警告,并处以 10 万元罚款
C. 对李某给予警告,并处以 3 万元罚款
D. 对李某给予警告,并处以 10 万元罚款

115. 证券经营机构应当基于投资者的不同风险承受能力以及产品或者服务的不同风险等级等因素,提出明确的适当性匹配意见。对风险承受能力进行五级分类的投资人为(　　)。
A. 个人投资者　　B. 普通投资者
C. 专业投资者　　D. 机构投资者

吴某、杜某、任某、于某是甲特殊普通合伙企业合伙人。

根据以上信息,回答下列两题。

116. 根据《合伙企业法》,特殊普通合伙企业的特殊之处表现在(　　)。
A. 为客户提供专门技能的有偿服务上　　B. 责任承担的方式上
C. 出资方式上　　D. 担保约定上

117. 根据《合伙企业法》,下列说法正确的是(　　)。
A. 于某造成的重大过失,由合伙企业承担责任后,不需对合伙企业的损失承担赔偿责任
B. 吴某在执业活动中,因故意造成合伙企业债务,吴某应承担有限连带责任
C. 任某在执业活动中因重大过失造成的合伙企业债务,全体合伙人应承担证券交易无限连带责任
D. 杜某在执业活动非因故意或者重大过失造成的合伙企业债务,由全体合伙人承担无限连带责任

甲公司拟申请在科创板首次公开发行股票并上市,聘请乙公司担任保荐机构。

根据以上信息,回答下列三题。

118. 发行人申请从事下列(　　)发行事项,依法采取承销方式的,应当聘请具有保荐业务资格的证券公司履行保荐职责。
A. 首次公开发行股票　　B. 上市公司发行新股
C. 上市公司发行可转换公司债券　　D. 公开发行存托凭证

119. 根据规定,证券发行规模达到一定数量的,可以采用联合保荐方式,但参与联合保荐的保荐机构不得超过(　　)家。
A. 2　　B. 3　　C. 4　　D. 5

120. 保荐机构应当尽职推荐发行人证券发行上市,在此过程中主要承担的工作有(　　)。
A. 对发行人进行全面调查,充分了解发行人的经营状况及其面临的风险和问题
B. 撰写《关于发行人科创属性符合科创板定位要求的专项意见》作为申报文件,详细说明相关核查内容、核查过程及核查结论
C. 乙公司向上海证券交易所提交了关于在科创板首次公开发行股票并上市的申请
D. 上海证券交易所在审核过程中对发行人是否符合科创板定位进行了问询,乙公司及保荐机构出具了书面回复

机考题库·真题试卷参考答案及解析

机考题库·真题试卷(五)

答题卡

便捷速查答案及详细解析，难题典型题有视频讲解

考生用微信扫描右侧二维码，可以按题号迅速查解析，难题、典型题配视频讲解

一、单选题

1.C 【解析】证券公司应当统一组织回访客户，对新开户客户应当在1个月内完成回访，对原有客户的回访比例应当不低于上年末客户总数(不含休眠账户及中止交易账户客户)的10%。

2.B 【解析】根据《中华人民共和国证券法》第十五条规定，公开发行公司债券，应当符合下列条件：①具备健全且运行良好的组织机构；②最近3年平均可分配利润足以支付公司债券1年的利息；③国务院规定的其他条件。

3.B 【解析】证券期货经营机构在内部检查中，发现存在违反规定行为的，证券期货经营机构应当在5个工作日内，向中国证监会有关派出机构报告。

4.B 【解析】《证券公司风险控制指标管理办法》第十七条规定，证券公司必须持续符合下列风险控制指标标准：风险覆盖率不得低于100%；资本杠杆率不得低于8%；流动性覆盖率不得低于100%；净稳定资金率不得低于100%。

5.A 【解析】证券公司的董事、监事、高级管理人员应当在任职前取得经国务院证券监督管理机构核准的任职资格。高级管理人员是指公司的经理、副经理、财务负责人，上市公司董事会秘书和公司章程规定的其他人员。故选项A符合规定，选项D不符合规定。赵某应当在任职前取得经国务院证券监督管理机构核准的任职资格，选项C不符合规定。证券公司董事、监事、高级管理人员或者境内分支机构负责人不再具备任职资格条件的，证券公司应当解除其职务并向国务院证券监督管理机构报告；证券公司未解除其职务的，国务院证券监督管理机构应当责令其解除。故选项B不符合规定。

6.C 【解析】证券公司不得代理客户进行期货交易、结算或者交割，不得代期货公司、客户收付期货保证金，不得利用证券资金账户为客户存取、划转期货保证金。

7.D 【解析】财务与会计人员应当正确处理财务会计工作与业务发展、客户利益保护与所在单位利益之间的关系，对存在潜在冲突的情形，应主动向所在机构的管理层说明，并提出合理处理利益冲突的建议。

8.A 【解析】有下列情形之一的单位或者个人，不得成为持有证券公司5%以上股权的股东、实际控制人：①因故意犯罪被判处刑罚，刑罚执行完毕未逾3年；②净资产低于实收资本的50%，或者或有负债达到净资产的50%；③不能清偿到期债务；④国务院证券监督管理机构认定的其他情形。

9.A 【解析】公司可以与具有关联关系的企业进行交易，故选项A说法错误。

10.B 【解析】《中华人民共和国证券法》第二百条规定，非法开设证券交易场所的，由县级以上人民政府予以取缔，没收违法所得，并处以违法所得1倍以上10倍以下的罚款；没有违法所得或者违法所得不足100万元的，处以100万元以上1000万元以下的罚款。对直接负责的主管人员和其他直接责任人员给予警告，并处以20万元以上200万元以下的罚款。

11.B 【解析】证券公司应提醒客户自行设置和妥善保管密码。故选项B说法错误、选项C说法正确。证券公司建立健全客户交易安全监控制度，保护客户资产安全。发现盗买盗卖等异常交易行为疑点时，应当及时通知客户并核实确认、留存证据；基本确认盗买盗卖等异常交易行为的，应当立即采取措施控制资产，并协助客户向公安机关报案。故选项A、选项D说法均正确。

12.D 【解析】设立股份有限公司，应当有2人以上200人以下的发起人，其中须有半数以上的发起人在中国境内有住所。

13.B 【解析】公司股东(甲公司)滥用股东权利给公司(丙公司)或者其他股东造成损失的，应当依法承担赔偿责任。

14.A 【解析】金融机构应当做到对每只资产管理产品的资金单独管理、单独建账、单独核算，故选项A错误。

15.D 【解析】下列私募业务信息不得向公众披露：①涉及证券公司客户隐私的信息；②涉及第三方商业秘密的信息；③合同约定不得向公众公开的信息；④法律法规和自律规则禁止向公众公开的信息。故选项A、选项B说法均正确。证券公司应当督促信息披露义务人按照约定向投资者披露信息，并根据信息性质及私募业务相关规定分类披露，包括公开披露和向特定对象披露，故选项C说法正确。证券公司应当通过本公司网站、机构

间私募产品报价与服务系统或者中国证券业协会(而非中国证监会)认可的其他信息披露平台,披露私募产品相关信息,故选项D说法错误。

16. C 【解析】证券公司、资产托管机构、推广机构及其高级管理人员、直接负责的主管人员和其他直接责任人员涉嫌犯罪的,依法移送司法机关,追究刑事责任。

17. D 【解析】有下列情形之一的机构或者人员,禁止参与处置证券公司风险工作:①曾受过刑事处罚或者涉嫌犯罪正在被立案侦查、起诉(选项C);②涉嫌严重违法正在被行政管理部门立案稽查或者曾因严重违法行为受到行政处罚未逾3年(选项A);③仍处于证券市场禁入期(选项B);④内部控制薄弱、存在重大风险隐患;⑤与被处置证券公司处置事项有利害关系;⑥国务院证券监督管理机构认定不宜参与处置证券公司风险工作的其他情形。

18. D 【解析】投资顾问与投资者(客户)之间的关系是服务关系。

19. A 【解析】证券公司、证券投资咨询机构和其他财务顾问机构有下列情形之一的,不得担任财务顾问:①最近24个月内存在违反诚信的不良记录;②最近24个月内因执业行为违反行业规范而受到行业自律组织的纪律处分;③最近36个月内因违法违规经营受到处罚或者因涉嫌违法违规经营正在被调查。

20. A 【解析】指定商业银行应当保证客户能够随时查询客户的交易结算资金的余额及变动情况,故选项A说法正确。客户的交易结算资金的存取,应当通过指定商业银行办理,故选项B说法错误。指定商业银行应当与证券公司及其客户签订客户的交易结算资金存管合同,故选项C、选项D说法错误。

21. B 【解析】证券公司应定期对自营业务投资组合的市值变化及其对公司以净资本(而非净资产)为核心的风险监控指标的潜在影响进行敏感性分析和压力测试(选项B错误),建立健全自营业务风险监控缺陷的纠正与处理机制(选项C正确),建立完善的投资决策和投资操作档案管理制度(选项D正确)。稽核部门定期对自营业务的合规运作、盈亏、风险监控等情况进行全面稽核,出具稽核报告(选项A正确)。

22. B 【解析】证券公司或者其股东、实际控制人违反规定,拒不向证券监督管理机构报送或者提供经营管理信息和资料,或者报送、提供的经营管理信息和资料有虚假记载、误导性陈述或者重大遗漏的,责令改正,给予警告,并处以3万元以上30万元以下的罚款,可以暂停或者撤销证券公司相关业务许可。

23. A 【解析】证券公司从事证券自营业务的,应该定期对自营业务投资组合的市值变化及其对公司以净资本为核心的风险监控指标的潜在影响进行敏感性分析和压力测试。

24. D 【解析】证券公司应当对证券经纪人进行不少于60个小时的执业前培训,其中法律法规和职业道德的培训时间不少于20个小时。

25. B 【解析】证券公司为期货公司介绍客户时,应当向客户明示其与期货公司的介绍业务委托关系,解释期货交易的方式、流程及风险,不得作获利保证、共担风险等承诺,不得虚假宣传,误导客户。

26. B 【解析】证券公司设立私募基金子公司,应满足最近6个月各项风险控制指标符合中国证监会及中国证券业协会的相关要求,且设立私募基金子公司后,各项风险控制指标仍持续符合规定。

27. A 【解析】证券公司业务执行部门负责融资融券业务的具体管理和运作,制订融资融券合同的标准文本,确定对具体客户的授信额度,对分支机构的业务操作进行审批、复核和监督。

28. C 【解析】有限合伙企业由2个以上50个以下合伙人设立;但是,法律另有规定的除外。有限合伙企业至少应当有1个普通合伙人,故选项A、选项B正确。有限合伙人不得以劳务出资,故选项C错误。有限合伙企业名称中应当标明"有限合伙"字样,故选项D正确。

29. B 【解析】诱骗投资者买卖证券、期货合约的犯罪主观方面只能是故意,过失不能构成本罪,故选项B说法错误。

30. C 【解析】行业文化建设的基本要求:坚持依法合规,筑牢发展基础;坚持诚实守信,恪守职业操守;坚持专业精神,提升服务能力;坚持稳健经营,促进健康发展;坚持廉洁自律,弘扬清风正气;牢记社会责任,展现良好形象。

31. A 【解析】证券公司认为客户购买金融产品不适当或者无法判断适当性的,不得向其推介;客户主动要求购买的,证券公司应当将判断结论书面告知客户,提示其审慎决策,并由客户签字确认。委托人明确约定购买人范围的,证券公司不得超出委托人确定的购买人范围销售金融产品。

32. B 【解析】公司在合并、分立、减少注册资本或者进行清算时,不依照《中华人民共和国公司法》规定通知或者公告债权人的,由公司登记机关责令改正,对公司处以1万元以上10万元以下的罚款。

33. D 【解析】在中华人民共和国境内,股票、公司债券、存托凭证和国务院依法认定的其他证券的发行和交易,适用《中华人民共和国证券法》。

34. A 【解析】股东会作出修改公司章程、增加或者减少注册资本的决议,以及公司合并、分立、解散或者变更公司形式的决议,应当经代表2/3以上表决权的股东通过。

35. A 【解析】证券公司董事会承担全面风险管理的最终责任。

36. A 【解析】上市公司设董事会秘书,负责公司股东会和董事会会议的筹备、文件保管以及公司股东资料的管理,办理信息披露事务等事宜。

37. D 【解析】证券投资咨询机构与报刊、电台、电视台合办或者协办证券投资咨询版面、节目或者与电信服务部门进行业务合作时,应当向证监会派出机构(而非证券业协会)备案,故选项D表述错误。其余选项均正确。

38. D 【解析】公司分配当年税后利润时,应当提取利润的10%列入公司法定公积金。公司法定公积金累计额为公司注册资本的50%以上的,可以不再提取。公司的法定公积金不足以弥补以前年度亏损的,在依照前述规定提取法定公积金之前,应当先用当年利润弥补亏损。公司从税后利润中提取法定公积金后,经股东会决议,还可以从税后利润中提取任意公积金。公司弥补亏损和提取公积金后所余税后利润,有限责任公司按照股东实缴的出资比例分配利润,全体股东约定不按照出资比例分配利润的除外;股份有限公司按照股东所持有的股份比例分配利润,公司章程另有规定的除外。

39. C 【解析】股票发行价格可以按票面金额,也可以超过票面金额,但不得低于票面金额。

40. C 【解析】董事会是自营业务的最高决策机构。

二、多选题

41. ABCD 【解析】保荐代表人出现下列情形之一的,中国证监会可以根据情节轻重,在3个月到36个月内不受理相关保荐代表人具体负责的推荐;情节特别严重的,采取认定为不适当人选的监管措施:①尽职调查工作日志缺失或者遗漏、隐瞒重要问题(选项A);②未完成或者未参加辅导工作(选项B);③重大事项未报告、未披露(选项C);④未参加持续督导工作,或者持续督导工作未勤勉尽责(选项D);⑤因保荐业务或其具体负责保荐工作的发行人在保荐期间内受到证券交易所、中国证券业协会公开谴责;⑥唆使、协助或者参与发行人干扰中国证监会及其发行审核委员会、证券交易所及其上市委员会的审核工作;⑦伪造或者变造签字、盖章;⑧严重违反诚实守信、勤勉尽责义务的其他情形。

42. CD 【解析】选项C的正确表述应当为"未被中国证监会采取证券市场禁入措施,或者执行期已经届满",选项D的正确表述应当是"最近5年未被基金业协会取消基金从业资格"。

43. BD 【解析】公司合并可以采取吸收合并或者新设合并两种方式。

44. BD 【解析】有限责任公司应当依照公司章程规定的期限将财务会计报告送交各股东。股份有限公司的财务会计报告应当在召开股东会年会的20日前置备于本公司,供股东查阅;公开发行股票的股份有限公司必须公告其财务会计报告。

45. ABC 【解析】证券公司申请融资融券业务资格,应当具备的条件之一是财务状况良好,最近2年各项风险控制指标持续符合规定,注册资本和净资本符合增加融资融券业务后的规定,故选项D错误。其余选项均正确。

46. ABCD 【解析】融资融券业务管理的基本原则:①合法合规性原则;②集中管理原则;③业务隔离原则;④了解客户原则。

47. AB 【解析】公司的法定代表人按照公司章程的规定,由代表公司执行公司事务的董事或者经理担任。

48. AC 【解析】经股东同意转让的股权,在同等条件下,其他股东有优先购买权。两个以上股东主张行使优先购买权的,协商确定各自的购买比例;协商不成的,按照转让时各自的出资比例行使优先权。

49. ABCD 【解析】证券投资顾问向客户提供投资建议,应当具有合理的依据。投资建议的依据包括证券研究报告或者基于证券研究报告、理论模型以及分析方法形成的投资分析意见等。

50. ABCD 【解析】选项所述均属于融资融券业务合同必备条款应载明的事项。

51. ABC 【解析】关联关系是指公司控股股东、实际控制人、董事、监事、高级管理人员与其直接或者间接控制的企业之间的关系,以及可能导致公司利益转移的其他关系。但是,国家控股的企业之间不仅仅因为同受国家控股而具有关联关系。

52. BD 【解析】任何单位或者个人有下列情形之一的,应当事先告知证券公司,由证券公司报国务院证券监督管理机构批准:①认购或者受让证券公司的股权后,其持股比例达到证券公司注册资本的5%;②以持有证券公司股东的股权或者其他方式,实际控制证券公司5%以上的股权。

53. ABC 【解析】《公司法》第七十八条规定,监事会行使下列职权:①检查公司财务(选项A);②对董事、高级管理人员执行职务的行为进行监督,对违反法律、行政法规、公司章程或者股东会决议的董事、高级管理人员提出解任的建议;③当董事、高级管理人员的行为损害公司的利益时,要求董事、高级管理人员予以纠正;④提议召开临时股东会会议(选项B),在董事会不履行本法规定的召集和主持股东会会议职责时召集和主持股东会会议;⑤向股东会会议提出提案(选项C);⑥依照本法第一百八十九条的规定,对董事、高级管理人员提起诉讼;⑦公司章程规定的其他职权。

54. ABC 【解析】私募基金子公司及其下设特殊目的机构可以以现金管理为目的管理闲置资金,但应当坚持有效控制风险、保持流动性的原则,且只能投资于依法公开发行的国债、央行票据、短期融资券、投资级公司债、货币市场基金及保本型银行理财产品等风险较低、流动性较强(而非较弱)的证券。

55. CD 【解析】证券公司受期货公司委托从事中间介绍业务,应当提供下列服务:①协助办理开户手续;②提供期货行情信息、交易设施;③中国证监会规定的其他服务。证券公司不得代理客户进行期货交易、结算或者交割,不得代期货公司、客户收付期货保证金,不得利用证券资金账户为客户存取、划转期货保证金。

56. ABD 【解析】2019年3月上海证券交易所公布《上海证券交易所科创板股票交易特别规定》,明确投资者参与科创板股票交易的具体条件:①个人投资者申请权限开通前20个交易日证券账户及资金账户内的资产日均不低于人民币50万元,并且参与证券交易24个月以上;②符合法律法规及上海证券交易所规定的机构投资者,可直接申请开通科创板股票交易权限。故选项C说法错误。其余选项说法均正确。

57. ABC 【解析】有限责任公司章程应当载明下列事项:①公司名称和住所;②公司经营范围;③公司

注册资本;④股东的姓名或者名称;⑤股东的出资方式、出资额和出资时间(选项 C);⑥公司的机构及其产生办法、职权、议事规则(选项 B);⑦公司法定代表人的产生、变更方法(选项 A);⑧股东会认为需要规定的其他事项。股东应当在公司章程上签名、盖章。

58. ACD 【解析】子公司具有法人资格,能够依法独立承担民事责任,故选项 B 说法正确。其余选项说法均错误。

59. ABCD 【解析】证券经营机构应当遵守法律、行政法规、《证券期货投资者适当性管理办法》及其他有关规定,在销售产品或者提供服务的过程中,勤勉尽责,审慎履职,全面了解投资者情况,深入调查分析产品或者服务信息,科学有效评估,充分揭示风险,基于投资者的不同风险承受能力以及产品或者服务的不同风险等级等因素,提出明确的适当性匹配意见,将适当的产品或者服务销售或者提供给适合的投资者,并对违法违规行为承担法律责任。选项 A、选项 B、选项 C 说法均正确。经营机构告知投资者不适合购买相关产品或者接受相关服务后,投资者主动要求购买风险等级高于其风险承受能力的产品或者接受相关服务的,经营机构在确认其不属于风险承受能力最低类别的投资者后,应当就产品或者服务风险高于其承受能力进行特别的书面风险警示,投资者仍坚持购买的,可以向其销售相关产品或者提供相关服务,故选项 D 说法正确。

60. ABC 【解析】证券交易场所、证券公司和证券登记结算机构的从业人员,证券监督管理机构的工作人员以及法律、行政法规规定禁止参与股票交易的其他人员,在任期或者法定限期内,不得直接或者以化名、借他人名义持有、买卖股票或者其他具有股权性质的证券,也不得收受他人赠送的股票或者其他具有股权性质的证券。

61. ABCD 【解析】证券投资基金属于金融服务行业,其市场营销不同于有形产品营销,有其特殊性,主要体现在以下五个方面:①规范性;②服务性;③专业性;④持续性;⑤适用性。

62. AC 【解析】证券公司开展融资融券业务,必须经中国证监会批准,故选项 A 正确。融券专用证券账户用于记录证券公司持有的拟向客户融出的证券和客户归还的证券。该账户不得用于证券买卖,故选项 B 错误。证券公司分支机构不得自行决定融资融券客户签约、授信、保证金收款等事项,故选项 C 正确。负责风险监控和业务稽核的部门和岗位应当独立于其他部门和岗位,分管融资融券业务的高级管理人员不得兼管风险监控部门和业务稽核部门,故选项 D 错误。

63. ABC 【解析】委托、聘用第三方机构或者个人提供投资顾问、财务顾问、产品代销、专业咨询等服务,应当明确第三方的资质条件,事先签署服务协议,履行内部审批程序,协议中应明确约定服务内容、服务期限以及费用标准等。

64. ABD 【解析】融资融券业务中,标的证券为股票的,应当符合下列条件,在最近 3 个月内没有出现下列情形之一:①日均换手率低于基准指数日均换手率的 15%,且日均成交金额小于 5000 万元(选项 A 当选);②日均涨跌幅平均值与基准指数涨跌幅平均值的偏离值超过 4%(选项 B 当选);③波动幅度达到基准指数波动幅度的 5 倍以上(选项 D 当选)。

65. ABCD 【解析】证券公司经营融资融券业务,应以自己的名义,在证券登记结算机构分别开立融券专用证券账户、客户信用交易担保证券账户、信用交易证券交收账户和信用交易资金交收账户。

66. ABCD 【解析】除了法律及行政法规外,证券公司自营业务涉及的部门规章及规范性文件包括《证券公司风险控制指标管理办法》《证券公司风险控制指标计算标准规定》《证券公司内部控制指引》《证券公司证券自营业务指引》《关于证券公司证券自营业务投资范围及有关事项的规定》等。

67. ABD 【解析】高级管理人员是指公司的经理、副经理、财务负责人,上市公司董事会秘书和公司章程规定的其他人员。合规负责人也是高级管理人员。

68. ABC 【解析】《证券业财务与会计人员执业行为规范》所称财务与会计人员是指证券公司、证券投资基金管理公司或中国证监会规定的其他应当接受中国证券业协会自律管理的机构中从事会计核算、财务管理、资金管理等活动的财务与会计人员。

69. ABC 【解析】证券公司、证券投资咨询机构应当对证券投资顾问业务推广、协议签订、服务提供、客户回访、投诉处理等环节实行留痕管理。

70. AC 【解析】在我国设立有限责任公司,股东最多不能超过 50 个,故选项 A 说法错误。有限责任公司章程应由全体股东共同制定,股东应当在公司章程上签名、盖章,故选项 C 说法错误。

71. BC 【解析】采取要约收购方式的,收购人在收购期限内,不得卖出被收购公司的股票,也不得采取要约规定以外的形式和超出要约的条件买入被收购公司的股票(选项 C 错误,选项 D 正确)。以协议方式收购上市公司时,达成协议后,收购人必须在 3 日内将该收购协议向国务院证券监督管理机构及证券交易所做出书面报告,并予公告(选项 B 错误)。采取协议收购方式的,协议双方可以临时委托证券登记结算机构保管协议转让的股票,并将资金存放于指定的银行(选项 A 正确)。

72. AB 【解析】违规披露、不披露重要信息罪具有以下构成特征:①本罪侵犯的客体是国家对公司、企业的信息公开披露制度和股东、社会公众和其他利害关系人的合法权益(选项 A 正确);②本罪在客观方面表现为公司向股东和社会公众提供虚假的或者隐瞒重要事实的财务会计报告,或者对依法应当披露的其他重要信息不披露或者不按规定披露,严重损害股东或者其他人的利益,或者有其他严重情节的行为(选项 B 正确);③本罪在主观方面只能由故意构成,过失不构成本罪(选项 C 错误);④本罪的主体是特殊主体,即依法负有信息披露义务的公司、企业(选项 D 错误)。

73. ACD 【解析】证券公司应对流动性风险实施限额

管理(选项A正确),根据其业务规模、性质、复杂程度、流动性风险偏好和外部市场发展变化、监管要求等情况,设定流动性风险限额并对其执行情况进行监控。证券公司应至少每年(而非每半年)对流动性风险限额进行一次评估,必要时进行调整(选项B错误)。选项C、选项D说法均正确。

74. ABCD 【解析】证券金融公司开展转融通业务,可以使用下列资金和证券:①自有资金和证券;②通过证券交易所的业务平台融入的资金和证券;③通过证券金融公司的业务平台融入的资金;④依法筹集的其他资金和证券。

75. BCD 【解析】集资诈骗罪犯罪主观方面是故意,且以非法占有为目的,故选项A说法错误。其余选项说法均正确。

76. ABD 【解析】有下列情形之一的,为公开发行:①向不特定对象发行证券;②向特定对象发行证券累计超过200人,但依法实施员工持股计划的员工人数不计算在内;③法律、行政法规规定的其他发行行为。

77. ABCD 【解析】证券投资顾问服务和发布证券研究报告是证券投资咨询业务的两种基本形式。二者区别体现在立场不同、服务方式和内容不同、服务对象有所不同、市场影响有所不同。

78. BD 【解析】投资决策机构是自营业务投资运作的最高管理机构,负责确定具体的资产配置策略、投资事项和投资品种等。

79. ABD 【解析】背信运用受托财产罪主观方面表现为故意,一般是为了获取非法利润,故选项C说法错误。其余选项说法均正确。

80. CD 【解析】根据《中华人民共和国证券法》第一百九十六条规定,收购人未按照本法规定履行上市公司收购的公告、发出收购要约义务的,责令改正,给予警告,并处以50万元以上500万元以下的罚款。对直接负责的主管人员和其他直接责任人员给予警告,并处以20万元以上200万元以下的罚款。

三、判断题

81. B 【解析】符合下列条件的证券公司,经中国证监会批准,可以从事股票期权做市业务:①具有证券自营业务资格(而非经纪业务资格);②最近6个月净资本持续不低于40亿元;③最近18个月净资本等风险控制指标持续符合规定标准;④具有完备的做市业务实施方案、相关内部管理制度及开展做市商业务所需的专业人员;⑤具备健全的全面风险管理体系,首席风险官具有相应的履职能力,具备对股票期权业务风险进行量化分析和评估的专业素质;⑥做市业务系统符合相关技术规范且运行状况良好,并通过相关证券交易所组织的测试;⑦中国证监会规定的其他条件。

82. B 【解析】证券公司公开侧业务的工作人员需参与保密侧业务并接触内幕信息的,或公开侧业务的工作人员被动接触到保密侧业务的内幕信息的,应当履行跨墙审批程序。

83. A 【解析】题干表述正确。

84. B 【解析】拟任证券基金经营机构高级管理人员的,曾担任证券基金经营机构部门负责人以上职务不少于2年,或者曾担任金融机构部门负责人以上职务不少于4年,或者具有相当职位管理经历。

85. A 【解析】题干表述正确。

86. B 【解析】擅自公开或者变相公开发行证券的,责令停止发行,退还所募资金并加算银行同期存款利息(而非贷款利息),处以非法所募资金金额5%以上50%以下的罚款。

87. A 【解析】题干表述正确。

88. B 【解析】观察名单并不影响证券公司正常开展业务,但证券公司应当对于列入观察名单的公司或证券有关的相关业务活动实施监控,发现异常情况,及时调查处理。

89. B 【解析】采取风险处置措施期间,除为保护客户和债权人利益的情形外,不得对被处置证券公司债务进行个别清偿(并非任何情况下)。

90. A 【解析】题干表述正确。

91. A 【解析】题干表述正确。

92. B 【解析】证券登记结算机构应当妥善保存登记、存管和结算的原始凭证及有关文件和资料。其保存期限不得少于20年。

93. B 【解析】期货交易场所不得直接或间接参与期货交易。未经国务院批准(而非国务院证券监督管理机构),期货交易所不得从事信托投资、股票投资、非自用不动产投资等与其职责无关的业务。

94. B 【解析】子公司风险管理工作负责人应由证券公司首席风险官考核,考核权重不低于50%。

95. A 【解析】题干表述正确。

96. A 【解析】题干表述正确。

97. A 【解析】证券投资顾问不得从事下列活动:①以任何方式向客户承诺或者保证投资收益;②对服务能力和过往业绩进行虚假、不实、误导性的营销宣传;③向他人泄露客户的投资决策计划信息;④以个人名义向客户收取证券投资顾问服务费用;⑤通过广播、电视、网络、报刊等公众媒体作出买入、卖出或者持有具体证券的投资建议。

98. B 【解析】国务院证券监督管理机构应当履行以下监督协调职责:协调证券交易所、证券登记结算机构、证券投资者保护基金管理机构,保障被处置证券公司证券经纪业务正常进行(而非各项业务)。

99. A 【解析】题干表述正确。

100. B 【解析】处置证券公司风险过程中,发现涉嫌犯罪的案件,属公安机关管辖的,应当由国务院公安部门统一组织依法查处。

101. B 【解析】证券公司应当对代销金融产品活动实行集中统一管理,明确内设部门和分支机构在代销金融产品活动中的职责,防止分支机构擅自代销金融产品。

102. B 【解析】有限责任公司由50个以下股东出资设立。

103. A 【解析】题干表述正确。

104. A 【解析】题干表述正确。

105. B 【解析】合伙企业注销后,原普通合伙人对合伙企业存续期间的债务仍应承担无限连带责任。

106. A 【解析】题干表述正确。
107. A 【解析】题干表述正确。
108. B 【解析】分级私募产品应当依据所投资资产的风险程度设定分级比例，商品及金融衍生品类产品、混合类产品的分级比例不得超过2:1。
109. A 【解析】持有公司5%以上股份的股东及其董事、监事、高级管理人员，公司的实际控制人及其董事、监事、高级管理人员属于证券交易内幕信息的知情人。
110. A 【解析】题干表述正确。

四、综合题

111. ABCD 【解析】选项中王某的做法均符合规定。
112. C 【解析】一个投资者在同一市场最多可以申请开立3个A股账户。
113. B 【解析】根据《客户交易结算资金管理办法》的规定，客户交易结算资金必须全额存入具有从事证券交易结算资金存款业务资格的商业银行，单独立户管理。
114. ABC 【解析】公司不得收购本公司股份。但是，有下列情形之一的除外：①减少公司注册资本；②与持有本公司股份的其他公司合并；③将股份用于员工持股计划或者股权激励；④股东因对股东会作出的公司合并、分立决议持异议，要求公司收购其股份；⑤将股份用于转换上市公司发行的可转换为股票的公司债券；⑥上市公司为维护公司价值及股东权益所必需。收购本公司股份后属于第③项、第⑤项、第⑥项情形的，公司合计持有的本公司股份数不得超过本公司已发行股份总额的10%，并应当在3年内转让或者注销。根据题意，该公司可以收购的股份数额最多为 $250000 \times 10\% = 25000$（万股），故本题选ABC。
115. C 【解析】公司因将股份用于员工持股计划或者股权激励收购本公司股份的，可以依照公司章程的规定或者股东会的授权，经2/3以上董事出席的董事会会议决议。
116. ABCD 【解析】客户要在证券公司开展融资融券业务，应由客户本人向证券公司营业部提出申请。客户申请时应向证券公司营业部提交证券公司规定的相关材料，一般包括融资融券业务申请表、有效身份证明文件、客户已开设相关账户的基本信息、客户财务状况证明、担保品证明等相关材料。
117. BCD 【解析】证券公司开展融资融券业务，必须经中国证监会批准。未经证监会批准，任何证券公司不得向客户融资、融券，也不得为客户与客户、客户与他人之间的融资融券活动提供任何便利和服务。
118. A 【解析】融资融券业务的决策与授权体系原则上按照“董事会—业务决策机构—业务执行部门—分支机构”的架构设立和运行。
119. D 【解析】有限合伙企业由普通合伙人和有限合伙人组成，普通合伙人对合伙企业债务承担无限连带责任，有限合伙人以其认缴的出资额为限对合伙企业债务承担责任，故选项A、选项B说法正确。有限合伙企业由普通合伙人执行合伙事务，故选项C说法正确。有限合伙人退伙后，对基于其退伙前的原因发生的有限合伙企业债务，以其退伙时从有限合伙企业中取回的财产承担责任，故选项D说法错误。
120. ABCD 【解析】普通合伙人对合伙企业存续期间的债务仍应承担无限连带责任，乙公司应当对该项债务承担无限责任，故选项A说法正确。新入伙的有限合伙人对入伙前有限合伙企业的债务，以其认缴的出资额为限承担责任，故选项B说法正确。新合伙人入伙，除合伙协议另有约定外，应当经全体合伙人一致同意，并依法订立书面入伙协议，故选项C说法正确。有限合伙人可以同本有限合伙企业进行交易；但是，合伙协议另有约定的除外。故选项D说法正确。

机考题库·真题试卷（六）

便捷速查答案及详细解析，难题典型题有视频讲解

考生用微信扫描右侧二维码，可以按题号迅速查解析，难题、典型题配视频讲解

一、单选题

1. C 【解析】选项C属于证券公司合规经营的基本要求。
2. A 【解析】合规部门中具备3年以上证券、金融、法律、会计、信息技术等有关领域工作经历的合规管理人员数量不得低于公司总部人数的一定比例，具体比例由中国证券业协会规定。
3. C 【解析】声誉风险管理应遵循全程全员原则、预防第一原则、审慎管理原则、快速响应原则。
4. C 【解析】接管期限一般不超过12个月。满12个月，确实需要继续接管的，国务院证券监督管理机构可以决定延期，延期最长不超过12个月。故选项C说法错误。
5. A 【解析】证券在证券交易所上市交易，应当采用公开的集中交易方式或者国务院证券监督管理机构批准的其他方式。
6. B 【解析】证券公司应当按照需知原则管理敏感信息，以确保敏感信息仅限于存在合理业务需求或管理职责需要的工作人员知悉。需知原则是证券公司信息隔离墙制度中敏感信息管理的核心原则。

7. B 【解析】经营机构发布证券研究报告，不得以任何形式使用或者泄露国家保密信息、内幕信息以及上市公司未公开重大信息。

8. C 【解析】公开募集基金的基金管理人及其董事、监事、高级管理人员和其他从业人员不得有下列行为：①将其固有财产或者他人财产混同于基金财产从事证券投资（选项A、选项B错误）；②不公平地对待其管理的不同基金财产（选项C正确）；③利用基金财产或者职务之便为基金份额持有人以外的人牟取利益；④向基金份额持有人违规承诺收益或者承担损失；⑤侵占、挪用基金财产（选项D错误）；⑥泄露因职务便利获取的未公开信息、利用该信息从事或者明示、暗示他人从事相关的交易活动；⑦玩忽职守，不按照规定履行职责；⑧法律、行政法规和国务院证券监督管理机构规定禁止的其他行为。

9. C 【解析】《证券发行与承销管理办法》属于部门规章。

10. C 【解析】《上市公司并购重组财务顾问业务管理办法》规定，财务顾问的工作档案和工作底稿应当真实、准确、完整，保存期不少于10年。

11. A 【解析】《中华人民共和国证券法》规定，证券的发行、交易活动，必须遵循公开、公平、公正的原则。

12. B 【解析】证券公司解聘合规负责人，应当有正当理由，并自解聘之日起3个工作日内将解聘的事实和理由书面报告国务院证券监督管理机构。

13. D 【解析】公开发行包括定向发行和不定向发行，故选项A说法错误。选项B、选项C为公开发行证券的特征。选项D属于非公开发行证券的要求。

14. A 【解析】欺诈发行证券罪的立案标准包括：①发行数额在500万元以上的（选项A错误）；②伪造、变造国家公文、有效证明文件或相关凭证、单据的；③利用募集的资金进行违法活动的；④转移或者隐瞒所募集资金的；⑤其他后果严重或有其他严重情节的情形。

15. A 【解析】分级私募产品应当根据所投资资产的风险程度设定分级比例，权益类产品的分级比例不得超过1:1。

16. B 【解析】客户信用资金账户是客户在指定商业银行开立的用于记载客户交存的担保资金的明细数据的账户。

17. D 【解析】操纵证券、期货市场罪，是指有下列情形之一，操纵证券、期货市场，影响证券、期货交易价格或者证券、期货交易量：①在自己实际控制的账户之间进行证券交易，或者以自己为交易对象，自买自卖期货合约；②单独或者合谋，集中资金优势、持股或者持仓优势或者利用信息优势联合或者连续买卖；③以其他方法操纵证券、期货市场的。

18. A 【解析】证券公司在经营活动中应当履行法定的信息披露义务，保障客户在充分知情的基础上作出决定。证券公司向客户提供产品或者服务应当遵守法律、行政法规和中国证监会的规定，并对有关产品或者服务的内容及风险予以充分披露，不得有虚假陈述、误导及其他欺诈客户的行为。故选项A说法错误。其余选项说法均正确。

19. C 【解析】人民法院依照法律规定的强制执行程序转让股东的股权时，应当通知公司及全体股东，其他股东在同等条件下有优先购买权。其他股东自人民法院通知之日起满20日不行使优先购买权的，视为放弃优先购买权。

20. B 【解析】公司董事、监事、高级管理人员应当向公司申报所持有的本公司股权及其变动情况，在任职期间每年转让的股份不得超过其所持有本公司股份总数的25%。

21. A 【解析】证券基金经营机构应当履行主动管理职责，自主作出投资决策，不得委托提供港股投资顾问服务的香港机构直接执行投资指令。

22. C 【解析】基金财产的债权，不得与基金管理人、基金托管人固有财产的债务相抵销；不同基金财产的债权债务，不得相互抵销。故选项C说法错误。

23. C 【解析】证券公司必须持续符合下列风险控制指标标准：①风险覆盖率不得低于100%；②资本杠杆率不得低于8%；③流动性覆盖率不得低于100%；④净稳定资金率不得低于100%。

24. B 【解析】证券公司应当根据应急预案定期组织关键岗位人员开展应急演练。应急演练应当形成报告，保存期限不得少于5年。

25. A 【解析】按照法律关系发生的方式，可以将法律关系分为确认性法律关系与创设性法律关系。

26. A 【解析】基金财产独立于基金管理人、基金托管人的固有财产，体现了基金财产的独立性。

27. A 【解析】证券代销是指证券公司代发行人发售证券，在承销期结束时，将未售出的证券全部退还给发行人的承销方式。

28. C 【解析】主办券商可在全国股份转让系统从事以下部分或全部业务：推荐业务、经纪业务、做市业务，以及全国股份转让系统公司规定的其他业务。

29. A 【解析】选项A，法人和其他组织也可以依法设立合伙企业。

30. A 【解析】根据规定，金融衍生品存续期间发生重大业务风险、重大业务损失或影响持续运行等重大事件的，证券公司应立即采取有效措施，并于重大事件发生后2个工作日内向报价系统提交报告。

31. B 【解析】公司对公开发行股票所募集资金，必须按照招股说明书所列资金用途使用。改变招股说明书所列资金用途，必须经股东会作出决议。

32. A 【解析】选项A，证券公司设董事会的，内部董事人数不得超过董事人数的1/2。选项B、选项C、选项D均符合规定。

33. D 【解析】设立公司，应当依法向公司登记机关申请设立登记。但法律、行政法规规定设立公司必须报经批准的,应当在公司登记前依法办理审批手续。登记完成后由公司登记机关发给营业执照。故选 D。

34. B 【解析】《公司法》规定,公司可以向其他企业投资。法律规定公司不得成为对所投资企业的债务承担连带责任的出资人的,从其规定,故选项 B 不符合规定。

35. A 【解析】根据规定,证券公司进行柜台交易,应当报中国证券业协会备案,其柜台交易管理制度和实施方案应当通过协会组织的专业评价。

36. A 【解析】《证券公司监督管理条例》规定,证券公司股东的非货币财产出资总额不得超过证券公司注册资本的 30%。

37. C 【解析】根据规定,证券公司不得侵犯客户的合法权益,不得挪用客户托管在公司的证券。

38. D 【解析】基金托管人依法应当履行的职责之一为按照基金合同的约定,根据基金管理人的投资指令,及时办理清算、交割事宜。

39. C 【解析】根据《中华人民共和国证券法》第十六条规定,申请公开发行公司债券,应当向国务院授权的部门或者国务院证券监督管理机构报送下列文件:①公司营业执照;②公司章程;③公司债券募集办法;④国务院授权的部门或者国务院证券监督管理机构规定的其他文件。依照本法规定聘请保荐人的,还应当报送保荐人出具的发行保荐书。

40. B 【解析】非公开募集基金财产的证券投资,包括买卖公开发行的股份有限公司股票、债券、基金份额,以及中国证监会规定的其他证券及其衍生品种。

二、多选题

41. ABCD 【解析】选项 A,刘某,首次参加工作,并未明确属于投行部门,不能确定其具备投行业务经历,不符合条件"具备中国证监会规定的投资银行业务经历"。选项 B,王某,大额贷款逾期,不符合条件"未负有数额较大到期未清偿的债务"。选项 C,于某,24 个月内被纪律处分,不符合条件"最近 24 个月未因执业行为违反行业规范而受到行业自律组织的纪律处分"。选项 D,李某,36 个月内受到行政处罚,不符合条件"最近 36 个月未因执业行为违法违规受到处罚"。

42. ABCD 【解析】证券行业文化建设的重要意义:①健康良好的行业文化是行稳致远的立身之本;②健康良好的行业文化是服务实体经济的内在要求;③健康良好的行业文化是全面深化资本市场改革的重要保障;④健康良好的行业文化是防范金融风险的有力抓手。

43. AC 【解析】根据《中华人民共和国公司法》规定,公司种类包括有限责任公司和股份有限公司。

44. ABCD 【解析】证券公司持续合规状况主要根据司法机关采取的刑事处罚措施(选项 A 说法正确)、中国证监会及其派出机构采取的行政处罚措施(选项 B 说法正确)、监管措施及证券期货行业自律组织纪律处分(选项 C 说法正确)、自律监管措施(选项 D 说法正确)等情况进行评价。

45. ABCD 【解析】证券公司停止全部证券业务、解散、破产或者撤销境内分支机构的,应当在国务院证券监督管理机构指定的报刊上公告,并按照规定将经营证券业务许可证交国务院证券监督管理机构注销。

46. ABC 【解析】合伙企业依法被宣告破产的,普通合伙人对合伙企业债务仍应承担无限连带责任。

47. ACD 【解析】选项 A 是公司控股股东与其直接控制的企业之间的关系,属于关联关系。选项 C 属于可能导致公司利益转移的其他关系,属于关联关系。选项 D 属于高级管理人员与其直接控制的企业之间的关系,属于关联关系。

48. ABCD 【解析】按照业务类型分类,包括但不限于以下几类:①股票质押式回购交易、约定购回式证券交易、融资融券等融资类业务;②互换、场外期权、远期、信用衍生品等场外衍生品业务;③债券投资交易(包括债券现券交易、债券回购交易、债券远期交易、债券借贷业务等债券相关交易业务),债券包括但不限于国债、地方债、金融债、政府支持机构债、企业债、非金融企业债务融资工具、公司债、资产支持证券、同业存单;④非标准化债权资产投资;⑤其他涉及信用风险的自有资金出资业务。

49. ABCD 【解析】普通合伙企业和有限合伙企业的主要区别在于:合伙人对企业债务的责任方面;合伙人数量方面;合伙人权利方面;利润分配方面;竞业禁止方面;关联交易方面;出资份额出质方面。

50. AD 【解析】利用未公开信息交易罪是指证券交易所、期货交易所、证券公司、期货经纪公司、基金管理公司、商业银行、保险公司等金融机构的从业人员以及有关监管部门或者行业协会的工作人员,利用因职务便利获取的内幕信息以外的其他未公开的信息,违反规定,从事与该信息相关的证券、期货交易活动,或者明示、暗示他人从事相关交易活动,情节严重的行为。该罪与内幕交易罪的信息范围不同(选项 B 错误)。利用未公开信息交易罪的主观方面应当表现为故意(选项 C 错误)。

51. ABCD 【解析】根据《证券公司为期货公司提供中间介绍业务试行办法》规定,证券公司从事介绍业务,应当与期货公司签订书面委托协议。委托协议应当载明下列事项:①介绍业务的范围;②执行期货保证金安全存管制度的措施;③介绍业务对接规则;④客户投诉的接待处理方式;⑤报酬支付及相关费用的分担方式;⑥违约责任;⑦中国证监会规定的其他事项。

52. ABCD 【解析】客户向证券公司下达委托指令的方式由双方约定。客户向证券公司下达委托指令的方式包括柜台委托、自助委托以及证券公司认可的其他合法委托方式。自助委托包括网上委托、电话委托、热键委托等。

53. ABC 【解析】公司对公开发行股票所募集资金,

必须按照招股说明书或者其他公开发行募集文件所列资金用途使用;改变资金用途,必须经股东会作出决议。擅自改变用途,未作纠正的,或者未经股东会认可的,不得公开发行新股(选项A正确)。发行人违反规定擅自改变公开发行证券所募集资金的用途的,责令改正,处以50万元以上500万元以下的罚款;对直接负责的主管人员和其他直接责任人员给予警告,并处以10万元以上100万元以下的罚款(选项B正确)。发行人的控股股东、实际控制人从事或者组织、指使从事前述违法行为的,给予警告,并处以50万元以上500万元以下的罚款(选项C正确);对直接负责的主管人员和其他直接责任人员,处以10万元以上100万元以下的罚款。

54. BC 【解析】公司营业执照应当载明公司的名称、住所、注册资本、经营范围、法定代表人姓名等事项。

55. ABCD 【解析】在收购要约确定的承诺期限内,收购人不得撤销其收购要约。收购人需要变更收购要约的,应当及时公告,载明具体变更事项,且不得存在下列情形:①降低收购价格;②减少预定收购股份数额;③缩短收购期限;④国务院证券监督管理机构规定的其他情形。

56. ABC 【解析】证券公司应当建立健全信息查询制度,保证客户能够通过现场、电话或者互联网络的方式随时查询证券经纪人的姓名、代理权限、代理期间、服务的证券营业部、执业地域范围及登记编号等信息,能够通过现场或者互联网络的方式查看证券经纪人的照片。

57. ABD 【解析】私募基金应非公开募集,不得通过报刊、电台、电视台、互联网等大众传播媒介,电话、短信、即时通讯工具、电子邮件、传单,或者讲座、报告会、分析会等方式向不特定对象宣传推介;不得以虚假、片面、夸大等方式宣传推介;不得以私募基金托管人名义宣传推介;不得向投资者承诺投资本金不受损失或者承诺最低收益。

58. ABCD 【解析】经营机构应当按照有效维护投资者合法权益的要求,综合考虑收入来源、资产状况、债务、投资知识和经验、风险偏好、诚信状况等因素,确定普通投资者的风险承受能力,对其进行细化分类和管理。

59. AB 【解析】董事、高级管理人员不得兼任监事。高级管理人员是指公司的经理、副经理、财务负责人,上市公司董事会秘书和公司章程规定的其他人员。监事会应当包括股东代表和适当比例的公司职工代表。故选项A、选项B表述正确,选项C、选项D表述错误。

60. ABCD 【解析】证券公司证券自营投资品种清单包括:①已经和依法可以在境内证券交易所上市交易和转让的证券(选项B);②已经在全国中小企业股份转让系统挂牌转让的证券(选项C);③已经和依法可以在符合规定的区域性股权交易市场挂牌转让的私募债券,已经在符合规定的区域性股权交易市场挂牌转让的股票(选项A);④已经和依法可以在境内银行间市场交易的证券(选项D);⑤经国家金融监管部门或者其授权机构依法批准或备案发行并在境内金融机构柜台交易的证券。

61. ABCD 【解析】《融资融券交易风险揭示书》中向客户提示的风险应包括提示投资者注意融资融券交易具有普通证券交易所具有的政策风险、市场风险、违约风险、系统风险等各种风险,以及其特有的投资风险放大等风险。

62. ABCD 【解析】根据《中华人民共和国证券法》规定,证券公司违反规定,假借他人名义或者以个人名义从事证券自营业务的,责令改正,给予警告,没收违法所得,并处以违法所得1倍以上10倍以下的罚款;没有违法所得或者违法所得不足50万元的,处以50万元以上500万元以下的罚款;情节严重的,并处撤销相关业务许可或者责令关闭。对直接负责的主管人员和其他直接责任人员给予警告,并处以20万元以上200万元以下的罚款。

63. ABC 【解析】有下列情形之一的,证券期货经营机构应当在5个工作日内,向中国证监会有关派出机构报告:①证券期货经营机构在内部检查中,发现存在违反规定行为的(选项A);②证券期货经营机构及其工作人员发现监管人员存在应当回避的情形而未进行回避、利用职务之便索取或者收受不正当利益等违反廉洁规定行为的(选项B);③证券期货经营机构及其工作人员发现其股东、客户等相关方以不正当手段干扰监管工作的(选项C);④证券期货经营机构或者其工作人员因违反廉洁从业规定被纪检监察部门、司法机关立案调查或者被采取纪律处分、行政处罚、刑事处罚等措施的。出现前述第①项情形的,应当同时向主管纪检监察部门报告,出现第①②③项情形且涉嫌犯罪的,相关部门应当依法移送监察、司法机关。

64. BC 【解析】《中华人民共和国公司法》规定,公司是企业法人,有独立的法人财产,享有法人财产权。公司以其全部财产对公司的债务承担责任(选项B正确)。有限责任公司的股东以其认缴的出资额为限对公司承担责任;股份有限公司的股东以其认购的股份为限对公司承担责任(选项C正确)。

65. ACD 【解析】私募基金管理人、私募基金托管人、私募基金销售机构及其他私募服务机构及其从业人员从事私募基金业务,不得有以下行为:①将其固有财产或者他人财产混同于基金财产从事投资活动;②不公平地对待其管理的不同基金财产;③利用基金财产或者职务之便,为本人或者投资者以外的人牟取利益,进行利益输送;④侵占、挪用基金财产(选项C);⑤泄露因职务便利获取的未公开信息,利用该信息从事或者明示、暗示他人从事相关的交易活动;⑥从事损害基金财产和投资者利益的投资活动(选项A);⑦玩忽职守,不按照规定履行职责(选项D);⑧从事内幕交易、操纵交易价格及其他不正当交易活动;⑨法律、行政法规和中国证监会规定禁止的其他行为。

66. BD 【解析】清算人自被确定之日起10日内通知

债权人,并于60日内在报纸上公告(选项B正确);债权人自接到通知书之日起30日内,未接到通知书的自公告之日起45日内,向清算人申报债权(选项D正确)。

67. ABD 【解析】《中华人民共和国证券法》第六十二条规定,投资者可以采取要约收购、协议收购及其他合法方式收购上市公司。

68. ABCD 【解析】资产支持证券是投资者享有专项计划权益的证明,可以依法继承、交易、转让或者出质。

69. ACD 【解析】选项B属于证券投资顾问执业行为准则。

70. BCD 【解析】选项A,组织制定规章制度,并监督其实施是经营管理主要负责人的合规管理职责。选项B、选项C、选项D均属于证券公司董事会的合规管理职责。

71. BCD 【解析】禁止经营机构向不符合准入要求的投资者销售产品或者提供服务,故选项A不选。其余选项均属于禁止经营机构进行的销售产品或者提供服务的活动。

72. ABC 【解析】发生下列情形时,应当进行专项检查:①公司发生违法违规行为或存在合规风险隐患的(选项A);②公司董事会、监事会、高级管理人员、合规总监或合规部门认为必要的(选项B);③公司下属各单位及其工作人员配合监管和稽查办案不力的;④监管部门或自律组织要求的(选项C);⑤其他有必要进行专项检查的情形。

73. ABCD 【解析】证券公司应当设立信息技术管理部门负责实施信息技术规划、信息系统建设、信息技术质量控制、信息安全保障、运维管理等工作。

74. ABCD 【解析】证券公司内部控制应当贯彻健全、合理、制衡、独立的原则,确保内部控制有效。

75. ABCD 【解析】证券公司年度合规报告包括下列内容:①证券基金经营机构和各层级子公司合规管理的基本情况(选项D);②合规负责人履行职责情况(选项A);③违法违规行为、合规风险隐患的发现及整改情况(选项B);④合规管理有效性的评估及整改情况(选项C);⑤中国证监会及其派出机构要求或证券基金经营机构认为需要报告的其他内容。

76. AB 【解析】公司合并或者分立,登记事项发生变更的,应当依法办理变更登记;公司解散的,应当依法办理公司注销登记;设立新公司的,应当依法办理公司设立登记。

77. ABCD 【解析】私募基金子公司应当在完成工商登记后5个工作日内在本公司及证券公司网站上披露私募基金子公司的名称、注册地、注册资本、业务范围、法定代表人、高级管理人员以及防范风险传递、利益冲突的制度安排等事项,并及时更新。

78. ABD 【解析】根据《关于证券公司证券自营业务投资范围及有关事项的规定》,具备证券自营业务资格的证券公司可以从事金融衍生产品交易(选项A、选项B正确)。不具备证券自营业务资格的证券公司只能以对冲风险为目的,从事金融衍生产品交易(选项C错误,选项D正确)。

79. AB 【解析】根据《证券公司分支机构监管规定》,分支机构是指证券公司在境内设立的从事业务经营活动的分公司和证券营业部。子公司是指有独立的法人资格的个体,不属于分支机构的范畴。

80. ABCD 【解析】《公司法》规定,股份有限公司不得收购本公司股份。但是,有下列情形之一的除外:①减少公司注册资本;②与持有本公司股份的其他公司合并;③将股份用于员工持股计划或者股权激励;④股东因对股东会作出的公司合并、分立决议持异议,要求公司收购其股份;⑤将股份用于转换上市公司发行的可转换为股票的公司债券;⑥上市公司为维护公司价值及股东权益所必需。

三、判断题

81. B 【解析】证券公司保密侧(而非公开侧)业务部门需要公开侧业务部门派员跨墙进行业务协作的,应当事先向跨墙人员所属部门和合规部门提出申请,并经其审批同意,即申请主体应当是保密侧业务部门而非跨墙人员自身。

82. A 【解析】法律关系主体的种类主要包括自然人、组织和国家。

83. A 【解析】题干表述正确。

84. B 【解析】从业人员应当以所在机构的名义从事证券基金业务活动,不得同时在其他证券基金经营机构执业。

85. A 【解析】题干表述正确。

86. B 【解析】期货公司经国务院期货监督管理机构核准可以从事下列期货业务:①期货经纪;②期货交易咨询;③期货做市交易;④其他期货业务。

87. B 【解析】证券公司设合规负责人,对证券公司经营管理行为的合法合规性进行审查、监督或者检查。合规负责人为证券公司高级管理人员,由董事会决定聘任,并应当经国务院证券监督管理机构认可。

88. B 【解析】财务顾问在开展工作时可利用其他证券服务机构出具的专业意见,但应当对其进行必要的审慎核查,对委托人提供的资料和披露的信息进行独立判断。

89. A 【解析】题干表述正确。

90. B 【解析】证券公司的股东和实际控制人不得滥用权力,占用证券公司或者客户的资产,损害证券公司或者客户的合法权益。

91. B 【解析】证券公司开展私募资产管理业务,应具备符合条件的高级管理人员和3名以上投资经理。

92. A 【解析】题干表述正确。

93. B 【解析】在服务流程上,证券研究报告一般是证券投资顾问服务的重要基础,证券投资顾问团队依据证券研究报告以及其他公开证券信息,整合形成有针对性的证券投资顾问建议,再按照协议约定向客户提供。

94. B 【解析】证券公司股东的非货币(而非货币)财产出资总额不得超过证券公司注册资本的30%。

95. A 【解析】题干表述正确。
96. B 【解析】融资融券业务的决策和主要管理职责应当由证券公司总部承担。
97. A 【解析】题干表述正确。
98. B 【解析】实际控制人是指虽不是公司的股东，但通过投资关系、协议或者其他安排，能够实际支配公司行为的人。
99. A 【解析】题干表述正确。
100. A 【解析】题干表述正确。
101. B 【解析】合规是底线，诚信是义务，专业是特色，稳健是保证。
102. A 【解析】题干表述正确。
103. A 【解析】题干表述正确。
104. A 【解析】题干表述正确。
105. B 【解析】不具备证券自营业务资格的证券公司只能以对冲风险为目的，从事金融衍生产品交易。
106. B 【解析】开放式基金，是指基金份额总额不固定，基金份额可以在基金合同约定的时间和场所申购或者赎回的基金。
107. A 【解析】题干表述正确。
108. A 【解析】题干表述正确。
109. A 【解析】题干表述正确。
110. B 【解析】在收购要约确定的承诺期限内，收购人不得撤销其收购要约。收购人需要变更收购要约的，应当及时公告，载明具体变更事项。

四、综合题

111. BCD 【解析】公司连续5年不向股东分配利润，而公司该5年连续盈利，并且符合《公司法》规定的分配利润条件的，对股东会该项决议投反对票的股东可以请求公司按照合理的价格收购其股权，故选项A说法错误，选项B说法正确。自股东会会议决议通过之日起60日内，股东与公司不能达成股权收购协议的，股东可以自股东会会议决议通过之日起90日内向人民法院提起诉讼，故选项C说法正确。转让股权后，公司应当注销原股东的出资证明书，故选项D说法正确。
112. ABCD 【解析】《公司法》规定，有下列情形之一的，对股东会该项决议投反对票的股东可以请求公司按照合理的价格收购其股权：①公司连续5年不向股东分配利润，而公司该5年连续盈利，并且符合本法规定的分配利润条件；②公司合并、分立、转让主要财产；③公司章程规定的营业期限届满或者章程规定的其他解散事由出现，股东会通过决议修改章程使公司存续。
113. ABC 【解析】《证券期货投资者适当性管理办法》要求经营机构在向投资者销售证券期货产品或者提供证券期货服务的过程中，应当遵守法律法规及其他有关规定，勤勉尽责，审慎履职，全面了解投资者情况（选项A），深入调查分析产品或者服务信息（选项B），科学有效评估，充分揭示风险（选项C），基于投资者的不同风险承受能力以及产品或者服务的不同风险等级等因素，提出明确的适当性匹配意见，将适当的产品或者服务销售或者提供给适合的投资者，并对违法违规行为承担法律责任。
114. AC 【解析】经营机构未按规定制定或者落实适当性内部管理制度和相关制度机制的，给予警告，并处以3万元以下罚款；对直接负责的主管人员和其他直接责任人员，给予警告，并处以3万元以下罚款。
115. B 【解析】经过评估，经营机构可以将普通投资者按照其风险承受能力由低到高至少划分为C1、C2、C3、C4、C5五个等级。
116. B 【解析】特殊普通合伙企业的特殊之处表现在责任承担的方式上。
117. D 【解析】一个合伙人或者数个合伙人在执业活动中因故意或者重大过失造成合伙企业债务的，应当承担无限责任或者无限连带责任，其他合伙人以其在合伙企业中的财产份额为限承担责任，故选项A说法错误。合伙人执业活动中因故意或者重大过失造成的合伙企业债务，以合伙企业财产对外承担责任后，该合伙人应当按照合伙协议的约定对合伙企业造成的损失承担赔偿责任，故选项B、选项C说法错误。合伙人在执业活动中非因故意或者重大过失造成的合伙企业债务以及合伙企业的其他债务，由全体合伙人承担无限连带责任，故选项D说法正确。
118. ABCD 【解析】发行人申请从事下列发行事项，依法采取承销方式的，应当聘请具有保荐业务资格的证券公司履行保荐职责：①首次公开发行股票；②上市公司发行新股、可转换公司债券；③公开发行存托凭证；④中国证监会认定的其他情形。
119. A 【解析】证券发行规模达到一定数量的，可以采用联合保荐，但参与联合保荐的保荐机构不得超过2家。
120. ABCD 【解析】选项所述均属于保荐机构应当承担的工作。

证券行业专业人员一般业务水平评价测试

机考题库与高频考点

证券市场基本法律法规

◆机考题库·真题试卷（七）
◆机考题库·真题试卷（八）

（含参考答案及解析）

《证券市场基本法律法规》机考题库·真题试卷

机考题库·真题试卷(七)

答题卡

本试卷采用虚拟答题卡技术，自动评分

考生扫描右侧二维码，将答题选项填入虚拟答题卡中，题库系统可自动统计答题得分，生成完整的答案及解析。题库系统根据考生答题数据，自动收集整理错题，记录考生薄弱知识点，方便考生在题库系统中查漏补缺。

一、单选题(共40题,每小题0.5分,共20分)以下备选项中只有一项最符合题目要求,不选、错选均不得分。

1. 证券公司股东的出资,应当经具有证券、期货相关业务资格的(　　)并出具证明。
   A. 会计师事务所验资　　B. 信用评级机构评级
   C. 律师事务所核实　　D. 资产评估机构评估
2. 根据《证券公司监督管理条例》规定,证券公司应当向国务院证券监督管理机构报送的报告不包括(　　)。
   A. 月度报告　　B. 季度报告　　C. 临时报告　　D. 年度报告
3. 根据《中华人民共和国合伙企业法》规定,合伙企业的出资方式,不包括(　　)。
   A. 劳务　　B. 知识产权　　C. 土地使用权　　D. 健康权
4. 持续督导工作结束后,保荐机构应当在发行人公告年度报告之日起的(　　)个工作日内向中国证监会、证券交易所报送保荐总结报告书。
   A. 5　　B. 10　　C. 15　　D. 20
5. 证券经营机构及其工作人员发现协会工作人员存在利用职务之便索取或者收受不正当利益等违反廉洁规定行为的,证券经营机构应当在(　　)个工作日内,向中国证券业协会报告。
   A. 3　　B. 5　　C. 7　　D. 10
6. 下列关于主板上市公司非公开发行股票的说法中,错误的是(　　)。
   A. 发行对象不超过10名
   B. 信托公司作为发行对象的,只能以自有资金认购
   C. 发行对象为境外战略投资者的,应当经国务院相关部门事先批准
   D. 证券投资基金管理公司以其管理的2只基金认购的,应视为2个发行对象
7. 证券公司在证券交易中有严重违法行为,不再具备经营资格的,(　　)有权撤销证券业务许可。
   A. 证券监督管理机构　　B. 证券交易所
   C. 中国证券业协会　　D. 工商管理部门
8. 下列各项中,不属于部门规章的是(　　)。
   A.《私募投资基金监督管理暂行办法》
   B.《证券期货投资者适当性管理办法》
   C.《证券公司和证券投资基金管理公司合规管理办法》
   D.《证券公司治理准则》
9. 国务院期货监督管理机构、期货交易所和期货保证金安全存管监控机构的工作人员进行内幕交易的,(　　)。
   A. 不予处罚　　B. 从轻处罚　　C. 加倍处罚　　D. 从重处罚
10. 下列属于全国人民代表大会或全国人民代表大会常务委员会制定并颁发的法律的是(　　)。
    A.《期货公司监督管理办法》　　B.《中华人民共和国公司法》
    C.《上市公司收购管理办法》　　D.《行政和解试点实施办法》
11. 基金财产的债务由基金财产本身承担,基金份额持有人以其(　　)为限对基金财产的债务承担责任。基金合同依法另有约定的,从其约定。
    A. 银行储蓄存款　　B. 持有的证券资产
    C. 出资　　D. 银行储蓄存款和持有的证券资产

12. 禁止任何单位和个人编造、传播虚假信息或者误导性信息,扰乱证券市场。编造、传播虚假信息或者误导性信息,扰乱证券市场的,没收违法所得,并处以违法所得 1 倍以上 10 倍以下的罚款;没有违法所得或者违法所得不足 20 万元的,处以 20 万元以上(　　)万元以下的罚款。
A. 100　　B. 500　　C. 200　　D. 60
13. 证券公司应当自每月结束之日起(　　)个工作日内,报送月度报告。
A. 3　　B. 7　　C. 15　　D. 30
14. 有限责任公司从税后利润中提取法定公积金后,还可以提取任意公积金,但需经(　　)通过决议。
A. 董事会　　B. 监事会
C. 股东会　　D. 职工代表大会
15. 有限责任公司的成立时间为(　　)。
A. 公司营业执照签发日期　　B. 公司足额缴纳出资额日期
C. 公司申请设立登记日期　　D. 公司章程制定日期
16. 私募基金管理人申请登记,应当通过(　　),如实填报相关信息。
A. 证券交易所"基金通"系统　　B. 私募基金登记备案系统
C. 中国证监会机构监管综合信息系统　　D. 私募产品备案管理系统
17. 根据规定,证券发行规模达到一定数量的,可以采用联合保荐方式,但参与联合保荐的保荐机构不得超过(　　)家。
A. 10　　B. 5　　C. 2　　D. 3
18. 股票质押式回购业务中,证券公司作为融出方的,单一证券公司接受单只 A 股股票质押的数量不得超过该股票 A 股股本的(　　)。
A. 20%　　B. 40%　　C. 30%　　D. 10%
19. 如果偏离 5% 以上的产品数超过所发行产品总数的(　　),金融机构不得再发行以摊余成本计量金融资产的资产管理产品。
A. 3%　　B. 5%　　C. 7%　　D. 10%
20. 根据《证券公司和证券投资基金管理公司合规管理办法》规定,下列不属于证券公司合规管理风险的是(　　)。
A. 丁证券公司未有效管理内幕信息或未公开信息而造成的信息泄露
B. 甲证券公司财务人员王某因违反相关法律法规给公司带来财产损失
C. 丙证券公司赵某作为投资银行业务人员,因违反执业行为准则被采取了纪律处分
D. 乙证券公司李某作为股票自营部门负责人,在股票投资业务中给公司带来亏损
21. 根据《证券法》,发生可能对上市公司、股票在国务院批准的其他全国性证券交易场所交易的公司的股票交易价格产生较大影响的重大事件,投资者尚未得知时,公司的做法正确的是(　　)。
A. 报告和公告应说明事件的起因、目前的状态和可能产生的法律后果
B. 公司可以将有关该重大事件的情况向国务院证券监督管理机构和证券交易场所报送临时报告
C. 公司应在报送定期报告时将有关该重大事件的情况向国务院证券监督管理机构和交易场所报告
D. 公司可以将有关该重大事件在公开媒体说明
22. 对于证券公司提交的(　　)的申请,国务院证券监督管理机构自受理之日起 20 个工作日内作出批准或者不予批准的书面决定。
A. 要求审查股东资格　　B. 要求审查董事任职资格
C. 要求审查实际控制人资格　　D. 变更注册资本
23. 证券的代销、包销期限最长不得超过(　　)日。
A. 30　　B. 60　　C. 90　　D. 20
24. 证券公司持有或者通过协议、其他安排与他人共同持有上市公司的股份达到或超过(　　)的,不得担任该上市公司的独立财务顾问。
A. 5%　　B. 3%　　C. 8%　　D. 10%
25. 证券经纪人在执业过程中,不得从事的活动是(　　)。
A. 向客户介绍与证券交易有关的法律、行政法规、证监会规定、自律规则和证券公司的有关规定
B. 向客户介绍证券公司和证券市场的基本情况

C. 向客户传递由非所服务证券公司统一提供的研究报告及与证券投资有关的信息
D. 向客户介绍证券投资的基本知识及开户、交易、资金存取等业务流程

26. 下列有关合伙事务执行的规定,说法正确的是(　　)。
A. 委托1个或者数个合伙人执行合伙事务的,其他合伙人仍可继续执行合伙事务
B. 不执行合伙事务的合伙人无权监督执行事务合伙人执行合伙事务的情况
C. 受委托执行合伙事务的合伙人不按照合伙协议或者全体合伙人的决定执行事务的,其他合伙人可以决定撤销该委托
D. 合伙协议未约定或者约定不明确的,实行出席会议的合伙人过半数通过的表决方法

27. 下列关于有限责任公司的董事和监事任期的说法中,错误的是(　　)。
A. 董事任期由公司章程规定,但每届任期不得超过3年
B. 监事任期由公司章程规定,但每届任期不得超过5年
C. 董事任期届满,连选可以连任
D. 监事任期届满,连选可以连任

28. 风险管理部门人员工作称职的,其薪酬收入总额应当不低于公司总部业务及业务管理部门同职级人员的(　　)。
A. 最低水平　B. 一定比例　C. 平均水平　D. 中位数

29. 下列关于违反证券交易的法律责任的说法,错误的是(　　)。
A. 证券公司经纪人李某使用其父亲的账户买卖股票,被没收违法所得
B. 王某在成为证券公司员工以前持有的股票,入职后不用转让
C. 证券监督管理机构工作人员张某进行内幕交易,应当从重处罚
D. 为甲证券营业部做装修工作的赵某,可以买卖股票

30. 下列关于证券自营业务的说法中,错误的是(　　)。
A. 禁止从自营账户中提取现金
B. 自营买卖必须在以证券公司自身名义开设的证券账户交易
C. 经总部批准,证券公司的营业部可以从事自营业务
D. 自营业务应由非自营业务部门负责自营账户的管理

31. 证券公司办理证券客户交易结算资金存放的指定商业银行名单,应由(　　)确定并公告。
A. 国务院证券监督管理机构会同国务院银行业监督管理机构
B. 中国人民银行
C. 国务院证券监督管理机构
D. 国务院银行业监督管理机构

32. 通常情况下,证券公司在办理定向资产管理业务时,由(　　)自行行使其所持有证券的权利,履行相应的义务。
A. 证券公司　B. 客户　C. 结算机构　D. 托管银行

33. 开放式基金的基金份额在基金存续期间,基金份额持有人(　　)。
A. 可在任何场所申请赎回　B. 不得申请赎回
C. 可在任何时间申请赎回　D. 可以在基金合同约定的时间和场所申请赎回

34. 按照现行规定,证券公司对客户融资融券的期限不超过(　　)。
A. 9个月　B. 3个月　C. 6个月　D. 1年

35. 下列关于上市公司股份质押的表述中,错误的是(　　)。
A. 股份设质应订立书面合同,并办理出质登记
B. 公司可以接受本公司的股票作为质押权的标的
C. 股份出质后不得转让,但经出质人和质权人同意的除外
D. 质押合同自登记之日起生效

36. 期货交易实行(　　)结算制度。
A. 即时无负债　B. 当日无负债　C. T+2日无负债　D. T+1日无负债

37.《企业债券管理条例》属于(　　)层级的规定。
A. 法律　B. 部门规章　C. 自律管理规则　D. 行政法规

38. 根据《中华人民共和国证券投资基金法》规定,非公开募集基金应当向合格投资者募集,合格投资者累计不得超过(　　)人。
A. 50　B. 100　C. 90　D. 200

39. 申请首次公开发行股票时,(　　),发行申请人招股说明书(申报稿)应当在中国证监会网站预

先披露。

A. 发审会审核前30天　　B. 申请文件受理后

C. 发审会审核前5天　　D. 发行部初审会后1天

40. 下列有关证券交易所交易规则的说法,正确的是(　　)。

A. 证券交易所参与集中交易的,必须是证券交易所的会员

B. 证券服务机构可以公布证券交易即时行情

C. 投资者可以口头或者书面与证券公司签订证券交易委托协议,委托该证券公司代其买卖证券

D. 因突发性事件而影响证券交易的正常进行时,证券交易所不可以决定临时停市

二、多选题(共40题,每小题1分,共40分)以下备选项中有两项或两项以上符合题目要求,多选、少选、错选均不得分。

41. 属于应重点监控的异常交易行为有(　　)。

A. 可能对证券交易价格产生重大影响的信息披露,大量买入或卖出相关证券

B. 以同一身份证明文件、营业执照或其他有效证件开立的证券账户之间,大量或者频繁进行互为对手方的交易

C. 委托、授权给同一机构或者同一个人代为从事交易的证券账户之间,大量或者频繁进行互为对手方的交易

D. 两个或两个以上固定的或涉嫌关联的证券账户之间,大量或者频繁进行互为对手方的交易

42. 根据合伙人对合伙企业债务承担的责任不同,合伙企业可分为(　　)。

A. 个人合伙　　B. 普通合伙企业　　C. 特殊普通合伙企业　　D. 有限合伙企业

43. 根据《融资融券合同必备条款》,下列关于融资融券合同所包含内容的说法,正确的有(　　)。

A. 订立合同的目的和依据

B. 载明开立信用业务相关账户的有关内容

C. 约定融资融券特定的财产信托关系

D. 约定融资融券交易涉及的权益处理事项

44. 国务院证券监督管理机构对治理结构不健全、内部控制不完善、经营管理混乱、设立账外账或者进行账外经营、拒不执行监督管理决定、违法违规的证券公司,应当责令其限期改正,可采取的措施有(　　)。

A. 责令增加内部合规检查的次数并提交合规检查报告

B. 对证券公司及其有关董事、监事、高级管理人员、境内分支机构负责人给予谴责

C. 责令处分有关责任人员,并报告结果

D. 责令更换董事、监事、高级管理人员或者限制其权利

45. 依据合伙企业法律制度的规定,以下内容属于普通合伙企业特点的是(　　)。

A. 由普通合伙人组成

B. 除法律另有规定外,合伙人对合伙企业的债务承担无限连带责任

C. 普通合伙人可以是自然人、法人和其他组织

D. 对普通合伙人承担责任的形式有特别规定的,从其规定

46. 证券投资咨询机构不得以(　　)为依据向客户或投资人提供分析、预测或建议。

A. 虚假信息　　B. 内幕信息

C. 市场传言　　D. 统计数据

47. 财务顾问从事上市公司并购重组财务顾问业务,应当公平竞争,按照(　　)与委托人商议财务顾问报酬,不得以明显低于行业水平等不正当竞争手段招揽业务。

A. 业务复杂程度　　B. 业务能力

C. 业务时间长短　　D. 承担的责任与风险

48. 开展恐怖活动资产冻结工作,证券公司正确的做法有(　　)。

A. 采取冻结措施后,除法律规定的机关另有要求外,应及时告知客户,并说明采取冻结的依据和理由

B. 采取冻结措施后,不需告知客户,也不需说明采取冻结措施的依据和理由

C. 非依法律规定,不得擅自解除冻结措施

D. 应当依据重新风险评估结果决定解除冻结措施

49. 股份有限公司董事、监事、高级管理人员持有本公司股份(　　)不得转让。

A. 自公司股票上市交易之日起最长半年内　B. 自公司股票上市交易之日起1年内

C. 在离职后半年内　　D. 在离职后 1 年内

50. 根据《证券公司信息隔离墙制度指引》规定，下列属于证券公司内幕信息的是（　　）。
A. 公司股权结构的重大变化
B. 公司债务担保的重大变化
C. 公司减资、合并、分立、解散及申请破产的决定
D. 公司实际控制人的董事发生变动

51. 甲、乙、丙、丁均为财务顾问主办人，甲未按照规定发表专业意见，乙违反保密制度，丙采取不正当手段进行恶性竞争，丁未依法履行持续督导义务，四人中可能被中国证监会采取监管措施的是（　　）。
A. 甲　　B. 乙　　C. 丙　　D. 丁

52. 同时符合下列（　　）的法人或者其他组织，是专业投资者。
A. 最近 1 年末净资产不低于 2000 万元
B. 最近 1 年末金融资产不低于 1000 万元
C. 具有 2 年以上证券、基金、期货、黄金、外汇等投资经历
D. 金融资产不低于 500 万元

53. 证券公司信息技术安全管理中的应急预案包括（　　）。
A. 应急管理建设目标　　B. 备份信息系统建设
C. 备份数据恢复机制　　D. 业务恢复或替代措施

54. 基金宣传推介材料中可能涉及的违规行为包括（　　）。
A. 预测收益率　　B. 承诺收益或承担损失
C. 使用可能使投资者认为没有风险的词语　　D. 明确提示风险

55. 以下有关普通合伙企业和有限合伙企业的对比，说法正确的是（　　）。
A. 普通合伙企业的所有出资人均须对合伙企业的债务承担无限连带责任；有限合伙企业的所有合伙人对企业债务承担有限责任
B. 普通合伙企业的投资人数为 2 人以上；有限合伙企业的投资人数为 2 人以上 50 人以下
C. 普通合伙企业的合伙人对执行合伙事务享有同等的权利；有限合伙企业的有限合伙人不得执行合伙企业中的事务
D. 利润分配方面，普通合伙企业的出资人不得在合伙企业中约定将全部利润分配给部分合伙人或由部分合伙人承担企业的全部亏损；有限合伙企业根据合伙协议的约定可以将全部利润分配给部分合伙人，但不得约定企业将全部亏损由部分合伙人承担

56. 以下说法，表述正确的有（　　）。
A. 证券投资顾问基于特定客户的立场，遵循忠实客户利益原则，向客户提供适当的证券投资建议
B. 证券投资顾问服务于不特定的客户，证券研究报告操作上向特定用户发布，提供证券估值等研究结果
C. 证券投资顾问一般服务于普通投资者，证券研究报告一般服务于基金、QFII 等专业投资者
D. 证券投资顾问服务与特定客户的证券投资及其利益密切相关，但通常不会显著影响证券定价；证券研究报告向多个机构客户同时发布，对证券价格可能产生较大影响

57. 下列行为构成背信运用受托财产罪的是（　　）。
A. 期货经纪公司擅自运用受托客户期货交易资金，获利后归还
B. 证券交易所擅自运用受托客户证券交易资金，亏损后逃逸
C. 期货公司动用客户保证金支付贷款，一个月后归还
D. 证券公司提前传递内幕消息给受托用户并协助操作账户获利

58. 下列关于基金管理人、托管人利用未公开信息交易，承担民事赔偿责任和罚款、罚金，说法正确的是（　　）。
A. 基金管理人对基金财产的损失以其固有财产承担责任
B. 基金托管人以受托资金承担罚款、罚金
C. 依法收缴的罚款、罚金和没收的违法所得，全部上缴国库
D. 依法收缴的罚款、罚金和没收的违法所得，全部归为基金财产

59. 根据《中华人民共和国公司法》规定，公司向其他企业投资或者为他人提供担保，依照公司章程的规定，由（　　）决议；公司章程对投资或者担保总额及单项投资或者担保的数额有限额规定的，不得超过规定的限额。
A. 监事会　　B. 理事会　　C. 董事会　　D. 股东会

60. 证券经纪人可以从事的活动有(　　)。
A. 向客户介绍证券公司和证券市场的基本情况
B. 向客户介绍证券投资的基本知识
C. 向客户传递由证券公司统一提供的证券类金融产品宣传推介材料及有关信息
D. 向客户介绍开户、交易等业务流程

61. 证券基金经营机构使用符合某些情形之一的香港机构的证券投资咨询服务的，应当自签订协议之日起5个工作日内，将协议、香港机构签署的承诺书、香港机构符合资质的证明文件报住所地或者经营所在地中国证监会派出机构备案。这些情形包括(　　)。
A. 与证券基金经营机构存在控制关系或者受同一金融机构控制
B. 提供港股研究报告的香港机构从事发布证券研究报告业务2年以上，且有30名以上经香港证监会批准取得就证券提供意见牌照的持牌代表
C. 提供港股研究报告的香港机构从事发布证券研究报告业务3年以上，且有20名以上经香港证监会批准取得就证券提供意见牌照的持牌代表
D. 提供港股投资顾问服务的香港机构从事资产管理业务5年以上，且最近一个会计年度管理的证券资产不少于100亿港元或者等值货币

62. 根据《金融机构大额交易和可疑交易管理方法》，下列关于证券公司向其所在地中国人民银行或者其分支机构报告形式的说法，正确的有(　　)。
A. 口头形式　　B. 书面形式　　C. 电子形式　　D. 现场汇报

63. 属于股份有限公司董事会职权的是(　　)。
A. 召集股东会会议
B. 决定公司的经营计划和投资方案
C. 制订公司合并、分立、解散或者变更公司形式的方案
D. 修改公司章程

64. 关于证券公司另类子公司业务范围的理解，正确的是(　　)。
A. 另类子公司进行投资业务，可以运用合法筹集的资金
B. 证券公司应当清晰划分证券公司与另类子公司之间的业务范围
C. 以自有资金投资非上市股权或新三板挂牌公司股票由另类子公司的母公司负责
D. 另类子公司不得从事投资业务之外的业务

65. 以下行为中，构成操纵证券、期货交易行为的有(　　)。
A. 编造并且传播影响证券、期货交易的虚假信息，扰乱证券、期货交易市场
B. 在自己实际控制的账户之间进行证券交易，或者以自己为交易对象，自买自卖期货合约，影响证券、期货交易价格或者证券、期货交易量
C. 与他人串通，以事先约定的时间、价格和方式相互进行证券、期货交易，影响证券期货交易价格或者证券、期货交易量
D. 单独或者合谋，集中资金优势、持股优势或者利用信息优势联合或者连续买卖，操纵证券、期货交易价格或者证券、期货交易量

66. 客户向证券公司申请开展融资融券业务，应根据证券公司营业部的要求提供相应的书面申请材料，包括(　　)。
A. 有效身份证明文件　　B. 融资融券业务申请表
C. 客户财务状况证明　　D. 担保品证明

67. 违规披露、不披露重要信息，可以认定从轻或者减轻处罚的考虑情形包括(　　)。
A. 未直接参与信息披露违法行为　　B. 配合证券监管机构调查且有立功表现
C. 受他人胁迫参与信息披露违法行为　　D. 主动上交个人财产

68. 公司股东依法享有(　　)权利。
A. 参与重大决策　　B. 资产收益　　C. 选择管理者　　D. 日常经营

69. 根据《中华人民共和国公司法》规定，公司股东可以在一定的期限内请求人民法院撤销的情形有(　　)。
A. 股东会的会议召集程序违反法律、行政法规规定
B. 董事会的表决方式违反法律、行政法规规定
C. 股东会的决议内容违反公司章程
D. 董事会的决议内容违反公司章程

70. 下列属于公开发行或者变相公开发行证券的情形包括(　　)。
A. 未经中国证监会或者国务院授权部门核准,采用广告、广播、说明会等方式向社会公众发行的
B. 未经中国证监会或者国务院授权部门核准,向特定对象转让股票,转让后公司股东累计超过300人
C. 采用电话、短信、信函等方式向超过300人发行
D. 公司股东自行或委托他人以公开方式向社会公众转让股票

71. 证券公司资产管理业务中,资产托管机构根据证券公司、客户的委托,对客户的资产进行保管,履行(　　)等职责。
A. 投资运作
B. 办理资金收付事项
C. 客户尽职调查
D. 监督证券公司投资行为

72. 根据《证券公司监督管理条例》规定,下列说法中,正确的有(　　)。
A. 证券公司及其境内分支机构经营的业务应当经国务院证券监督管理机构批准
B. 2个以上的证券公司受同一单位、个人控制或者相互之间存在控制关系的,不得经营相同的证券业务,但国务院证券监督管理机构另有规定的除外
C. 证券公司可以与他人合资、合作经营管理分支机构
D. 证券公司可以将分支机构承包、租赁或者委托给他人经营管理

73. 财务顾问及其财务顾问主办人出现下列(　　)情形的,中国证监会对其采取监管谈话、出具警示函、责令改正等监管措施。
A. 内部控制机制和管理制度、尽职调查制度以及相关业务规则存在重大缺陷或者未得到有效执行
B. 未按照《上市公司并购重组财务顾问业务管理办法》规定发表专业意见的
C. 违反其就上市公司并购重组相关业务活动所作承诺
D. 唆使、协助或者伙同委托人干扰中国证监会审核工作的

74. 下列关于公司分立的说法中,正确的有(　　)。
A. 公司分立,其财产应作相应的分割
B. 公司分立,应当编制资产负债表及财产清单
C. 公司分立前的债务,必须向债权人提前清偿
D. 登记事项发生变更的,应当依法办理变更登记

75. 关于股票质押式回购业务的风险管理,以下说法正确的是(　　)。
A. 证券公司应当对股票质押式回购实行集中统一管理
B. 证券公司应当建立健全业务隔离制度
C. 证券公司应当建立标的证券管理制度
D. 股票质押率上限不得超过50%

76. 证券公司、证券投资咨询机构或者其他财务顾问机构受聘担任上市公司独立财务顾问的,应当保持独立性,不得与上市公司存在利害关系,存在(　　)情形之一的,不得担任独立财务顾问。
A. 持有或者通过协议、其他安排与他人共同持有上市公司股份达到或者超过5%
B. 最近2年财务顾问与上市公司存在资产委托管理关系、相互提供担保
C. 在并购重组中为上市公司的交易对方提供财务顾问服务
D. 上市公司选派代表担任财务顾问的董事

77. 根据《证券投资顾问业务暂行规定》的规定,证券投资顾问业务是证券投资咨询业务的一种基本形式,指证券公司、证券投资咨询机构(　　)的经营活动。
A. 按照约定,向客户提供涉及证券及证券相关产品的投资建议服务
B. 直接或者间接获取经济利益
C. 辅助客户作出投资决策
D. 接受客户委托

78. 保荐机构持续督导的内容有(　　)。
A. 防止大股东和其他关联方违规占用发行人资源
B. 防止公司高管人员利用职务之便损害发行人利益
C. 保障关联交易的公允性和合规性,并对关联交易发表意见
D. 关注发行人为他人提供担保事项,并发表意见

79. 根据《证券公司金融银行衍生品备案指引(试行)》,金融衍生品存续期间发生的重大事件包

括(　　)。
A. 证券公司或交易对手方破产的
B. 一方拒不履行约定义务或丧失履行能力的
C. 履约保证金或履约保障品价值低于预警阈值且未能在1个工作日内补足的
D. 金融衍生品交易系统出现重大技术故障,导致交易暂停超过1个工作日的

80. 证券公司将其管理的客户资产投资于本公司及与本公司有关联方关系的公司发行的证券或承销期内承销的证券,或者从事其他重大关联交易的,应当做到(　　)。
A. 遵循客户利益优先原则　　B. 防范利益冲突
C. 事先取得客户的同意　　D. 事后告知资产托管机构和客户

三、判断题(共30题,每小题1分,共30分)正确的选A,错误的选B。不选、错选均不得分。

81. 证券公司交易时段相关网络近一年使用峰值应当在当前带宽的80%以下。(　　)
A. 正确　　B. 错误

82. 股份有限公司发起人数无上限。(　　)
A. 正确　　B. 错误

83. 国家的强制力是保障法得以实施的最后手段,也是唯一手段。(　　)
A. 正确　　B. 错误

84. 法律、行政法规规定设立公司必须报经批准的,应当在公司登记后依法办理批准手续。(　　)
A. 正确　　B. 错误

85. 证券公司应当加强对境内外分支机构和相关附属机构的管理指导和监督,要求其境外分支机构和控股附属机构在驻在国家(地区)法律规定允许的范围内,执行境内反洗钱法规要求。(　　)
A. 正确　　B. 错误

86. 持续督导期间,财务顾问解除委托协议的,委托人应当在1个月内另行聘请财务顾问对其继续进行持续督导。(　　)
A. 正确　　B. 错误

87. 有限合伙人可以以劳务出资。(　　)
A. 正确　　B. 错误

88. 套期保值,是指交易者为管理因其资产、负债等价值变化产生的风险而达成与上述资产、负债等基本吻合的期货交易和衍生品交易的活动。(　　)
A. 正确　　B. 错误

89. 公开侧业务的工作人员被动接触到保密侧业务的内幕消息,无须履行跨墙审批程序。(　　)
A. 正确　　B. 错误

90. 证券经纪人,是指接受证券公司的委托,代理其从事客户招揽和客户服务等活动的证券公司。(　　)
A. 正确　　B. 错误

91. 任何机构或者个人可以通过协会网站查询公开信息。(　　)
A. 正确　　B. 错误

92. 证券公司公开侧业务部门需要保密侧业务部门派员跨墙进行业务协作的,应当事先向跨墙人员所属部门和合规部门提出申请,并经其审批同意。(　　)
A. 正确　　B. 错误

93.《标准化债权类资产认定规则》所称的标准化债权类资产是指依法发行的债券、资产支持证券等固定收益证券。(　　)
A. 正确　　B. 错误

94. 证券公司的股东应当用货币或者证券公司经营必需的非货币财产出资。(　　)
A. 正确　　B. 错误

95. 证券的代销、包销期限最长不得超过90日。(　　)
A. 正确　　B. 错误

96. 期权合约,是指约定卖方有权在将来某一时间以特定价格买入或者卖出约定标的物(包括期货合约)的标准化或非标准化合约。(　　)
A. 正确　　B. 错误

97.《证券市场禁入规定》属于行政法规层次的规定。(　　)
A. 正确　　B. 错误

98. 未经依法注册,任何单位和个人不得公开发行证券。(　　)
A. 正确　　B. 错误

99. 交易者进行标准化期权合约交易的,买方应当缴纳保证金,卖方应当支付权利金。(　　)
A. 正确　　B. 错误

100. 证券投资咨询人员登记信息完备且符合规定的,中国证券业协会于7个工作日内办结登记并生成唯一登记编码。(　　)
A. 正确　　B. 错误

101. 证券公司合规部门中具备3年以上证券、金融、法律、会计、信息技术等有关领域工作经历的合规管理人员数量不得低于公司总人数的1.5%,且不得少于5人。(　　)
A. 正确　　B. 错误

102. 公司营业执照签发日期为公司成立日期。(　　)
A. 正确　　B. 错误

103. 新合伙人入伙,除合伙协议另有约定外,应当经全体合伙人一致同意,并依法订立书面入伙协议。(　　)
A. 正确　　B. 错误

104. 证券公司应当在选择信息技术服务机构之后,制定更换服务提供方的流程及预案,确保在特定情况下可更换服务。(　　)
A. 正确　　B. 错误

105. 证券公司不得收集提供服务非必要的投资者个人信息。(　　)
A. 正确　　B. 错误

106. 承销商应当对投资价值研究报告事实性信息核实、质量审核、合规审查进行留痕存档管理。(　　)
A. 正确　　B. 错误

107. 证券公司代销的公募基金不属于柜台市场发行、销售与转让的产品。(　　)
A. 正确　　B. 错误

108. 采取协议收购方式的,协议双方可以临时委托证券登记结算机构保管协议转让的股票,并将资金存放于指定的银行。(　　)
A. 正确　　B. 错误

109. 证券公司进行柜台交易,应经中国证监会批准可从事证券经纪业务。(　　)
A. 正确　　B. 错误

110. 融券专用证券账户用于记录证券公司持有的拟向客户融出的证券和客户归还的证券。(　　)
A. 正确　　B. 错误

四、综合题(共10题,每小题1分,共10分)以下备选项中有一项或多项符合题目要求,不选、错选均不得分。

甲公司为股份有限公司,发生下列事项:①甲公司股东张某,同时为乙合伙企业的普通合伙人,已知张某入伙前该合伙企业发生债务50万元,入伙后发生债务80万元。②甲公司拟要约收购丙上市公司股份,本次要约收购类型为主动要约,并非履行法定要约收购义务,且本次要约不以终止上市公司上市地位为目的。

根据以上信息,回答下列两题。

111. 针对事项①,以下可以成为普通合伙人的是(　　)。
A. 上市公司　　B. 国有独资公司
C. 有限责任公司　　D. 公益性的事业单位

112. 针对事项②,关于要约收购的下列说法中,正确的有(　　)。
A. 在收购要约确定的承诺期限内,收购人不得撤销其收购要约
B. 收购人不可以变更收购要约
C. 在收购期限内,不得卖出被收购公司的股票
D. 针对不同的股东,可以提出不同的收购条件

甲证券公司2022年发生下列事项:①甲证券公司2022年1月开始,担任乙公司在科创板首次公开发行股票项目的上市辅导人、保荐机构及主承销商。同时,为网下投资者提供投资价值研究报告。②2022年3月至6月期间,乙证券公司将20多亿元自有资金投向单一资金信托计划,但在月度风险控制指标监管报表和年度报告中,将上述投资计入银行存款。

根据以上信息,回答下列两题。

113. 针对事项①,证券公司下列做法中,符合规定的是(　　)。

A. 甲证券公司在上述信息公开之日,将乙公司列入限制名单

B. 该公司分析师不得参与撰写该项目的投资价值研究报告

C. 该公司分析师参与撰写该项目的投资价值研究报告,需履行跨墙审批手续

D. 该公司将合规职责与风控职责合二为一

114. 针对事项②,证券公司风险控制指标体系主要有(　　)。

A. 净资本　　B. 风险覆盖率　　C. 资本收益率　　D. 流动性覆盖率

甲证券公司此前因公司约定购回式证券交易业务被动持有X股票以及自营业务通过二级市场交易持有X股票合计数量达到其总股本5.1%,致使甲公司证券自营业务风险控制指标不合规。

根据以上信息,回答下列两题。

115. 根据《证券公司风险控制指标计算标准规定》,证券公司经营自营业务,持有一种权益类证券的市值与其总市值的比例不得超过(　　),因此甲公司证券自营业务风险控制指标不合规。

A. 1%　　B. 2%　　C. 3%　　D. 5%

116. 根据《证券公司风险控制指标计算标准规定》,下列证券自营业务风险控制指标符合规定的有(　　)。

A. 自营权益类证券及其衍生品合计额不得超过净资本的100%

B. 自营权益类证券及其衍生品合计额不得超过净资本的200%

C. 自营非权益类证券及其衍生品合计额不得超过净资本的500%

D. 自营非权益类证券及其衍生品合计额不得超过净资本的1000%

高某,时任甲股票型证券投资基金经理。高某于2021年4月至2022年12月,将因任职基金经理获取的基金未公开信息泄露给大学同学陈某,并与陈某共同向陈某配偶王某账户出资,由陈某操作,二人共同利用未公开信息从事相关证券交易活动。

根据以上信息,回答下列两题。

117. 下列说法正确的是(　　)。

A. 高某的职务是证券投资基金经理,符合利用未公开信息交易的主体要求

B. 违反了市场交易制度,对市场造成了破坏,符合利用未公开信息交易的客体要求

C. 有意泄露信息符合利用未公开信息交易的主观要件

D. 高某的行为构成利用未公开信息交易罪

118. 下列行为可能涉嫌构成利用未公开信息交易罪的是(　　)。

A. 某注册会计师利用上市公司财务信息买卖股票

B. 基金经理利用所掌握的基金持仓信息买卖股票且情节严重

C. 上市公司董事泄露该公司重组信息

D. 投资者甲利用非法获取的内幕信息买卖股票

王某于2019年通过国家法律职业资格考试,并参与股票投资,长期持有股票。2022年6月,王某拟到甲证券公司任职,从事证券业务。

根据以上信息,回答下列两题。

119. 下列关于王某的说法,正确的是(　　)。

A. 王某应在入职前处置所持有的全部股票

B. 王某需参加一般业务水平评价测试并达到基本要求

C. 王某可不参加证券市场基本法律法规测试,但需参加金融市场基础知识测试

D. 王某可不参加一般业务水平评价测试

120. 下列关于从业人员应当持续符合的条件,说法错误的是(　　)。

A. 最近3年未因犯罪被判处刑罚

B. 最近3年未被中国证监会撤销基金从业资格

C. 未被中国证监会采取证券市场禁入措施

D. 被中国证监会采取证券市场禁入措施,但执行期已经届满

机考题库·真题试卷(八)

答题卡

本试卷采用虚拟答题卡技术，自动评分

考生扫描右侧二维码，将答题选项填入虚拟答题卡中，题库系统可自动统计答题得分，生成完整的答案及解析。题库系统根据考生答题数据，自动收集整理错题，记录考生薄弱知识点，方便考生在题库系统中查漏补缺。

一、单选题(共40题,每小题0.5分,共20分)以下备选项中只有一项最符合题目要求,不选、错选均不得分。

1. 下列不属于对财务顾问及其财务顾问主办人进行持续动态监管,并应计入其诚信档案的事项是(　　)。
   A. 财务顾问主办人与证监会进行专业沟通,并按照证监会提出的反馈意见做出答复
   B. 财务顾问及其财务顾问主办人被中国证监会采取监管措施
   C. 在持续督导期间,上市公司或者其他委托人违反公司治理有关规定,相关资产状况及上市公司经营成果等于财务顾问的专业意见出现较大差异
   D. 财务顾问采取不正当竞争手段进行恶性竞争

2. 金融资产坚持(　　)计量原则,鼓励使用市值计量。
   A. 公允价值　　B. 历史价值　　C. 现值　　D. 实际价值

3. 下列关于证券市场法律法规层次的表述,错误的是(　　)。
   A. 现行证券市场法律主要包括《中华人民共和国证券法》《中华人民共和国证券投资基金法》《中华人民共和国公司法》《中华人民共和国刑法》
   B. 中国证券业协会制定的自律规则属于证券市场法律法规的第五个层次
   C. 证券市场法律法规共分为五个层次
   D.《证券公司监督管理条例》和《证券公司风险处置条例》属于部门规章

4. 下列选项中,不属于信息披露的原则的是(　　)。
   A. 真实性原则　　B. 准确性原则　　C. 准时性原则　　D. 完整性原则

5. 从事保荐业务的机构和个人,必须经(　　)核准。
   A. 中国证券业协会　　B. 中国证监会　　C. 证券交易所　　D. 证券登记结算中心

6. 证券公司分类监管制度是证券行业的一项基础性制度。下列关于证券公司分类监管的评价指标体系及评价方法的说法,正确的是(　　)。
   A. 证券公司分类监管评价设定正常经营的证券公司为120分
   B. 分类评价每季度进行一次
   C. 分类监管评价的评价期为上一年度4月30日到本年度5月1日
   D. 证券公司在基准分的基础上,根据证券公司风险管理能力评价指标与标准、市场竞争力、持续合规状况等方面的情况,进行相应加分或扣分

7. 发行人可以就(　　)事项聘请保荐机构履行保荐职责。
   A. 首次公开发行股票并上市　　B. 上市公司并购重组
   C. 重大资产重组　　D. 破产清算

8. 经营机构向普通投资者销售产品或者提供服务前,应当告知的信息错误的是(　　)。
   A. 利益保证承诺
   B. 因经营机构的业务或者财产状况变化,影响客户判断的重要事由
   C. 限制销售对象权利行使期限或者可解除合同期限等全部限制内容
   D. 投资者适当性匹配意见

9. 证券公司应建立独立于生产环境的(　　),避免风险传导。
   A. 压力测试与评估分析系统　　B. 专用开发测试环境
   C. 日志留痕机制　　D. 信息系统安全测试机制

10. 某公司擅自公开发行证券,非法募集资金1亿元,则对其处罚的金额可以是(　　)。
    A. 1万元　　B. 10万元　　C. 200万元　　D. 1000万元

11. 证券公司应当对代销金融产品活动实行(　　)管理,明确内设部门和分支机构在代销金融产品活动中的职责,防止分支机构擅自代销金融产品。
A. 分散　　B. 分业　　C. 集中统一　　D. 分部门
12. 发行人当年累计新增借款或对外提供担保超过上年末净资产的(　　),将指认定为债券存续期间需要披露的重大事项。
A. 10%　　B. 15%　　C. 20%　　D. 25%
13. 证券公司、证券投资咨询机构以软件工具、终端设备等为载体提供建议的,下列说法中不符合要求的是(　　)。
A. 客观说明软件工具、终端设备的功能,不得对其功能进行虚假、不实、误导性宣传
B. 揭示软件工具、终端设备的固有缺陷和使用风险,不得隐瞒或者有重大遗漏
C. 对软件工具、终端设备所使用的数据信息来源要保密
D. 表示软件工具、终端设备具有选择证券投资品种或者提示买卖时机功能的,应当说明其方法和局限
14. 根据《证券公司风险处置条例》,相关机构或人员存在以下情况即禁止参与处置证券公司风险工作的是(　　)。
A. 因严重违法行为受到行政处罚已逾 3 年
B. 涉嫌犯罪正在被立案侦查、起诉
C. 与被处置证券公司处置事项无利害关系
D. 内部控制存在瑕疵
15. 下列有关国家强制力保障法律实施的说法中,错误的是(　　)。
A. 国家通过强制力来保障法的实施,应符合一定的程序,依法进行
B. 任何违法行为,都将受到国家强制力的制裁
C. 国家强制力是保障法实施的唯一手段
D. 法与其他社会规范相区别的重要标志是法律具有强制性
16. 证券公司董事长、经营管理的主要负责人由同一人担任时,独立董事人数不得少于董事人数的(　　)。
A. 1/4　　B. 1/3　　C. 1/6　　D. 1/5
17. 按照《证券公司合规管理实施指引》的要求,某证券公司设立合规部门,作为合规负责人王某领导的办事机构承担合规管理职责。以下关于合规部门的说法中错误的是(　　)。
A. 合规部门对王某负责
B. 合规部门不得承担与合规管理相冲突的其他职责
C. 证券公司应当将合规部门与承担稽核、风控、内审、法务职责相关的部门进行区分
D. 合规部门中具备 3 年以上证券、金融、法律、会计、信息技术等有关领域工作经历的合规管理人员数量不得低于公司总部人数的 1.5%,且不得少于 3 人
18. 保荐代表人擅自改动申请文件、信息披露资料或者其他已提交文件,情节严重的,中国证监会可以在(　　)个月到 12 个月内不受理保荐机构、保荐代表人具体负责的推荐。
A. 3　　B. 6　　C. 9　　D. 10
19. (　　)负责制定融资融券业务的操作流程,确定对单一客户和单一证券的授信额度。
A. 董事会　　B. 业务决策机构　　C. 业务执行部门　　D. 分支机构
20. 我国法律关系的主体包括(　　)。
A. 主体、客体、内容　　B. 物质、财富、行为
C. 自然人、组织、国家　　D. 人身、物权
21. 证券公司开展私募资产管理业务,应具备符合条件的高级管理人员和(　　)名以上投资经理。
A. 3　　B. 4　　C. 5　　D. 6
22. 公司的发起人、股东在公司成立后,抽逃其出资的,由公司登记机关责令改正,处以所抽逃出资金额(　　)的罚款。
A. 5% 以上 10% 以下　　B. 5% 以上 15% 以下
C. 10% 以上 15% 以下　　D. 15% 以上 20% 以下
23. 基金管理人的股东、实际控制人未按照国务院证券监督管理机构的规定及时履行重大事项报告义务的,没收违法所得,并处违法所得(　　)罚款。
A. 1 倍以上 3 倍以下　　B. 1 倍以上 5 倍以下
C. 3 倍以上 5 倍以下　　D. 3 倍以上 10 倍以下

24. 某公司公开发行股票募集资金3000万元，如果该公司需要改变当初招股说明书所列资金用途的，必须经(　　)进行决议。
A. 中国证券业协会　B. 公司股东会
C. 中国证券监督管理委员会　D. 证券交易所

25. (　　)对证券公司实施《证券公司全面风险管理规范》的情况进行自律管理，督促证券公司持续完善全面风险管理体系。
A. 中国银保监会　B. 中国证监会
C. 中国人民银行　D. 中国证券业协会

26. 下列关于管理公开募集基金的基金管理公司的注册资本条件的说法中，正确的是(　　)。
A. 注册资本不低于5亿元人民币，且必须为实缴货币资本
B. 注册资本不低于1亿元人民币，可为认缴资本
C. 注册资本不低于1亿元人民币，且必须为实缴货币资本
D. 注册资本不低于5亿元人民币，可为认缴资本

27. 下列有关分公司的说法，错误的是(　　)。
A. 分公司不具有法人资格，不能独立享有权利、承担责任，其一切行为的后果及责任由公司承担
B. 分公司没有独立的公司名称及章程，其对外从事经营活动必须以总公司的名义，遵守总公司的章程
C. 分公司在人事上没有自主权，其主要管理人员由总公司决定并委任，但能够以自己的名义开展经营活动，从事各类民事活动
D. 分公司没有独立的财产，其所有资产属于总公司，并作为总公司的资产列入总公司的资产负债表中

28. 证券公司未按照规定为客户开立账户的，责令改正；情节严重的，处以(　　)的罚款。
A. 10万元以上50万元以下　B. 20万元以上50万元以下
C. 30万元以上100万元以下　D. 10万元以上100万元以下

29. 下列不属于证券公司、证券投资咨询机构或者其他财务顾问机构不得担任独立财务顾问的情形是(　　)。
A. 最近24个月内因执业行为违反行业规范而受到行业自律组织的纪律处分
B. 财务顾问的董事、监事、高级管理人员、财务顾问主办人或者其直系亲属有在上市公司任职等影响公正履行职责的情形
C. 在并购重组中为上市公司的交易对方提供财务顾问服务
D. 持有或者通过协议、其他安排与他人共同持有上市公司股份达到或者超过5%，或者选派代表担任上市公司董事

30. 根据《证券法》，下列关于证券登记结算机构职能的说法，错误的是(　　)。
A. 证券账户、结算账户的设立　B. 受投资者的委托派发证券权益
C. 证券交易的清算和交收　D. 证券的存管和过户

31. 证券公司将自有资金投资于(　　)，且投资规模合计不超过净资本80%的，无须取得证券自营业务资格。
A. 证券投资基金　B. 上市股票　C. 国债　D. 权证

32. 根据《中华人民共和国证券投资基金法》的规定，基金托管人应当履行的首要职责是安全保管基金的(　　)。
A. 现金资产　B. 证券资产　C. 全部资产　D. 部分财产

33. 操纵证券、期货市场表现为利用资金、信息等优势或者滥用职权操纵市场、制造市场假象，影响证券、期货市场。下列选项中属于操纵证券、期货市场手段的是(　　)。
A. 发行人的董事在涉及证券发行的信息尚未公开前，从事与该信息相关的证券交易活动
B. 某基金管理人与他人串通以事先约定好的时间进行交易
C. 某一散户在某一时点进行大额证券买卖
D. 某行业协会工作人员将对证券交易价格有重大影响的信息暗示给他人从而将该证券卖出

34. 非公开募集基金的合格的单位投资者，净资产不低于(　　)。
A. 500万元　B. 1000万元　C. 5000万元　D. 1亿元

35. 证券评级机构未按照《证券法》规定披露信息,或者未对其所依据的文件资料内容的真实性、准确性、完整性进行核查和验证的,责令改正,予以警告,并处以(　　)的罚款。
A. 1 万元以上 3 万元以下　　B. 1 万元以上 5 万元以下
C. 3 万元以上 5 万元以下　　D. 3 万元以上 10 万元以下

36. 上市公司在 1 年内担保金额超过公司资产总额 30% 的,应当由股东会作出决议,并经(　　)通过。
A. 出席会议的股东所持表决权的 1/2 以上　B. 出席会议的股东所持表决权的 2/3 以上
C. 全体股东所持表决权的 2/3 以上　　D. 全体股东所持表决权的 1/2 以上

37. 证券公司应对流动性风险实施限额管理,根据其业务规模、性质、复杂程度、流动性风险偏好和外部市场发展变化、监管要求等情况,设定流动性风险限额并对其执行情况进行监控。证券公司应至少(　　)对流动性风险限额进行一次评估,必要时进行调整。
A. 每两年　　B. 每年　　C. 每半年　　D. 每季度

38. 一家公司发行股票、债券进行筹资,下列哪项行为构成欺诈发行证券罪(　　)。
A. 行为人在招股说明书、认股书、公司、企业债券募集办法等发行文件中隐瞒重要事实或编造重大虚假内容,但尚未发行证券
B. 行为人因过失制作了虚假的招股说明书、认股书、公司、企业债券募集办法等发行文件,且已经发行证券
C. 行为人制作了虚假的招股说明书、认股书、公司、企业债券募集办法等发行文件,发行证券,并达到数量巨大、后果严重或者有其他严重情节
D. 行为人制作并向社会发行了虚假的招股说明书、认股书、公司、企业债券募集办法等发行文件

39. 下列关于证券公司内部控制基本要求的说法,正确的是(　　)。
A. 证券公司的公章应当集中统一保管,由专人专岗独立负责公章的保管、审批、使用
B. 证券公司应建立自有资金运用的决策、审核、批准、监控相分离的管理体系
C. 证券公司业务授权可以采用书面或口头形式
D. 证券公司与业务合同直接接触的岗位可选择实行双人负责制

40. 按照《证券公司合规管理实施指引》的要求,证券公司的合规管理是指证券公司制定和执行合规管理制度、建立合规管理机制、防范合规风险的行为。以下(　　)不属于证券公司合规经营的基本原则和应遵守的基本要求。
A. 不得为客户违规从事证券发行、交易活动提供便利
B. 有效管理内幕信息和未公开信息,防范公司及其工作人员利用该信息买卖证券、建议他人买卖证券,或者泄露该信息
C. 保证关联交易的公允性,防止不正当关联交易和利益输送
D. 建立业务风险识别、评估和控制的完整体系

二、多选题(共 40 题,每小题 1 分,共 40 分)以下备选项中有两项或两项以上符合题目要求,多选、少选、错选均不得分。

41. 下列关于证券交易所组织架构的说法,正确的有(　　)。
A. 证券交易所设理事会
B. 证券交易所总经理由会员大会选择产生
C. 证券交易所总经理由理事会任免
D. 证券交易所总经理由国务院证券监督管理机构任免

42. 根据《证券公司监督管理条例》规定,证券公司的股东可以用(　　)出资。
A. 货币　　B. 劳务
C. 信用　　D. 证券公司经营必需的非货币财产

43. 下列关于证券公司分类监管的说法,正确的有(　　)。
A. 分类监管制度是证券行业的一项基础性制度
B. 中国证监会根据证券公司分类结果对不同类别的证券公司实施区别对待的监管政策
C. 分类监管制度对证券公司发挥了正向激励作用
D. 分类监管制度降低了证券公司抵御风险的能力

44. 下列关于证券投资顾问的说法中,正确的有(　　)。
A. 提供证券投资建议　　B. 收取服务报酬
C. 需要取得投资顾问资格　　D. 接受全权委托

45. 下列不符合基金宣传推介规范的宣传用语的有(　　)。
A. 坐享财富增长　　B. 安心享受成长
C. 申购良机、欲购从速　　D. 金牛基金,业绩保障
46. 证券公司应当依法向社会公开披露其基本情况、负债及或有负债情况和(　　)。
A. 人均薪酬情况　　B. 经营管理状况
C. 财务收支状况　　D. 参股及控股情况
47. 根据《关于加强证券经纪业务管理的规定》规定,关于客户资产的相关规定,下列说法中正确的有(　　)。
A. 证券公司应当要求客户在开立资金账户时自行设置密码
B. 证券公司员工可接受客户委托,在其开立资金账户时为其设置默认密码
C. 证券公司应当提醒客户适时修改密码和增强密码强度
D. 证券公司应在网上证券客户端提示客户加强身份证件、账号、密码的保护
48. 公司在清算时,隐匿财产,对资产负债表或者财产清单作虚假记载或者在未清偿债务前分配公司财产的,应当承担的法律责任有(　　)。
A. 由公司登记机关责令改正
B. 对公司处以隐匿财产或者未清偿债务前分配公司财产金额5%以上10%以下的罚款
C. 对公司处以隐匿财产或者未清偿债务前分配公司财产金额1%以上10%以下的罚款
D. 对直接负责的主管人员和其他直接责任人员处以1万元以上10万元以下的罚款
49. 根据《证券公司证券自营业务指引》规定,关于自营业务资金出入的相关规定,下列行为被禁止的有(　　)。
A. 以个人名义从自营账户调出资金　　B. 以公司名义从自营账户提取现金
C. 以个人名义调入资金　　D. 以公司名义调入资金
50. 以下属于有限责任公司的公司章程应载明事项的有(　　)。
A. 公司名称和住所　　B. 公司经营范围
C. 公司注册资本　　D. 公司法定代表人
51. 证券公司在中间介绍业务中,不得为从事期货交易的客户提供下列(　　)服务。
A. 间接为期货交易提供担保　　B. 代客户保管交易密码
C. 为期货交易提供融资　　D. 提供期货行情信息
52. 根据《上海证券交易所会员客户证券交易行为管理实施细则》,证券公司应当重点监控(　　)交易行为。
A. 被交易所列为限制交易账户　　B. 在最近一季度被交易所列为重点监控账户
C. 其他需要重点监控的账户　　D. 持续盈利的账户
53. 下列关于股份有限公司股票发行的说法中,正确的有(　　)。
A. 股票发行价格可以按票面金额,也可以高于或低于票面金额
B. 股票采用纸面形式或者国务院证券监督管理机构规定的其他形式
C. 发起人股票采用纸面形式的,应当标明发起人股票字样
D. 公司发行的股票,应当为记名股票
54. 经国务院证券监督管理机构核准,取得经营证券业务许可证,证券公司可以经营(　　)部分或者全部证券业务。
A. 证券经纪;证券投资咨询;与证券交易、证券投资活动有关的财务顾问
B. 证券承销与保荐、证券融资融券
C. 证券做市交易
D. 证券自营
55. 被采取市场禁入措施的人员,应当遵循的规定包括(　　)。
A. 立即停止从事证券业务
B. 立即停止履行上市公司董事、监事、高级管理人员职务
C. 由所在机构按规定程序解除其被禁止担任的职务
D. 不得在任何公司担任董事、监事、高级管理人员职务
56. 根据《证券经纪人管理暂行规定》规定,证券经纪人不得有(　　)行为。
A. 替客户办理账户开立、注销、转移
B. 与客户约定分享投资收益

C. 向客户传递由证券公司统一提供的证券类金融产品宣传推介材料及有关信息
D. 为客户之间的融资提供中介、担保或者其他便利

57. 根据《中华人民共和国合伙企业法》规定,关于普通合伙企业的利润分配、亏损分担,正确的说法有(　　)。
A. 合伙协议不得约定将全部利润分配给部分合伙人
B. 合伙协议可以约定部分合伙人承担全部亏损
C. 应符合共享收益、共担风险的内在要求
D. 利润分配、亏损分担的约定,应遵循公平原则

58. 私募基金管理人有下列(　　)情形之一的,登记备案机构应当及时注销私募基金管理人登记并予以公示。
A. 自行申请注销登记
B. 依法解散、被依法撤销或者被依法宣告破产
C. 登记之日起6个月内未备案首只私募基金
D. 因非法集资、非法经营等重大违法行为被追究法律责任

59. 证券公司从事证券自营业务必须使用(　　)。
A. 客户资金　B. 自有资金　C. 依法筹集的资金　D. 转融通资金

60. 根据规定,证券投资基金份额持有人享有的权利包括(　　)。
A. 按照规定要求召开基金份额持有人大会　B. 取得基金收益
C. 参与基金日常投资管理　D. 申购、赎回或者转让基金份额

61. 证券公司应当按照(　　)原则采取必要管理措施和技术,防止客户身份资料和交易记录的缺失、损毁,防止泄漏客户身份信息和交易信息。
A. 安全　B. 公开　C. 完整　D. 保密

62. 下列关于证券公司账户体系的说法中,正确的是(　　)。
A. 融券专用证券账户用于记录证券公司持有的拟向客户融出的证券和客户归还的证券,不得用于证券买卖
B. 客户信用交易担保证券账户用于记录客户委托证券公司持有、担保证券公司因向客户融资融券所生债权的证券
C. 融资专用资金账户用于存放证券公司拟向客户融出的资金及客户归还的资金
D. 信用交易资金交收账户用于客户融资融券交易的证券结算

63. 证券公司及其从业人员依法合规开展各类债券交易业务,(　　)。
A. 不得以人员挂靠、业务包干等承包方式开展业务,或以其他形式实施过度激励
B. 不得私下或在表外开展债券交易
C. 按规定应当签订书面合同的,不得以邮件、即时通讯信息等替代书面合同
D. 不得指定协议双方以外的第三方作为交易对手方开展债券回购交易

64. 中国证监会及其派出机构可以根据审慎监管原则,要求财务顾问提供已按照《上市公司并购重组财务顾问业务管理办法》的规定履行尽职调查义务的(　　)。
A. 证明材料　B. 工作档案　C. 工作底稿　D. 立项申请

65. 下列功能属于"荐股软件"功能的有(　　)。
A. 预测某证券的价格走势　B. 建议买入某证券
C. 建议某天买入某证券　D. 提供某证券的投资分析建议

66. 证券公司在进行自营业务时的禁止性行为包括(　　)。
A. 将自营账户借给他人使用　B. 操纵市场
C. 将自营业务与代理业务混合操作　D. 内幕交易

67. 下列关于证券公司违反规定委托他人代为买卖证券的处理处罚办法,正确的有(　　)。
A. 没收违法所得,并处以违法所得1倍以上5倍以下的罚款
B. 没有违法所得或者违法所得不足10万元的,处以10万元以上30万元以下的罚款
C. 情节严重的,暂停或者撤销其相关证券业务许可
D. 对直接负责的主管人员和其他直接责任人员处以3万元以上10万元以下的罚款

68. 证券公司设立时,其业务范围应当与其(　　)相适应。
A. 财务状况　B. 内部控制制度　C. 合规制度　D. 人力资源状况

69. 下列关于公司股东的义务,表述正确的有(　　)。
A. 公司股东滥用股东权利给公司或者其他股东造成损失的,应当依法承担赔偿责任
B. 公司股东不得滥用股东权利损害公司或其他股东的利益

C. 公司股东不得滥用股东有限责任损害公司债权人的利益
D. 公司股东滥用公司法人独立地位和股东有限责任,逃避债务,严重损害公司债权人利益的,应当对公司债务承担连带责任

70. 证券投资顾问在为客户提供证券投资顾问服务过程中,应当符合的要求包括(　　)。
A. 提出要更加重视公司及关联方的利益　B. 提供适当的投资建议服务
C. 提供投资建议应当具有合理依据　D. 规范参与媒体证券节目

71. 下列对法的概念描述,正确的是(　　)。
A. 法是由国家制定或认可并由国家强制力保证实施的
B. 法是反映特定物质生活条件所决定的统治阶级意志
C. 法是以确认、保护和发展对统治阶级有利的社会关系和社会秩序为目的的规范系统
D. 法以保障和约束为内容

72. 证券公司向普通投资者进行告知、警示时,下列情形需全程录音或录像留痕的有(　　)。
A. 普通投资者申请转为专业投资者
B. 向普通投资者销售风险等级为 R5 的产品(R5 为最高风险等级)
C. 证券公司主动调整投资者分类、产品或者服务分级、适当性匹配意见
D. 向普通投资者履行信息告知义务

73. 资产支持证券投资者享有的权利为(　　)。
A. 分享专项计划收益
B. 按照认购协议及计划说明书的约定参与分配清算后的专项计划剩余资产
C. 按规定或约定的时间和方式获得资产管理报告等专项计划信息披露文件,查阅或者复制专项计划相关信息资料
D. 依法以交易、转让或质押等方式处置资产支持证券

74. 根据《上市公司并购重组财务顾问业务管理办法》,财务顾问主办人应当具备的条件包括(　　)。
A. 具备中国证监会规定的投资银行业务经历
B. 参加中国证监会认可的财务顾问主办人胜任能力考试且成绩合格
C. 所任职机构同意推荐其担任本机构的财务顾问主办人
D. 未负有数额较大到期未清偿的债务

75. 下列关于公开发行证券募集资金用途的说法,正确的有(　　)。
A. 公司对公开发行股票所募集资金,必须按照招股说明书或者其他公开发行募集文件所列资金用途使用
B. 改变资金用途,必须经股东会作出决议
C. 公开发行公司债券筹集的资金,必须按照公司债券募集办法所列资金用途使用
D. 公开发行公司债券筹集的资金,不得用于弥补亏损,可以用于非生产性支出

76. 从事证券投资基金活动,应当遵循(　　)的原则,不得损害国家利益和社会公共利益。
A. 自愿　B. 公正　C. 公平　D. 诚实信用

77. 下列关于欺诈发行证券罪主观要件的说法,错误的有(　　)。
A. 行为人必须实施在招股说明书、认股书、公司、企业债券募集办法中隐瞒重要事实或者编造重大虚假内容的行为
B. 本罪的主体主要是单位
C. 行为人必须实施了发行股票或公司、企业债券的行为
D. 本罪在主观上只能依故意构成,过失不构成本罪

78. 根据《证券公司私募投资基金子公司管理规范》,下列关于证券公司设立私募基金子公司的说法,正确的有(　　)。
A. 私募基金子公司不得从事与私募基金无关的业务
B. 每家证券公司设立的私募基金子公司原则上不超过一家
C. 私募基金子公司各下设基金管理机构的业务范围可以重叠
D. 私募基金子公司下设的特殊目的机构原则上不得再下设任何机构

79. 在融资融券业务中,可充抵保证金证券范围包括(　　)。
A. A 股股票　B. B 股股票
C. 债券　D. 基金

80. 根据《证券公司监督管理条例》,证券公司未按照规定与客户签订业务合同,中国证监会可以采取的措施是(　　)。
A. 出具警示函　B. 责令公开说明　C. 给予警告　D. 责令改正

三、判断题(共30题,每小题1分,共30分)正确的选A,错误的选B。不选、错选均不得分。

81. 保荐机构应当加强廉洁文化建设,每季度开展覆盖全体保荐代表人、其他从事保荐业务的人员的廉洁文化培训,确保保荐代表人、其他从事保荐业务的人员熟悉廉洁从业相关规定。( )

A. 正确　　B. 错误

82. 封闭式基金在基金合同期限内,基金份额持有人不得申请赎回基金份额。( )

A. 正确　　B. 错误

83. 转融通业务是指证券金融公司将自有或者依法筹集的资金和证券出借给证券公司,以供其办理融资融券业务的经营活动。( )

A. 正确　　B. 错误

84. 全国股转公司制定客观、统一化的创新层进层条件和降层调整情形。( )

A. 正确　　B. 错误

85. 证券期货经营机构应当于每年4月30日前,向中国证监会有关派出机构报送上年度廉洁从业管理情况报告。( )

A. 正确　　B. 错误

86. 基金管理人由依法设立的公司或者合伙企业担任。( )

A. 正确　　B. 错误

87. 按照法律主体在法律关系中的地位不同,可以将法律关系分为第一性法律关系和第二性法律关系。( )

A. 正确　　B. 错误

88. 登记人员从事的业务类别发生变化的,证券公司应当自发生变化之日起7个工作日内为其办理变更登记。( )

A. 正确　　B. 错误

89. 公开募集基金的基金管理人,由基金管理公司或者经国务院证券监督管理机构按照规定核准的其他机构担任。( )

A. 正确　　B. 错误

90. 投资者对开放式基金份额的买卖,只能根据基金份额上市交易规则,委托证券公司在证券交易所完成交易。( )

A. 正确　　B. 错误

91. 投资经理离任的,证券基金经营机构应当对其进行离任审查,并自离任之日起3个月内形成离任审查报告,以存档备查。( )

A. 正确　　B. 错误

92. 公开发行证券,必须符合法律、行政法规规定的条件,并依法报经国务院证券监督管理机构或者国务院授权的部门注册。( )

A. 正确　　B. 错误

93. 对于经评估不符合交易商条件的证券公司,设置3年过渡期,过渡期内不得新增业务规模。( )

A. 正确　　B. 错误

94. 证券公司单独从事证券经纪业务时,该项业务所对应的净资本标准在证券公司开展的各类业务当中属于最低标准。( )

A. 正确　　B. 错误

95. 二级交易商既可以与一级交易商进行场内个股对冲交易,也可以自行或与一级交易商之外的交易对手开展场内个股对冲交易。( )

A. 正确　　B. 错误

96. 通过约定申报方式参与科创板或创业板证券出借的,证券出借期限可在1天至182天的区间内协商确定。( )

A. 正确　　B. 错误

97. 证券公司以自己名义开立,用于记载客户委托证券公司持有、担保证券公司因向客户融资融券所生债权的证券账户是客户信用证券账户。( )

A. 正确　　B. 错误

98. 证券公司在全国股份转让系统开展相关业务时,应向全国股份转让系统公司申请备案。( )

A. 正确　　B. 错误

99. 公司可以设立分公司,分公司不具有法人资格,其民事责任由公司承担。(　　)
A. 正确　　B. 错误
100. 证券公司应当遵循合法、正当、必要和诚信原则,处理投资者个人信息。(　　)
A. 正确　　B. 错误
101. 证券登记结算机构按照业务规则收取的各类结算资金和证券,必须存放于专门的清算交收账户。(　　)
A. 正确　　B. 错误
102. 证券公司可以将证券营业部承包给他人经营。(　　)
A. 正确　　B. 错误
103. 证券公司应当勤勉尽责,建立健全和执行客户身份识别制度,遵循"了解你的客户"的原则,开展客户身份识别、重新识别和持续识别工作。(　　)
A. 正确　　B. 错误
104. 投资风险放大属于融资融券业务交易的特有风险。(　　)
A. 正确　　B. 错误
105. 证券公司监事未能勤勉尽责,致使公司存在重大合规风险的,依法采取行政监管措施。(　　)
A. 正确　　B. 错误
106. 证券公司风险管理部门应当向董事会提交风险管理日报。(　　)
A. 正确　　B. 错误
107. 证券金融公司向证券公司转融通的期限不得超过 9 个月。(　　)
A. 正确　　B. 错误
108. 证券公司柜台交易是指证券公司与特定交易对手方在集中交易场所之外进行的交易或为投资者在集中交易场所之外进行交易提供服务的行为。(　　)
A. 正确　　B. 错误
109. 我国证券市场法律法规体系的主要层级包括法律、行政法规、部门规章、规范性文件及行业自律规则五个层级。(　　)
A. 正确　　B. 错误
110. 证券公司开展私募资产管理业务,应具备符合条件的高级管理人员和 3 名以上投资经理,应具有投资研究部门,且专职从事投资研究的人员不少于 3 人。(　　)
A. 正确　　B. 错误

四、综合题(共 10 题,每小题 1 分,共 10 分)以下备选项中有一项或多项符合题目要求,不选、错选均不得分。

甲资产管理机构发行 X 资产管理计划,业务人员王某在资产管理计划设立过程中,在 X 资产管理计划宣传推介材料中加入保本保收益承诺,由甲资产管理机构以自有资金或由甲资产管理机构指定的机构,对投资者持有的资管计划份额进行无条件回购等表述,从而增强营销宣传效果、吸引客户购买。

根据以上信息,回答下列三题。

111. 关于该资产管理计划中保本收益承诺的相关说法,正确的是(　　)。
A. 为增强营销宣传效果,吸引客户购买,可以进行保本收益承诺
B. 该宣传推介材料中的相关表述,不视为刚性兑付
C. 该宣传推介材料中的相关表述,视为刚性兑付
D. 该保本收益承诺若认定存在,则应依法纠正并予以处罚
112. 金融机构为资产管理产品投资的非标准化债权类资产或者股权类资产发生(　　)行为的,视为刚性兑付。
A. 提供任何直接或间接的担保　　B. 提供显性或隐性的担保
C. 回购　　D. 其他代为承担风险的承诺
113. 经认定存在刚性兑付行为的,以下惩处措施表述正确的是(　　)。
A. 存款类金融机构发生刚性兑付的,按照存款业务予以规范,足额补缴存款准备金和存款保险保费,并予以行政处罚

B. 非存款类持牌金融机构发生刚性兑付的,依法纠正并予以处罚

C. 任何单位和个人发现金融机构存在刚性兑付行为的,可以向金融管理部门举报

D. 外部审计机构在对金融机构进行审计时,如果发现金融机构存在刚性兑付行为的,应当及时报告金融管理部门

2015 年,李某和张某发起设立甲股份有限公司,公司成立后李某向银行贷款 500 万元,拟由甲股份有限公司为其提供担保。2022 年,甲公司成功上市,拟在 1 年内购买重大资产,所需资金比例占公司资产总额的 45%。

根据以上信息,回答下列两题。

114. 关于李某向银行贷款,拟由甲公司为其提供担保的说法,错误的是(　　)。

A. 由董事会或者股东会进行决议　　B. 必须经股东会决议

C. 李某自行办理担保事项　　D. 由董事会作出决议

115. 甲公司购买重大资产的决议需经出席会议的股东所持表决权的(　　)以上通过。

A. 过半数　　B. 半数　　C. 1/3　　D. 2/3

张某作为普通合伙人,王某作为有限合伙人共同设立有限合伙企业甲,其中张某出资 100 万元,王某出资 900 万元。合伙协议约定,合伙期限为 1 年,合伙企业甲成立的目的为收购乙资管产品。合伙企业甲成立 2 年后,收购任务亦完成,但合伙企业甲未成立清算组。普通合伙人张某向法院申请强制清算合伙企业甲,并提交合伙协议及相关收购完成的资料作为证据,法院最后裁定合伙企业甲应予以解散。

根据以上信息,回答下列三题。

116. 根据《合伙企业法》,下列关于合伙企业应当解散的情形,说法错误的是(　　)。

A. 合伙人已不具备法定人数满 30 天　　B. 合伙期限届满,合伙人决定不再经营

C. 合伙协议约定的解散事由出现　　D. 2/3 以上合伙人决定解散

117. 合伙企业甲的清算人可以是(　　)。

A. 全体合伙人张某和王某

B. 经张某和王某同意,在法定期限内,指定张某担任清算人

C. 经张某和王某同意,在法定期限内,委托第三人担任清算人

D. 特定情形下,合伙人或者其他利害关系人可以申请法院指定清算人

118. 清算后合伙企业甲财产优先支付了清算费用和职工工资、社会保险费用、法定补偿金以及缴纳所欠税款后,尚有 100 万元债务无力偿还。关于合伙企业甲的债务承担,说法错误的是(　　)。

A. 张某因其作为普通合伙人,需对合伙企业债务承担无限连带责任,以个人财产对该 100 万元债务进行偿还

B. 张某和王某均无需承担责任

C. 普通合伙人张某应承担补充责任

D. 合伙企业甲不能清偿到期债务的,债权人可以依法向人民法院提出破产清算申请,也可以要求普通合伙人张某清偿

甲证券公司营销人员王某拟向客户孙某推介代销的私募基金,投资者孙某经综合评估后属于中等风险承受能力类别。

根据以上信息,回答下列两题。

119. 现在孙某坚持要求购买证券公司代销的中高风险产品,王某可以(　　)。

A. 告知孙某不适合购买相关产品

B. 拒绝销售

C. 就产品风险高于其承受能力进行特别的书面风险警示

D. 销售相关产品

120. 下列关于确定普通投资者风险承受能力的主要因素的说法,正确的有(　　)。

A. 经营机构可通过请投资者填写《投资者风险承受能力评估问卷》的方法对其风险承受能力进行综合评估

B. 经营机构在得知投资者信息发生变化就应该将其风险承受能力提高一个等级

C. 投资者学历以及配偶的就业情况,不应在风险承受能力的评估范围内

D. 经营机构可将普通投资者按照其风险承受能力由低到高最多划分五个风险等级

机考题库·真题试卷参考答案及解析

机考题库·真题试卷(七)

答题卡

便捷速查答案及详细解析，难题典型题有视频讲解

考生用微信扫描右侧二维码，可以按题号迅速查解析，难题、典型题配视频讲解

一、单选题

1. A 【解析】证券公司股东的出资，应当经具有证券、期货相关业务资格的会计师事务所验资并出具证明；出资中的非货币财产，应当经具有证券相关业务资格的资产评估机构评估。

2. B 【解析】《证券公司监督管理条例》在《中华人民共和国证券法》相关规定的基础上，进一步明确证券公司应当向国务院证券监督管理机构报送年度报告、月度报告和临时报告。

3. D 【解析】合伙人可以用货币、实物、知识产权、土地使用权或者其他财产权利出资，也可以用劳务出资。

4. B 【解析】持续督导工作结束后，保荐机构应当在发行人公告年度报告之日起的10个工作日内向中国证监会、证券交易所报送保荐总结报告书。

5. D 【解析】证券经营机构及其工作人员发现协会工作人员存在利用职务之便索取或者收受不正当利益等违反廉洁规定行为的，证券经营机构应当在10个工作日内，向中国证券业协会报告。

6. D 【解析】选项D，证券投资基金管理公司以其管理的2只以上基金认购的，视为1个发行对象。

7. A 【解析】提交虚假证明文件或者采取其他欺诈手段隐瞒重要事实、骗取证券业务许可的，或者证券公司在证券交易中有严重违法行为，不再具备经营资格的，由证券监督管理机构撤销证券业务许可。

8. D 【解析】《证券公司治理准则》属于规范性文件，其余选项均属于部门规章。

9. D 【解析】国务院期货监督管理机构、期货交易所和期货保证金安全存管监控机构的工作人员进行内幕交易的，从重处罚。

10. B 【解析】《中华人民共和国公司法》是由全国人民代表大会常务委员会制定并颁布的法律。《期货公司监督管理办法》《上市公司收购管理办法》《行政和解试点实施办法》属于部门规章。

11. C 【解析】《中华人民共和国证券投资基金法》规定，基金财产的债务由基金财产本身承担，基金份额持有人以其出资为限对基金财产的债务承担责任。但基金合同依照本法另有约定的，从其约定。

12. C 【解析】禁止任何单位和个人编造、传播虚假信息或者误导性信息，扰乱证券市场。编造、传播虚假信息或者误导性信息，扰乱证券市场的，没收违法所得，并处以违法所得1倍以上10倍以下的罚款；没有违法所得或者违法所得不足20万元的，处以20万元以上200万元以下的罚款。

13. B 【解析】证券公司应当自每一会计年度结束之日起4个月内，向国务院证券监督管理机构报送年度报告；自每月结束之日起7个工作日内，报送月度报告。

14. C 【解析】公司从税后利润中提取法定公积金后，经股东会决议，还可以从税后利润中提取任意公积金。

15. A 【解析】公司营业执照签发日期为公司成立日期。

16. B 【解析】私募基金管理人申请登记，应当通过私募基金登记备案系统，如实填报基金管理人基本信息、高级管理人员及其他从业人员基本信息、股东或合伙人基本信息、管理基金基本信息。

17. C 【解析】证券发行规模达到一定数量的，可以采用联合保荐，但参与联合保荐的保荐机构不得超过2家。

18. C 【解析】证券公司作为融出方的，单一证券公司接受单只A股股票质押的数量不得超过该股票A股股本的30%。

19. B 【解析】如果偏离5%或以上的产品数超过所发行产品总数的5%，金融机构不得再发行以摊余成本计量金融资产的资产管理产品。

20. D 【解析】证券公司的合规风险是指因证券基金经营机构或其工作人员的经营管理或执业行为违反法律法规和准则而使证券基金经营机构被依法追究法律责任、采取监管措施、给予纪律处分、出现财产损失或商业信誉损失的风险。选项A、选项B、选项C均属于证券公司合规管理风险。

21. A 【解析】发生可能对上市公司、股票在国务院批准的其他全国性证券交易场所交易的公司的股票交易价格产生较大影响的重大事件，投资者尚未得知时，公司应当(选项B错误，并非可以而是应当)立即将有关该重大事件的情况向国务院证券监督管理机构和证券交易场所报送临时报告(选项C错误，是立即报送，而非在报送定期报告时)，并予公告，说明事件的起因、目前的状态和可能产生的法律后果(选项A正确)。选项D错误，该重大事件属于内幕信息，内幕信息在投资者尚未得知时不得在公开媒体说明。

22. B 【解析】国务院证券监督管理机构应当对要求审查董事、监事任职资格的申请进行审查，并在自受理之日起20个工作日内，作出批准或者不予批准的书面决定。

23. C 【解析】证券的代销、包销期限最长不得超过90日。

24. A 【解析】证券公司持有或者通过协议、其他安排与他人共同持有上市公司股份达到或超过5%的，不得担任独立财务顾问。
25. C 【解析】根据《证券经纪人管理暂行规定》规定，证券经纪人在执业过程中，可以根据证券公司的授权，从事下列部分或者全部活动：①向客户介绍证券公司和证券市场的基本情况；②向客户介绍证券投资的基本知识及开户、交易、资金存取等业务流程；③向客户介绍与证券交易有关的法律、行政法规、证监会规定、自律规则和证券公司的有关规定；④向客户传递由证券公司统一提供的研究报告及与证券投资有关的信息；⑤向客户传递由证券公司统一提供的证券类金融产品宣传推介材料及有关信息；⑥法律、行政法规和中国证监会规定的证券经纪人可以从事的其他活动。
26. C 【解析】根据《中华人民共和国合伙企业法》规定，委托1个或者数个合伙人执行合伙事务的。其他合伙人不再执行合伙事务，故选项A错误。不执行合伙事务的合伙人有权监督执行事务合伙人执行合伙事务的情况；受委托执行合伙事务的合伙人不按照合伙协议或者全体合伙人的决定执行事务的，其他合伙人可以决定撤销该委托。故选项B错误，选项C正确。合伙协议未约定或者约定不明确的，实行合伙人1人1票并经全体合伙人过半数通过的表决方法，故选项D错误。
27. B 【解析】监事的任期每届为3年。监事任期届满，连选可以连任，故选项B错误。
28. C 【解析】风险管理部门人员工作称职的，其薪酬收入总额应当不低于公司总部业务及业务管理部门同职级人员的平均水平。
29. B 【解析】证券交易场所、证券公司和证券登记结算机构的从业人员，证券监督管理机构的工作人员以及法律、行政法规规定禁止参与股票交易的其他人员，在任期或者法定限期内，不得直接或者以化名、借他人名义持有、买卖股票或者其他具有股权性质的证券，也不得收受他人赠送的股票或者其他具有股权性质的证券。任何人在成为前述所列人员时，其原已持有的股票或者其他具有股权性质的证券，必须依法转让，故选项B说法错误。法律、行政法规规定禁止参与股票交易的人员，直接或者以化名、借他人名义持有、买卖股票或者其他具有股权性质的证券的，责令依法处理非法持有的股票、其他具有股权性质的证券，没收违法所得，并处以买卖证券等值以下的罚款；属于国家工作人员的，还应当依法给予处分。故选项A说法正确。赵某可以买卖股票，故选项D说法正确。国务院证券监督管理机构工作人员从事内幕交易的，从重处罚，故选项C说法正确。
30. C 【解析】自营业务必须以证券公司自身名义、通过专用自营席位进行，并由非自营业务部门负责自营账户的管理，包括开户、销户、使用登记等。自营业务资金的出入必须以公司名义进行，禁止以个人名义从自营账户中调入调出资金，禁止从自营账户中提取现金。故选项A、选项B、选项D说法均正确。经中国证监会(而非总部)批准，证券公司的营业部可以从事证券自营业务，故选项C说法错误。
31. A 【解析】指定商业银行的名单，由国务院证券监督管理机构会同国务院银行业监督管理机构确定并公告。
32. B 【解析】证券公司办理定向资产管理业务，由客户自行行使其所持有证券的权利，履行相应的义务。
33. D 【解析】开放式基金是指基金份额总额不固定，基金份额可以在基金合同约定的时间和场所申购或者赎回的基金。
34. C 【解析】融资融券最长期限不超过6个月。
35. B 【解析】股份设质应当订立书面合同，并在证券登记机构办理出质登记，质押合同自登记之日起生效(选项A、选项D正确)。股份出质后不得转让，但经出质人和质权人同意的除外(选项C正确)。经质权人同意，出质人转让股份所得的价款应当向质权人提前清偿所担保的债权或向与质权人约定的第三人提存。但是，公司不得接受本公司的股票作为质押权的标的(选项B错误)。
36. B 【解析】期货交易实行当日无负债结算制度。
37. D 【解析】《企业债券管理条例》属于行政法规层级的规定。
38. D 【解析】《中华人民共和国证券投资基金法》规定，非公开募集基金应当向合格投资者募集，合格投资者累计不得超过200人。
39. B 【解析】《首次公开发行股票并上市管理办法》规定，申请文件受理后、发行审核委员会审核前，发行人应当将招股说明书(申报稿)在中国证监会网站预先披露。
40. A 【解析】根据《中华人民共和国证券法》规定，进入实行会员制的证券交易所参与集中交易的，必须是证券交易所的会员，故选项A说法正确。证券交易即时行情的权益由证券交易所依法享有。未经证券交易所许可，任何单位和个人不得发布证券交易即时行情，故选项B说法错误。投资者应当与证券公司签订证券交易委托协议，并在证券公司实名开立账户，以书面、电话、自助终端、网络等方式，委托该证券公司代其买卖证券，故选项C说法错误。因不可抗力、意外事件、重大技术故障、重大人为差错等突发性事件而影响证券交易正常进行时，为维护证券交易正常秩序和市场公平，证券交易所可以按照业务规则采取技术性停牌、临时停市等处置措施，并应当及时向国务院证券监督管理机构报告，故选项D说法错误。

二、多选题

41. ABCD 【解析】选项所述均属于应重点监控的异常交易行为。
42. BD 【解析】根据合伙人对合伙企业债务承担的责任不同，合伙企业可分为普通合伙企业和有限合伙企业。
43. ABCD 【解析】选项所述均属于融资融券业务合同的基本内容。
44. ABCD 【解析】《证券公司监督管理条例》规定，国务院证券监督管理机构对治理结构不健全、内部控制不完善、经营管理混乱、设立账外账或者进行账外经营、拒不执行监督管理决定、违法违规的证券公司，应当责令其限期改正，并可以采取下列措施：①责令增加内部合规检查的次数并提交合规检查报告；②对证券公司及其有关董事、监事、高级管理人员、境内分支机构负责人给予谴责；③责令处分有关责任人员，并报告结果；④责令更换董事、监事、高级管理人员或者限制其权利；⑤对证券公司进行临时接管，并进行全面核查；⑥责令暂停证券公司或者其境内分支机构的部分或者全部业务、限期撤销境内分支机构。

45. ABCD 【解析】普通合伙企业的特点包括:①由普通合伙人组成;②除法律另有规定外,合伙人对合伙企业的债务承担无限连带责任;③普通合伙人可以是自然人、法人和其他组织;④对普通合伙人承担责任的形式有特别规定的,从其规定。

46. ABC 【解析】证券、期货投资咨询机构及其投资咨询人员,不得以虚假信息、市场传言或者内幕信息为依据向投资人或者客户提供投资分析、预测或建议。

47. AD 【解析】财务顾问从事上市公司并购重组财务顾问业务,应当公平竞争,按照业务复杂程度及所承担的责任和风险与委托人商议财务顾问报酬,不得以明显低于行业水平等不正当竞争手段招揽业务。

48. AC 【解析】证券公司采取冻结措施后,除中国人民银行及其分支机构、公安机关、国家安全机关另有要求外,应当及时告知客户,并说明采取冻结措施的依据和理由,故选项 A 正确,选项 B 错误。证券公司不得擅自解除冻结措施,故选项 C 正确,选项 D 错误。

49. BC 【解析】公司董事、监事、高级管理人员应当向公司申报所持有的本公司的股份及其变动情况,在任职期间每年转让的股份不得超过其所持有本公司股份总数的 25%,所持本公司股份自公司股票上市交易之日起 1 年内不得转让(选项 A 错误,选项 B 正确)。上述人员离职后半年内,不得转让其所持有的本公司股份(选项 C 正确,选项 D 错误)。

50. ABC 【解析】选项 D,公司实际控制人的董事发生变动,属于已经公开的信息。

51. ABCD 【解析】财务顾问及其财务顾问主办人出现下列情形之一的,中国证监会对其采取监管谈话、出具警示函、责令改正等监管措施:①内部控制机制和管理制度、尽职调查制度以及相关业务规则存在重大缺陷或者未得到有效执行的;②未按照相关规定发表专业意见的(甲);③在受托报送申报材料过程中,未切实履行组织、协调义务、申报文件制作质量低下的;④未依法履行持续督导义务的(丁);⑤未按照相关规定向中国证监会报告或者公告的;⑥违反其就上市公司并购重组相关业务活动所作承诺的;⑦违反保密制度或者未履行保密责任的(乙);⑧采取不正当竞争手段进行恶性竞争的(丙);⑨唆使、协助或者伙同委托人干扰中国证监会审核工作的;⑩中国证监会认定的其他情形。

52. ABC 【解析】同时符合下列条件的法人或者其他组织,是专业投资者:①最近 1 年末净资产不低于 2000 万元(选项 A);②最近 1 年末金融资产不低于 1000 万元(选项 B);③具有 2 年以上证券、基金、期货、黄金、外汇等投资经历(选项 C)。

53. ABCD 【解析】证券公司应当制定并持续完善应急预案,包括应急管理建设目标、备份信息系统建设和恢复机制、备份数据恢复机制、业务恢复或替代措施、应急联系方式、与客户沟通方式、向监管部门及有关单位的报告路径、应急预案披露与更新机制等内容。

54. ABC 【解析】基金宣传推介材料必须真实、准确,与基金合同、基金招募说明书相符,不得有下列情形:①虚假记载、误导性陈述或者重大遗漏;②预测基金的证券投资业绩(选项 A);③违规承诺收益或者承担损失(选项 B);④诋毁其他基金管理人、基金托管人或者基金销售机构,或者其他基金管理人募集或者管理的基金;⑤夸大或者片面宣传基金,违规使用安全、保证、承诺、保险、避险、有保障、高收益、无风险等可能使投资人认为没有风险的或者片面强调集中营销时间限制的表述(选项 C);⑥登载单位或者个人的推荐性文字;⑦中国证监会规定的其他情形。

55. BCD 【解析】有限合伙企业由普通合伙人和有限合伙人组成,普通合伙人对合伙企业债务承担无限连带责任,有限合伙人以其认缴的出资额为限对合伙企业债务承担责任,故选项 A 说法错误。其余选项说法均正确。

56. ACD 【解析】选项 B,证券投资顾问在了解客户的基础上,依据合同约定,向特定的客户提供适当的、有针对性的操作投资建议。证券研究报告操作上向不特定的客户发布,提供证券估值等研究结果。

57. ABC 【解析】选项 A、选项 B、选项 C 均构成背信运用受托财产罪,选项 D 构成泄露内幕信息罪。

58. AC 【解析】基金管理人、基金托管人、基金服务机构应当承担的民事赔偿责任和缴纳的罚款、罚金,由基金管理人、基金托管人、基金服务机构以其固有财产承担(选项 A 正确,选项 B 错误)。依法收缴的罚款、罚金和没收的违法所得,应当全部上缴国库(选项 C 正确,选项 D 错误)。

59. CD 【解析】《中华人民共和国公司法》规定,公司向其他企业投资或者为他人提供担保,依照公司章程的规定,由董事会或者股东会决议;公司章程对投资或者担保总额及单项投资或者担保的数额有限额规定的,不得超过规定的限额。

60. ABCD 【解析】选项所述均属于证券经纪人可以从事的活动。

61. ACD 【解析】证券基金经营机构使用符合下列情形之一的香港机构的证券投资咨询服务的,应当自签订协议之日起 5 个工作日内,将协议、香港机构签署的承诺书、香港机构符合资质的证明文件报住所地或者经营所在地中国证监会派出机构备案:①与证券基金经营机构存在控制关系或者受同一金融机构控制(选项 A);②提供港股研究报告的香港机构从事发布证券研究报告业务 3 年以上,且有 20 名以上经香港证监会批准取得就证券提供意见牌照的持牌代表(选项 C);③提供港股投资顾问服务的香港机构从事资产管理业务 5 年以上,且最近一个会计年度管理的证券资产不少于 100 亿港元或者等值货币(选项 D)。

62. BC 【解析】《金融机构大额交易和可疑交易报告管理办法》第十七条规定,可疑交易符合下列情形之一的,证券公司应当在向中国反洗钱监测分析中心提交可疑交易报告的同时,以电子形式或书面形式向所在地中国人民银行或者其分支机构报告,并配合反洗钱调查:①明显涉嫌洗钱、恐怖融资等犯罪活动的;②严重危害国家安全或者影响社会稳定的;③其他情节严重或者情况紧急的情形。

63. ABC 【解析】选项 D,修改公司章程属于股东会职权。其余选项均属于股份有限公司董事会职权。

64. BD 【解析】另类子公司只能以自有资金进行投资,故选项 A 错误。证券公司应当清晰划分证券公司与另类子公司及另类子公司与其他子公司之间的业务范围,避免利益冲突和利益输送,故选项B正确。以自有资金投资非上市股权或新三板挂牌公司股票由另类子公司负责,故选项C错误。另类子公司不得从事投资业务之外的业务,故选项D正确。

65. BCD 【解析】编造并且传播影响证券、期货交易的虚假信息,扰乱证券、期货交易市场属于虚假陈述和信息误导行为,故选项A不选。其余选项均构成操纵证券、期货交易行为。

66. ABCD 【解析】客户要在证券公司开展融资融券业务,应由客户本人向证券公司营业部提出申请。客户申请时应向证券公司营业部提交证券公司规定的相关材料,一般包括融资融券业务申请表、有效身份证明文件、客户已开设相关账户的基本信息、客户财务状况证明、担保品证明等相关材料。

67. ABC 【解析】违规披露、不披露重要信息,可以认定从轻或者减轻处罚的考虑情形:①未直接参与信息披露违法行为(选项A);②在信息披露违法行为被发现前,及时主动要求公司采取纠正措施或者向证券监管机构报告;③在获悉公司信息披露违法后,向公司有关主管人员或者公司上级主管提出质疑并采取适当措施;④配合证券监管机构调查且有立功表现(选项B);⑤受他人胁迫参与信息披露违法行为(选项C);⑥其他需要考虑的情形。

68. ABC 【解析】公司股东依法享有资产收益、参与重大决策和选择管理者等权利。

69. ABCD 【解析】公司股东会、董事会的会议召集程序、表决方式违反法律、行政法规或者公司章程,或者决议内容违反公司章程的,股东自决议作出之日起60日内,可以请求人民法院撤销。

70. ABCD 【解析】有下列情形之一的,为公开发行:①向不特定对象发行证券;②向特定对象发行证券累计超过200人,但依法实施员工持股计划的员工人数不计算在内(选项C);③法律、行政法规规定的其他发行行为。变相公开发行包括但不限于以下几种情形:①非公开发行股票及其股权转让,若采用广告、公告、广播、电话、传真、信函、推介会、说明会、网络、短信、公开劝诱等公开方式或变相公开方式向社会公众发行的,则构成变相公开发行股票(选项A)。②公司股东自行或委托他人以公开方式向社会公众转让股票(选项D)。③向特定对象转让股票,未经中国证监会核准,转让后公司股东累计超过200人的,亦构成变相公开发行股票(选项B)。

71. BD 【解析】客户资产托管是指资产托管机构根据证券公司、客户的委托,对客户的资产进行保管,办理资金收付事项、监督证券公司投资行为等。

72. AB 【解析】证券公司应当对分支机构实行集中统一管理,不得与他人合资、合作经营管理分支机构,也不得将分支机构承包、租赁或者委托给他人经营管理,故选项C、选项D说法错误。选项A、选项B说法均正确。

73. ABCD 【解析】财务顾问及其财务顾问主办人出现下列情形之一的,中国证监会对其采取监管谈话、出具警示函、责令改正等监管措施:①内部控制机制和管理制度、尽职调查制度以及相关业务规则存在重大缺陷或者未得到有效执行的;②未按照《上市公司并购重组财务顾问业务管理办法》规定发表专业意见的;③在受托报送申报材料过程中,未切实履行组织、协调义务、申报文件制作质量低下的;④未依法履行持续督导义务的;⑤未按照《上市公司并购重组财务顾问业务管理办法》的规定向中国证监会报告或者公告的;⑥违反其就上市公司并购重组相关业务活动所作承诺的;⑦违反保密制度或者未履行保密责任的;⑧采取不正当竞争手段进行恶性竞争的;⑨唆使、协助或者伙同委托人干扰中国证监会审核工作的;⑩中国证监会认定的其他情形。

74. ABD 【解析】公司分立,其财产作相应的分割,应当编制资产负债表及财产清单。公司分立前的债务由分立后的公司承担连带责任。但是,公司在分立前与债权人就债务清偿达成的书面协议另有约定的除外。公司合并或者分立,登记事项发生变更的,应当依法办理变更登记。

75. ABC 【解析】证券公司应当对股票质押回购实行集中统一管理(选项A正确),并建立完备的管理制度、操作流程和风险识别、评估与控制体系,确保风险可测、可控、可承受。证券公司应当健全业务隔离制度(选项B正确),确保股票质押回购与有可能形成冲突的业务在机构、人员、信息、账户等方面相互隔离。《股票质押式回购交易及登记结算业务办法》规定,证券公司应当建立标的证券管理制度(选项C正确),在本办法规定的标的证券范围内确定和调整标的证券范围,确保选择的标的证券合法合规、风险可控。股票质押率上限不得超过60%(选项D错误)。

76. ABCD 【解析】存在下列情形之一的,不得担任独立财务顾问:①持有或者通过协议、其他安排与他人共同持有上市公司股份达到或者超过5%,或者选派代表担任上市公司董事;②上市公司持有或者通过协议、其他安排与他人共同持有财务顾问的股份达到或者超过5%,或者选派代表担任财务顾问的董事;③最近2年财务顾问与上市公司存在资产委托管理关系、相互提供担保,或者最近1年财务顾问为上市公司提供融资服务;④财务顾问的董事、监事、高级管理人员、财务顾问主办人或者其直系亲属有在上市公司任职等影响公正履行职责的情形;⑤在并购重组中为上市公司的交易对方提供财务顾问服务;⑥上市公司董事会或者独立董事聘请的独立财务顾问,不得同时担任收购人的财务顾问或者与收购人的财务顾问存在关联关系;⑦与上市公司存在利害关系、可能影响财务顾问及其财务顾问主办人独立性的其他情形。

77. ABCD 【解析】《证券投资顾问业务暂行规定》第二条规定,本规定所称证券投资顾问业务,是证券投资咨询业务的一种基本形式,指证券公司、证券投资咨询机构接受客户委托,按照约定,向客户提供涉及证券及证券相关产品的投资建议服务,辅助客户作出投资决策,并直接或者间接获取经济利益的经营活动。投资建议服务内容包括投资的品种选择、投资组合以及理财规划建议等。

78. ABCD 【解析】保荐机构持续督导的内容:①督导发行人有效执行并完善防止控股股东、实际控制人、其他关联方违规占用发行人资源的制度;②督导发行人有效执行并完善防止其董事、监事、高级管理人员利用职务之便损害发行人利益的内控制度;③督导发行人有效执行并完善保障关联交易公允性和合规性的制度,并对关联交易发表意见;④持续关注发行人募集资金的专户存储、投资项目的实施等承诺事项;⑤持续关注发行人为他人提供担保等事项,并发表意见;⑥中国证监会、证券交易所规定及保荐协议约定的其他工作。

79. ABD 【解析】金融衍生品存续期间发生的重大事件包括但不限于以下情况:①证券公司或交易对手方破产的(选项 A);②证券公司被取消金融衍生品交易业务资格的;③一方拒不履行约定义务或丧失履行能力的(选项 B);④履约保证金或履约保障品价值低于预警阈值且未能在 2 个工作日内补足的;⑤标的产品集中度、波动率达到预警阈值,或者标的产品因违反法律法规被相关监管机构采取暂停、终止上市等重大措施的;⑥金融衍生品交易系统出现重大技术故障,导致交易暂停超过 1 个工作日的(选项 D);⑦其他影响金融衍生品交易的重大情况。

80. ABCD 【解析】根据《证券公司客户资产管理业务管理办法》第二十九条,证券公司将其管理的客户资产投资于本公司及与本公司有关联方关系的公司发行的证券或承销期内承销的证券,或者从事其他重大关联交易的,应当遵循客户利益优先原则,事先取得客户的同意,事后告知资产托管机构和客户,同时向证券交易所报告,并采取切实有效措施,防范利益冲突,保护客户合法权益。

三、判断题

81. A 【解析】题干表述正确。

82. B 【解析】设立股份有限公司,应当有 1 人以上 200 人以下为发起人,其中应当有半数以上的发起人在中华人民共和国境内有住所。

83. B 【解析】国家的强制力是保障法得以实施的最后手段,但并不是唯一手段。

84. B 【解析】法律、行政法规规定设立公司必须报经批准的,应当在公司登记前(而非登记后)依法办理批准手续。

85. A 【解析】题干表述正确。

86. A 【解析】在持续督导期间,财务顾问解除委托协议的,应当及时向中国证监会派出机构做出书面报告,说明无法继续履行持续督导职责的理由,并予以公告。委托人应当在 1 个月内另行聘请财务顾问对其进行持续督导。

87. B 【解析】有限合伙人可以用货币、实物、知识产权、土地使用权或者其他财产权利作价出资。有限合伙人不得以劳务出资。

88. A 【解析】题干表述正确。

89. B 【解析】证券公司公开侧业务的工作人员需参与保密侧业务并接触内幕信息的,或公开侧业务的工作人员被动接触到保密侧业务的内幕信息的,应当履行跨墙审批程序。

90. B 【解析】证券经纪人,是指接受证券公司的委托,代理其从事客户招揽和客户服务等活动的证券公司以外的自然人。

91. A 【解析】题干表述正确。

92. B 【解析】证券公司保密侧业务部门需要公开侧业务部门派员跨墙进行业务协作的,应当事先向跨墙人员所属部门和合规部门提出申请,并经其审批同意。

93. A 【解析】题干表述正确。

94. A 【解析】题干表述正确。

95. A 【解析】题干表述正确。

96. B 【解析】期权合约,是指约定买方(而非卖方)有权在将来某一时间以特定价格买入或者卖出约定标的物(包括期货合约)的标准化或非标准化合约。

97. B 【解析】《证券市场禁入规定》属于部门规章层次的规定。

98. A 【解析】题干表述正确。

99. B 【解析】交易者进行标准化期权合约交易的,卖方应当缴纳保证金,买方应当支付权利金。

100. B 【解析】证券投资咨询人员通过所在机构向中国证券业务协会登记。登记信息完备且符合规定的,中国证券业协会于 5 个工作日内办结登记并生成唯一登记编码。

101. B 【解析】证券公司应当为合规部门配备足够的、具备与履行合规管理职责相适应的专业知识和技能的合规管理人员。合规部门中具备 3 年以上证券、金融、法律、会计、信息技术等有关领域工作经历的合规管理人员数量不得低于公司总部人数(而非公司总人数)的 1.5%,且不得少于 5 人。

102. A 【解析】题干表述正确。

103. A 【解析】题干表述正确。

104. B 【解析】证券公司应当在选择信息技术服务机构之前(而非之后),制定更换服务提供方的流程及预案,确保在特定情况下可更换服务。

105. A 【解析】题干表述正确。

106. A 【解析】题干表述正确。

107. A 【解析】在柜台市场发行、销售与转让的产品均为私募产品。

108. A 【解析】题干表述正确。

109. A 【解析】证券公司进行柜台交易,应当具备中国证监会批准的与所开展业务相适应的资格条件,即证券公司为投资者交易提供服务的,应经中国证监会批准可从事证券经纪业务。

110. A 【解析】题干表述正确。

四、综合题

111. C 【解析】为保护国有资产和上市公司股东的利益,国有独资公司(选项 B 错误)、国有企业、上市公司(选项 A 错误)不得成为普通合伙人。另外,公益性的事业单位、社会团体,其财产也不宜对外承担无限连带责任,因此,公益性的事业单位(选项 D 错误)、社会团体也不得成为普通合伙人。

112. AC 【解析】在收购要约确定的承诺期限内,收购人不得撤销其收购要约,故选项 A 说法正确。收购人需要变更收购要约的,应当及时公告,载明具体变更事项(并非不能变更),故选项 B 说法错误。采取要约收购方式的,收购人在收购期限内,不得卖出被收购公司的股票,也不得采取要约规定以外的形式和超出要约的条件买入被收购公司的股票,故选项 C 说法正确。收购要约提出的各项收购条件,适用于被收购公司的所有股东,故选项 D 说法错误。

113. AC 【解析】证券公司担任首次公开发行股票项目的上市辅导人、保荐机构或主承销商的信息公开之日,应将项目公司列入限制名单,故选项 A 做法符合规定。担任发行人股票首次公开发行的保荐机构、主承销商的证券公司,自确定并公告发行价格之日起40日内，不得发布与该发行人有关的证券研究报告（并非不能参与撰写），故选项B做法不符合规定。证券分析师参与撰写投资价值研究报告相关工作，需事先履行跨墙审批手续，故选项C做法符合规定。证券公司应当将合规部门与承担稽核、风控、内审、法务职责相关的部门进行区分（并非合二为一），故选项D做法不符合规定。

114. ABD 【解析】证券公司风险控制指标体系以净资本（选项A）和流动性为核心，主要包括净资本、风险覆盖率（选项B）、资本杠杆率、流动性覆盖率（选项D）、净稳定资金率。

115. D 【解析】根据《证券公司风险控制指标计算标准规定》，证券公司经营自营业务，其持有一种权益类证券的市值与其总市值的比例不得超过5%，因包销、中国证监会认可的做市业务以及股票质押违约处理等导致的情形及中国证监会另有认定的除外。

116. AC 【解析】根据《证券公司风险控制指标计算标准规定》，证券公司经营自营业务，其自营权益类证券及其衍生品的合计额不得超过净资本的100%；自营非权益类证券及其衍生品的合计额不得超过净资本的500%。

117. ABC 【解析】利用未公开信息交易罪在客观方面表现为因职务便利获取的内幕信息以外的其他未公开的信息，违反规定，从事与该信息相关的证券、期货交易活动，或者明示、暗示他人从事相关交易活动，情节严重的行为。本题中，因未达到情节严重的程度，故不构成利用未公开信息交易罪。

118. B 【解析】利用未公开信息交易罪是指证券交易所、期货交易所、证券公司、期货经纪公司、基金管理公司、商业银行、保险公司等金融机构的从业人员以及有关监管部门或者行业协会的工作人员，利用因职务便利获取的内幕信息以外的其他未公开的信息，违反规定，从事与该信息相关的证券、期货交易活动，或者明示、暗示他人从事相关交易活动。

119. ABC 【解析】证券从业人员不得持有股票或者其他具有股权性质的证券，不得违反法律法规和中国证监会的规定从事证券投资，故选项A正确。从业人员应参加从业人员专业能力水平评价测试，作为证明其专业能力的参考，不参加一般业务水平评价测试的，应当符合中国证券业协会规定的条件。通过国家法律职业资格考试的，可以不参加证券市场基本法律法规测试，故选项B、选项C正确，选项D错误。

120. B 【解析】从业人员应当持续符合下列条件：①品行良好；②具备从事证券基金业务所需的专业能力，掌握证券基金业务相关的专业知识；③最近3年未因犯罪被判处刑罚（选项A正确）；④不存在《证券法》第一百二十五条第二款和第三款，以及《证券投资基金法》第十五条规定的情形；⑤最近5年未被中国证监会撤销基金从业资格或者被基金业协会取消基金从业资格（选项B错误）；⑥未被中国证监会采取证券市场禁入措施（选项C正确），或者执行期已经届满（选项D正确）；⑦法律法规、中国证监会和行业协会规定的其他条件。

机考题库·真题试卷（八）

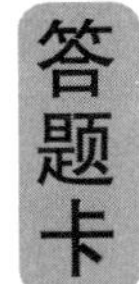

便捷速查答案及详细解析，难题典型题有视频讲解

考生用微信扫描右侧二维码，可以按题号迅速查解析，难题、典型题配视频讲解

一、单选题

1. A 【解析】中国证监会建立监管信息系统，对财务顾问及其财务顾问主办人进行持续动态监管，并将以下事项记入其诚信档案：①财务顾问及其财务顾问主办人被中国证监会采取监管措施的（选项B）；②在持续督导期间，上市公司或者其他委托人违反公司治理有关规定、相关资产状况及上市公司经营成果等与财务顾问的专业意见出现较大差异的（选项C）；③中国证监会认定的其他事项。选项D，财务顾问采取不正当竞争手段进行恶性竞争的，中国证监会对其采取监管措施，应记入其诚信档案。故选A。

2. A 【解析】金融资产坚持公允价值计量原则，鼓励使用市值计量。

3. D 【解析】《证券公司监督管理条例》和《证券公司风险处置条例》属于行政法规，故选D项错误。

4. C 【解析】信息披露的原则包括真实性原则、准确性原则、完整性原则、及时性原则。

5. B 【解析】《证券发行上市保荐业务管理办法》第三条规定，未经中国证监会核准，任何机构和个人不得从事保荐业务。

6. D 【解析】证券公司分类监管评价设定正常经营的证券公司为100分（选项A错误）；分类评价每年进行一次（选项B错误）；分类监管评价的评价期为上一年度5月1日到本年度4月30日（选项C错误）。

7. A 【解析】发行人申请从事下列发行事项，依法采取承销方式的，应当聘请具有保荐业务资格的证券公司（即保荐机构）履行保荐职责：①首次公开发行股票；②上市公司发行新股、可转换公司债券；③公开发行存托凭证；④中国证监会认定的其他情形。

8. A 【解析】经营机构向普通投资者销售产品或者提供服务前，应当告知下列信息：①可能直接导致本金亏损的事项;②可能直接导致超过原始本金损失的事项;③因经营机构的业务或者财产状况变化,可能导致本金或者原始本金亏损的事项;④因经营机构的业务或者财产状况变化,影响客户判断的重要事由(选项B);⑤限制销售对象权利行使期限或者可解除合同期限等全部限制内容(选项C);⑥投资者适当性匹配意见(选项D)。

9. B 【解析】证券基金经营机构应当建立独立于生产环境的专用开发测试环境,避免风险传导;开发测试环境使用未脱敏数据的,应当采取与生产环境同等的安全控制措施。

10. D 【解析】根据《证券法》第一百八十条的规定,违反规定擅自公开或者变相公开发行证券的,责令停止发行,退还所募资金并加算银行同期存款利息,处以非法所募资金金额(1亿元)5%以上50%以下(500万元以上5000万元以下)的罚款;对擅自公开或者变相公开发行证券设立的公司,由依法履行监督管理职责的机构或者部门会同县级以上地方人民政府予以取缔。

11. C 【解析】证券公司应当对代销金融产品活动实行集中统一管理,明确内设部门和分支机构在代销金融产品活动中的职责,防止分支机构擅自代销金融产品。

12. C 【解析】发行人当年累计新增借款或对外提供担保超过上年末净资产的20%,将指认定为债券存续期间需要披露的重大事项。

13. C 【解析】应当说明软件工具、终端设备所使用数据的信息来源,故选项C错误。

14. B 【解析】有下列情形之一的机构或者人员,禁止参与处置证券公司风险工作:①曾受过刑事处罚或者涉嫌犯罪正在被立案侦查、起诉;②涉嫌严重违法正在被行政管理部门立案稽查或者曾因严重违法行为受到行政处罚未逾3年;③仍处于证券市场禁入期;④内部控制薄弱、存在重大风险隐患;⑤与被处置证券公司处置事项有利害关系;⑥国务院证券监督管理机构认定不宜参与处置证券公司风险工作的其他情形。

15. C 【解析】国家强制力是保障法实施的最后手段,但不是唯一手段。法的实施还需要社会舆论、道德观念等因素的力量来保障。

16. A 【解析】经营证券经纪业务、证券资产管理业务、融资融券业务和证券承销与保荐业务中两种以上业务的证券公司,应当建立独立董事制度。其中,证券公司有下列情形之一的,独立董事人数不得少于董事人数的1/4:①董事长、经营管理的主要负责人由同一人担任;②内部董事人数占董事人数1/5以上;③中国证监会认定的其他情形。

17. D 【解析】合规部门中具备3年以上证券、金融、法律、会计、信息技术等有关领域工作经历的合规管理人员数量不得低于公司总部人数的1.5%,且不得少于5人,故选项D说法错误。

18. A 【解析】保荐代表人擅自改动申请文件、信息披露资料或者其他已提交文件,情节严重的,中国证监会可以在3个月到12个月内不受理保荐机构、保荐代表人具体负责的推荐。

19. B 【解析】业务决策机构由有关高级管理人员和部门负责人组成,负责制定融资融券业务操作流程,选择可从事融资融券业务的分支机构,确定对单一客户和单一证券的授信额度、融资融券的期限和利率、保证金比例和最低维持担保比例、可充抵保证金的证券种类及折算率、客户可融资买入和融券卖出的证券种类。

20. C 【解析】法律关系主体主要包括自然人、组织和国家。

21. A 【解析】证券公司开展私募资产管理业务,应具备符合条件的高级管理人员和3名以上投资经理。

22. B 【解析】公司的发起人、股东在公司成立后,抽逃其出资的,由公司登记机关责令改正,处以所抽逃出资金额5%以上15%以下的罚款。

23. B 【解析】基金管理人的股东、实际控制人未按照国务院证券监督管理机构的规定及时履行重大事项报告义务的,没收违法所得,并处违法所得1倍以上5倍以下罚款。

24. B 【解析】公司对公开发行股票所募集资金,必须按照招股说明书所列资金用途使用。改变招股说明书所列资金用途,必须经股东会做出决议。擅自改变用途而未作纠正的,或者未经股东会认可的,不得公开发行新股。

25. D 【解析】中国证券业协会对证券公司实施《证券公司全面风险管理规范》的情况进行自律管理,督促证券公司持续完善全面风险管理体系。

26. C 【解析】设立管理公开募集基金的基金管理公司,应当具备下列条件,并经国务院证券监督管理机构批准:①有符合《证券投资基金法》和《公司法》规定的章程;②注册资本不低于1亿元人民币,且必须为实缴货币资本;③主要股东应当具有经营金融业务或者管理金融机构的良好业绩、良好的财务状况和社会信誉,资产规模达到国务院规定的标准,最近3年没有违法记录;④取得基金从业资格的人员达到法定人数;⑤董事、监事、高级管理人员具备相应的任职条件;⑥有符合要求的营业场所、安全防范设施和与基金管理业务有关的其他设施;⑦有良好的内部治理结构、完善的内部稽核监控制度、风险控制制度;⑧法律、行政法规规定的和经国务院批准的国务院证券监督管理机构规定的其他条件。

27. C 【解析】分公司在人事、经营上没有自主权,其主要业务活动及主要管理人员由总公司决定并委任,并根据总公司的委托或授权进行业务活动,故选项C错误。

28. B 【解析】根据《证券公司监督管理条例》第八十五条的规定,证券公司未按照规定为客户开立账户的,责令改正;情节严重的,处以20万元以上50万元以下的罚款,并对直接负责的董事、高级管理人员和其他直接责任人员,处以1万元以上5万元以下的罚款。

29. A 【解析】证券公司、证券投资咨询机构或者其他财务顾问机构受聘担任上市公司独立财务顾问的,应当保持独立性,不得与上市公司存在利害关系;存在下列情形之一的,不得担任独立财务顾问:①持有或者通过协议、其他安排与他人共同持有上市公司股份达到或者超过5%,或者选派代表担任上市公司董事(选项D);②上市公司持有或者通过协议、其他安排与他人共同持有财务顾问的股份达到或者超过5%,或者选派代表担任财务顾问的董事;③最近2年财务顾问与上市公司存在资产委托管理关系、相互提供担保,或者最近1年财务顾问为上市公司提供融资服务;④财务顾问的董事、监事、高级管理人员、财务顾问主办人或者其直系亲属有在上市公司任职等影响公正履行职责的情形(选项 B);⑤在并购重组中为上市公司的交易对方提供财务顾问服务(选项 C);⑥上市公司董事会或者独立董事聘请的财务顾问,不得同时担任收购人的财务顾问或者与收购人的财务顾问存在关联关系;⑦与上市公司存在利害关系、可能影响财务顾问及其财务顾问主办人独立性的其他情形。

30. B 【解析】证券登记结算机构履行下列职能:①证券账户、结算账户的设立;②证券的存管和过户;③证券持有人名册登记;④证券交易的清算和交收;⑤受发行人的委托派发证券权益;⑥办理与上述业务有关的查询、信息服务;⑦国务院证券监督管理机构批准的其他业务。

31. C 【解析】证券公司将自有资金投资于依法公开发行的国债、投资级公司债、货币市场基金、央行票据等中国证监会认可的风险较低、流动性较强的证券,或者委托其他证券公司或者基金管理公司进行证券投资管理,且投资规模合计不超过其净资本 80% 的,无须取得证券自营业务资格。

32. C 【解析】基金托管人应当履行的职责之一为安全保管基金财产。

33. B 【解析】禁止任何人以下列手段操纵证券市场,影响或者意图影响证券交易价格或者证券交易量:①单独或者通过合谋,集中资金优势、持股优势或者利用信息优势联合或者连续买卖;②与他人串通,以事先约定的时间、价格和方式相互进行证券交易(选项 B);③在自己实际控制的账户之间进行证券交易;④不以成交为目的,频繁或者大量申报并撤销申报;⑤利用虚假或者不确定的重大信息,诱导投资者进行证券交易;⑥对证券、发行人公开作出评价、预测或者投资建议,并进行反向证券交易;⑦利用在其他相关市场的活动操纵证券市场;⑧操纵证券市场的其他手段。选项 A 和选项 D 属于内幕交易的情形。

34. B 【解析】非公开募集基金的合格的单位投资者,净资产不低于 1000 万元;合格的个人投资者,金融资产不低于 300 万元或者最近 3 年个人年均收入不低于 50 万元。

35. A 【解析】根据《证券法》规定,证券评级机构未披露信息,或者未对其所依据的文件资料内容的真实性、准确性、完整性进行核查和验证的,责令改正,予以警告,并处以 1 万元以上 3 万元以下的罚款。

36. B 【解析】上市公司在 1 年内担保金额超过公司资产总额 30% 的,应当由股东会作出决议,并经出席会议的股东所持表决权的 2/3 以上通过。

37. B 【解析】证券公司应至少每年对流动性风险限额进行一次评估,必要时进行调整。

38. C 【解析】欺诈发行证券罪的客观方面:①行为人必须实施在招股说明书、认股书、公司、企业债券募集办法等发行文件中隐瞒重要事实或者编造重大虚假内容的行为。②行为人必须实施了发行证券的行为。如果行为人仅是制作了虚假的招股说明书、认股书、公司、企业债券募集办法等发行文件,而未实施发行证券的行为,不构成本罪。必须是既制作了虚假的上述文件,且已经发行证券的才构成本罪。③行为人制作虚假的招股说明书、认股书、公司、企业债券募集办法等发行文件发行证券的行为,必须达到一定的严重程度,即达到"数额巨大、后果严重或者有其他严重情节的",才构成犯罪。

39. B 【解析】证券公司公章、合同专用章、业务专用章、财务专用章、电子印签等的保管、审批、使用等应适当分离、相互牵制,故选项 A 错误。证券公司业务授权不可以采用口头形式,故选项 C 错误。与资金、业务合同等直接接触的岗位和涉及信息系统安全的岗位,应当(而不是可以)实行双人负责制,故选项 D 错误。

40. D 【解析】选项 D,建立业务风险识别、评估和控制的完整体系属于证券公司内部控制的基本要求。其余选项均属于证券公司合规经营的基本要求。

二、多选题

41. AD 【解析】实行会员制的证券交易所设理事会、监事会(选项 A 正确)。证券交易所设总经理 1 人,由国务院证券监督管理机构任免(选项 D 正确,选项 B、选项 C 错误)。

42. AD 【解析】根据证券公司股东出资的规定,证券公司的股东应当用货币或者证券公司经营必需的非货币财产出资。

43. ABC 【解析】证券公司分类监管制度是证券行业的一项基础性制度,对促进证券公司加强合规管理、提升风险控制能力、培育核心竞争力,发挥了正向的激励作用。中国证监会根据证券公司分类结果对不同类别的证券公司实施区别对待的监管政策。故选项 A、选项 B、选项 C 说法正确。分类监管制度强化了证券公司抵御风险的能力,故选项 D 说法错误。

44. ABC 【解析】证券投资顾问业务指证券公司、证券投资咨询机构接受客户委托,按照约定,向客户提供涉及证券及证券相关产品的投资建议服务,辅助客户做出投资决策,而不是接受客户的全权委托,故选项 D 说法错误。其余选项说法均正确。

45. ABCD 【解析】基金宣传推介材料的语言表述应当准确清晰,还应当特别注意:①在缺乏足够证据支持的情况下,不得使用"业绩稳健""业绩优良""名列前茅"等表述;②不得使用"坐享财富增长""安心享受成长""尽享牛市"等易使基金投资人忽视风险的表述;③不得使用"欲购从速""申购良机"等片面强调集中营销时间限制的表述;④不得使用"净值归一"等误导基金投资人的表述。

46. BCD 【解析】证券公司应当依法向社会公开披露其基本情况、参股及控股情况、负债及或有负债情况、经营管理状况、财务收支状况、高级管理人员薪酬和其他有关信息。具体办法由国务院证券监督管理机构制定。

47. ACD 【解析】证券公司应当要求客户在开立资金账户时自行设置密码,提醒客户适时修改密码和增强密码强度,并在证券营业部经营场所、公司网站、网上证券客户端及自助证券交易客户端提示客户加强身份证件、账号、密码的保护。

48. ABD 【解析】公司在进行清算时,隐匿财产,对资产负债表或者财产清单作虚假记载或者在未清偿债务前分配公司财产的,由公司登记机关责令改正,对公司处以隐匿财产或者未清偿债务前分配公司财产金额 5% 以上 10% 以下的罚款;对直接负责的主管人员和其他直接责任人员处以 1 万元以上 10 万元以下的罚款。

49. ABC 【解析】根据《证券公司证券自营业务指引》规定,自营业务资金的出入必须以公司名义进行,禁止以个人名义从自营账户中调入调出资金,禁止从自营账户中提取现金。

50. ABCD 【解析】有限责任公司章程应当载明下列事项:①公司名称和住所;②公司经营范围;③公司注册资本;④股东的姓名或者名称;⑤股东的出资方式、出资额和出资时间;⑥公司的机构及其产生办法、职权、议事规则;⑦公司法定代表人;⑧股东会会议认为需要规定的其他事项。

51. ABC 【解析】证券公司不得代客户下达交易指令,不得利用客户的交易编码、资金账号或者期货结算账户进行期货交易,不得代客户接收、保管或者修改交易密码。证券公司不得直接或者间接为客户从事期货交易提供融资或者担保。

52. ABC 【解析】根据《上海证券交易所会员客户证券交易行为管理实施细则》规定,证券公司应当重点监控下列证券账户的交易行为:①被本所列为限制交易账户;②在最近一季度被本所列为重点监控账户;③其他需要重点监控的账户。

53. BCD 【解析】股票发行价格可以按票面金额,也可以超过票面金额,但不得低于票面金额,故选项A错误。

54. ABCD 【解析】根据《中华人民共和国证券法》规定,经国务院证券监督管理机构核准,取得经营证券业务许可证,证券公司可以经营下列部分或者全部证券业务:①证券经纪;②证券投资咨询;③与证券交易、证券投资活动有关的财务顾问;④证券承销与保荐;⑤证券融资融券;⑥证券做市交易;⑦证券自营;⑧其他证券业务。

55. ABCD 【解析】被中国证监会采取证券市场禁入措施的人员,在禁入期间内,除不得继续在原机构从事证券业务或者担任原上市公司、非上市公众公司董事、监事、高级管理人员职务外,也不得在其他任何机构中从事证券业务或者担任其他上市公司、非上市公众公司董事、监事、高级管理人员职务。被采取证券市场禁入措施的人员,应当在收到中国证监会作出的证券市场禁入决定后立即停止从事证券业务或者停止履行上市公司、非上市公众公司董事、监事、高级管理人员职务,并由其所在机构按规定的程序解除其被禁止担任的职务。

56. ABD 【解析】选项C,向客户传递由证券公司统一提供的证券类金融产品宣传推介材料及有关信息,属于证券经纪人在执业过程中可以根据证券公司的授权从事的活动。

57. ACD 【解析】普通合伙企业的出资人不得在合伙协议中约定将全部利润分配给部分合伙人或由部分合伙人承担企业的全部亏损,故选项B说法错误。其余选项说法均正确。

58. ABD 【解析】《私募基金监督管理条例》第十四条规定,私募基金管理人有下列情形之一的,登记备案机构应当及时注销私募基金管理人登记并予以公示:①自行申请注销登记;②依法解散、被依法撤销或者被依法宣告破产;③因非法集资、非法经营等重大违法行为被追究法律责任;④登记之日起12个月内未备案首只私募基金;⑤所管理的私募基金全部清算后,自清算完毕之日起12个月内未备案新的私募基金;⑥国务院证券监督管理机构规定的其他情形。

59. BC 【解析】证券自营业务是指经中国证监会批准经营证券自营业务的证券公司用自有资金和依法筹集的资金,用自己名义开设的证券账户买卖依法公开发行或中国证监会认可的其他有价证券,以获取盈利的行为。

60. ABD 【解析】基金份额持有人享有下列权利:①分享基金财产收益;②参与分配清算后的剩余基金财产;③依法转让或者申请赎回其持有的基金份额;④按照规定要求召开基金份额持有人大会或者召集基金份额持有人大会;⑤对基金份额持有人大会审议事项行使表决权;⑥对基金管理人、基金托管人、基金服务机构损害其合法权益的行为依法提起诉讼;⑦基金合同约定的其他权利。

61. ACD 【解析】证券公司应按照安全、准确、完整、保密的原则,强化内部管理措施,采取必要管理措施和技术措施,统筹考虑保存范围、方式和期限,确保客户身份信息和交易记录完整准确,防止客户身份资料和交易记录的缺失、损毁,防止泄漏客户身份信息和交易信息。

62. ABC 【解析】信用交易资金交收账户用于客户融资融券交易的资金结算,故选项D说法错误。其余选项说法均正确。

63. ABCD 【解析】证券公司及其从业人员依法合规开展各类债券交易业务:①不得私下或在表外开展债券交易(选项B);②按规定应当签订书面合同的,不得以邮件、即时通讯信息等替代书面合同(选项C);③不得指定协议双方以外的第三方作为交易对手方开展债券回购交易(选项D);④不得以人员挂靠、业务包干等承包方式开展业务,或以其他形式实施过度激励(选项A);⑤不得通过任何交易形式利益输送,内幕交易、操纵市场、规避监管,或者为规避监管提供服务、便利。

64. ABC 【解析】中国证监会及其派出机构可以根据审慎监管原则,要求财务顾问提供已按照《上市公司并购重组财务顾问业务管理办法》的规定履行尽职调查义务的证明材料、工作档案和工作底稿,并对财务顾问的公司治理、内部控制、经营运作、风险状况、从业活动等方面进行非现场检查或者现场检查。

65. ABCD 【解析】"荐股软件"是指具备下列一项或多项证券投资咨询服务功能的软件产品、软件工具或者终端设备:①提供涉及具体证券投资品种的投资分析意见,或者预测具体证券投资品种的价格走势;②提供具体证券投资品种选择建议;③提供具体证券投资品种的买卖时机建议;④提供其他证券投资分析、预测或者建议。

66. ABCD 【解析】证券自营业务的禁止性行为:①内幕交易;②操纵市场;③其他禁止的行为。其他禁止行为包括假借他人名义或以个人名义进行自营业务;违反规定委托他人代为买卖证券;违反规定购买本证券公司控股股东或者与本证券公司有重大利害关系的发行人发行的证券;将自营账户借给他人使用;将自营业务与代理业务混合操作;法律、行政法规或中国证监会禁止的其他行为。

67. ABCD 【解析】证券公司委托他人代为买卖证券的,责令改正,给予警告,没收违法所得,并处以违法所得1倍以上5倍以下的罚款;没有违法所得或者违法所得不足10万元的,处以10万元以上

30万元以下的罚款;情节严重的,暂停或者撤销其相关证券业务许可。对直接负责的主管人员和其他直接责任人员,给予警告,并处以3万元以上10万元以下的罚款;情节严重的,撤销任职资格或者证券从业资格。

68. ABCD 【解析】根据《证券公司监督管理条例》规定,证券公司设立时,其业务范围应当与其财务状况、内部控制制度、合规制度和人力资源状况相适应。

69. ABCD 【解析】根据《中华人民共和国公司法》规定,公司股东应当遵守法律、行政法规和公司章程,依法行使股东权利,不得滥用股东权利损害公司或者其他股东的利益(选项B正确);不得滥用公司法人独立地位和股东有限责任损害公司债权人的利益(选项C正确)。公司股东滥用股东权利给公司或者其他股东造成损失的,应当依法承担赔偿责任(选项A正确)。公司股东滥用公司法人独立地位和股东有限责任,逃避债务,严重损害公司债权人利益的,应当对公司债务承担连带责任(选项D正确)。

70. BCD 【解析】证券投资顾问执业行为准则:①忠实客户利益。证券投资顾问不得为公司及其关联方的利益损害客户利益;不得为证券投资顾问人员及其利益相关者的利益损害客户利益;不得为特定客户利益损害其他客户利益。②提供适当的投资建议服务。③提供投资建议应具有合理依据。④规范参与媒体证券节目。

71. ABC 【解析】法是由国家制定或认可并由国家强制力保证实施的,反映特定物质生活条件所决定的统治阶级意志,以权利和义务为内容(而非保障和约束),以确认、保护和发展对统治阶级有利的社会关系和秩序为目的的规范系统,故选项D错误。其余选项描述均正确。

72. ABCD 【解析】在以下四种情形,经营机构通过营业网点向普通投资者进行告知、警示的,应当全过程录音或者录像:①普通投资者申请转为专业投资者;②向普通投资者销售高风险产品或者提供相关服务;③经营机构主动调整投资者分类、产品或者服务分级、适当性匹配意见;④向普通投资者履行信息告知义务。

73. ABCD 【解析】资产支持证券投资者享有下列权利:①分享专项计划收益;②按照认购协议及计划说明书的约定参与分配清算后的专项计划剩余资产;③按规定或约定的时间和方式获得资产管理报告等专项计划信息披露文件,查阅或者复制专项计划相关信息资料;④依法以交易、转让或质押等方式处置资产支持证券;⑤根据证券交易场所相关规则,通过回购进行融资;⑥认购协议或者计划说明书约定的其他权利。

74. ABCD 【解析】根据《上市公司并购重组财务顾问业务管理办法》,财务顾问主办人应当具备下列条件:①具备中国证监会规定的投资银行业务经历;②参加中国证监会认可的财务顾问主办人胜任能力考试且成绩合格;③所任职机构同意推荐其担任本机构的财务顾问主办人;④未负有数额较大到期未清偿的债务;⑤最近24个月无违反诚信的不良记录;⑥最近24个月未因执业行为违反行业规范而受到行业自律组织的纪律处分;⑦最近36个月未因执业行为违法违规受到处罚;⑧中国证监会规定的其他条件。

75. ABC 【解析】公开发行公司债券筹集的资金,不得用于弥补亏损和非生产性支出,故选项D说法错误。其余选项说法均正确。

76. ACD 【解析】从事证券投资基金活动,应当遵循自愿、公平、诚实信用的原则,不得损害国家利益和社会公共利益。

77. ABC 【解析】选项A、选项C属于欺诈发行证券罪的客观要件,选项B属于欺诈发行证券罪的主体要件,选项D属于欺诈发行证券罪的主观要件。(注意题干问的是主观要件。主观要件、主体要件、客观要件、客体要件是不同的概念)

78. ABD 【解析】证券公司应当清晰划分证券公司与私募基金子公司及私募基金子公司与其他子公司之间的业务范围,避免利益冲突和同业竞争,故选项C说法错误。其余选项说法均正确。

79. ACD 【解析】可充抵保证金证券范围包括在交易所集中竞价交易系统挂牌上市的A股股票、基金以及债券等。

80. CD 【解析】根据《证券公司监督管理条例》规定,证券公司未按照规定与客户签订业务合同,或者未在与客户签订的业务合同中载入规定的必备条款,责令改正,给予警告,没收违法所得,并处以违法所得1倍以上5倍以下的罚款;没有违法所得或者违法所得不足3万元的,处以3万元以上30万元以下的罚款。对直接负责的主管人员和其他直接责任人员单处或者并处警告、3万元以上10万元以下的罚款;情节严重的,撤销任职资格或者证券从业资格。

三、判断题

81. B 【解析】保荐机构应当加强廉洁文化建设,每年(而非每季度)开展覆盖全体保荐代表人、其他从事保荐业务的人员的廉洁文化培训,确保保荐代表人、其他从事保荐业务的人员熟悉廉洁从业相关规定。

82. A 【解析】题干表述正确。

83. A 【解析】题干表述正确。

84. B 【解析】全国股转公司制定客观、差异化(而非统一化)的创新层进层条件和降层调整情形。

85. A 【解析】题干表述正确。

86. A 【解析】题干表述正确。

87. B 【解析】按照法律主体在法律关系中的地位不同,可以将法律关系分为纵向法律关系与横向法律关系。

88. B 【解析】登记人员从事的业务类别发生变化的,证券公司应当自发生变化之日起5个工作日内为其办理变更登记。

89. A 【解析】题干表述正确。

90. B 【解析】开放式基金的基金份额的申购、赎回、登记,由基金管理人或者其委托的基金服务机构办理。投资者可以在基金管理人指定的时间和地点向基金管理人或者其委托的基金服务机构提出基金份额的申购、赎回的申请,完成交易,交易双方是投资者与基金管理人。

91. B 【解析】投资经理离任的,证券基金经营机构应当对其进行离任审查,并自离任之日起2个月内形成离任审查报告,以存档备查。

92. A 【解析】题干表述正确。

93. B 【解析】对于经评估不符合交易商条件的证券公司,设置一年过渡期,过渡期内不得新增业务规模;过渡期结束,仍未符合一级或二级交易商条件的,调出相应级别交易商名单。

94. A 【解析】证券公司经营证券经纪业务的,其净资本不得低于人民币2000万元。证券公司经营证券承销与保荐、证券自营、证券资产管理、其他证券业务等业务之一的,其净资本不得低于人民币5000万元。

95. B 【解析】二级交易商仅能与一级交易商进行场内个股对冲交易,不得自行或与一级交易商之外的交易对手开展场内个股对冲交易。
96. A 【解析】题干表述正确。
97. B 【解析】证券公司以自己名义开立,用于记载客户委托证券公司持有、担保证券公司因向客户融资融券所生债权的证券账户是客户信用交易担保证券账户。
98. B 【解析】证券公司在全国股份转让系统开展相关业务前,应向全国股份转让系统公司申请备案。
99. A 【解析】题干表述正确。
100. A 【解析】题干表述正确。
101. A 【解析】证券登记结算机构按照业务规则收取的各类结算资金和证券,必须存放于专门的清算交收账户,只能按业务规则用于已成交的证券交易的清算交收,不得被强制执行。
102. B 【解析】证券公司不得与他人合资、合作经营管理分支机构,或者将分支机构承包、租赁或者委托给他人经营管理(营业部属于分支机构)。
103. A 【解析】题干表述正确。
104. A 【解析】证券公司应当提示客户注意融资融券交易具有普通证券交易所具有的政策风险、市场风险、违约风险、系统风险等各种风险,以及其特有的投资风险放大等风险。
105. A 【解析】题干表述正确。
106. B 【解析】证券公司风险管理部门应当向经理层提交风险管理日报、月报、年报等定期报告,反映风险识别、评估结果和应对方案,对重大风险应提供专项评估报告,确保经理层及时、充分了解公司风险状况。
107. B 【解析】证券金融公司向证券公司转融通的期限不得超过6个月。
108. A 【解析】题干表述正确。
109. A 【解析】我国证券市场法律法规体系,是以《中华人民共和国证券法》为核心,以规范证券市场的运行为目的,由相关法律、行政法规、部门规章、规范性文件及行业自律规则等构成的法律法规体系,为我国证券市场的健康运行提供了法制保障。我国证券市场法律法规体系的主要层级包括五级。
110. A 【解析】题干表述正确。

四、综合题

111. CD 【解析】该宣传推介材料中的相关表述,视为刚性兑付,故选项A、选项B错误,选项C正确;该保本收益承诺若认定存在,则应依法纠正并予以处罚,故选项D正确。
112. ABCD 【解析】经金融管理部门认定,存在以下行为的视为刚性兑付:①金融机构为资产管理产品投资标的的非标准化债权类资产或者股权类资产提供任何直接或间接、显性或隐性的担保、回购等代为承担风险的承诺。②资产管理产品的发行人或者管理人违反真实公允确定净值原则,对产品进行保本保收益;采取滚动发行等方式,使得资产管理产品的本金、收益、风险在不同投资者之间发生转移,实现产品保本保收益;资产管理产品不能如期兑付或者兑付困难时,发行或者管理该产品的金融机构自行筹集资金偿付或者委托其他机构代为偿付;金融管理部门认定的其他情形。
113. ABCD 【解析】选项所述均正确。
114. ACD 【解析】公司为公司股东或者实际控制人提供担保的,应当经股东会决议,故选项B说法正确。其余选项说法均错误。
115. D 【解析】上市公司在1年内购买、出售重大资产或者担保金额超过公司资产总额30%的,应当由股东会作出决议,并经出席会议的股东所持表决权的2/3以上通过。
116. D 【解析】合伙企业有下列情形之一的,应当解散:①合伙期限届满,合伙人决定不再经营;②合伙协议约定的解散事由出现;③全体合伙人决定解散;④合伙人已不具备法定人数满30天;⑤合伙协议约定的合伙目的已经实现或者无法实现;⑥依法被吊销营业执照、责令关闭或者被撤销;⑦法律、行政法规规定的其他原因。
117. ABCD 【解析】合伙企业解散,应当由清算人进行清算。清算人由全体合伙人担任;经全体合伙人过半数同意,可以自合伙企业解散事由出现后15日内指定一个或者数个合伙人,或者委托第三人,担任清算人。自合伙企业解散事由出现之日起15日内未确定清算人的,合伙人或者其他利害关系人可以申请人民法院指定清算人。
118. BC 【解析】普通合伙人对合伙企业债务承担无限连带责任,故选项A正确,选项B、选项C错误。合伙企业不能清偿到期债务的,债权人可以依法向人民法院提出破产清算申请,也可以要求普通合伙人清偿,故选项D正确。
119. ACD 【解析】经营机构告知投资者不适合购买相关产品或者接受相关服务(选项A正确),投资者仍主动要求购买风险等级高于其风险承受能力的产品或者相关服务的,经营机构应当做到:①以书面形式进行特别风险警示:如投资者不属于风险承受能力最低类型,经营机构业务人员应当就产品或服务的风险等级高于投资者承受能力的情况进行特别书面风险警示(选项C正确)。②如果投资者仍坚持购买的,可以向其销售相关产品或者提供相关服务(选项D正确)。
120. A 【解析】经营机构在了解客户信息之后,可以通过请投资者填写《投资者风险承受能力评估问卷》等方法对投资者风险承受能力进行综合评估,故选项A正确。普通投资者风险承受能力等级评估是一个持续性的工作,经营机构应当定期或在得知投资者信息发生重要变化、可能影响投资者分类时及时对普通投资者风险承受能力等级进行重新评估,并根据最新的评估结果向投资者销售适当的产品或提供适当的服务,故选项B错误。评估普通投资者风险承受能力的主要因素包括投资者的学历、本人及配偶的就业状况等,故选项C错误。经营机构可将普通投资者按照其风险承受能力由低至高至少(而非最多)划分为C1、C2、C3、C4、C5五个等级,故选项D错误。

2026

新增真考240题

考前摸底仿真卷2套

• 证券市场基本法律法规

《证券市场基本法律法规》考前摸底仿真卷

考前摸底仿真卷(一)

一、单选题(共40题,每小题0.5分,共20分)以下备选项中只有一项最符合题目要求,不选、错选均不得分。

1. 财务顾问的工作底稿和工作档案应当真实、准确、完整,保存期不少于(　　)年。
   A. 20　　B. 15　　C. 10　　D. 5
2. 下列对《中华人民共和国证券投资基金法》规定的基金份额持有人享有的权利的描述,错误的是(　　)。
   A. 按照规定要求召开基金份额持有人大会
   B. 查阅或者复制未公开披露的基金信息资料
   C. 参与分配清算后的剩余基金财产
   D. 分享基金财产收益
3. 证券公司(　　)决定本公司的合规管理目标,对合规管理的有效性承担责任。
   A. 经理层　　B. 合规总监　　C. 股东会　　D. 董事会
4. 下列不属于财务顾问业务涉及的与上市公司收购以及上市公司重大资产重组相关的部门规章及规范性文件是(　　)。
   A.《上市公司并购重组财务顾问业务管理办法》
   B.《证券投资顾问业务暂行规定》
   C.《上市公司收购管理办法》
   D.《上市公司重大资产重组管理办法》
5. 证券登记结算机构应当妥善保存登记、存管和结算的原始凭证及有关文件和资料。其保存期限不得少于(　　)。
   A. 10年　　B. 15年　　C. 20年　　D. 25年
6. 证券公司净资本或者其他风险控制指标不符合规定标准的,派出机构应当责令公司限期改正,在(　　)个工作日制定并报送整改计划,整改期限最长不超过(　　)个工作日。
   A. 5;10　　B. 7;20　　C. 5;20　　D. 7;10
7. 根据《证券法》,下列关于上市公司收购的说法,错误的是(　　)。
   A. 采取要约收购方式的,收购人在收购期限内,可以采取要约规定以外的形式和超出要约的条件买入被收购公司的股票
   B. 上市公司发行不同种类股份的,收购人可以针对不同种类股份提出不同的收购条件
   C. 收购要约提出的各项收购条件,适用于被收购公司的所有股东
   D. 采取要约收购方式的,收购人在收购期限内,不得卖出被收购公司的股票
8. 下列信息属于内幕信息:公司新增借款或者对外提供担保超过上年末净资产的(　　)。
   A. 10%　　B. 15%　　C. 20%　　D. 25%
9. 担任非公开募集基金的(　　),应当按规定向中国基金业协会履行登记手续,报送基本情况。
   A. 基金管理人　　B. 基金托管人　　C. 基金份额登记机构　　D. 基金销售机构
10. 证券公司无法以合理成本及时获取充足资金,以偿付到期债务、履行其他支付义务和满足正常业务开展的资金风险是指(　　)。
    A. 操作风险　　B. 流动性风险　　C. 信用风险　　D. 市场风险
11. 为发行人及其控股股东、实际控制人,或者收购人、重大资产交易方出具审计报告或者法律意见书等文件的证券服务机构和人员,自接受委托之日起至上述文件公开后(　　)日内,不得买卖该证券。
    A. 3　　B. 10　　C. 5　　D. 20
12. 证券公司子公司应当任命(　　)名高级管理人员负责公司的全面风险管理工作,子公司负责全面风险管理工作的负责人不得兼任或者分管与其职责相冲突的职务或者部门。
    A. 3　　B. 5　　C. 1　　D. 10

13. 下列对法和法律关系的描述,正确的是(　　)。
A. 法律规范是静态的,一经制定,除非立法机关根据一定程序对法律进行修改,否则在其生效范围内不变
B. 法律规范是动态的,随社会生活的变化而变化
C. 法律规定的权利和义务,仅指个人的权利和义务
D. 法律规定的权利和义务,不包括国家机关及其公职人员在执行公务过程中的职权及相应职责
14. 证券公司风险管理部门应当向(　　)提交风险管理日报、月报、年报等定期报告。
A. 监事会　B. 董事会　C. 股东(大)会　D. 经理层
15. 根据《证券公司风险控制指标管理办法》,净资本指标与上月相比发生(　　)以上不利变化或不符合规定标准时,证券公司应当向公司全体董事和全体股东。
A. 10%　B. 20%　C. 15%　D. 5%
16. 证券公司、证券投资咨询机构及其人员应当遵循(　　)原则,勤勉、审慎地为客户提供证券投资顾问服务。
A. 诚实信用　B. 自愿性　C. 合法性　D. 公平性
17. 股东向股东以外的人转让股权的,应当将股权转让的数量、价格、支付方式和期限等事项书面通知其他股东,其他股东在同等条件下有优先购买权。股东自接到书面通知之日起(　　)日内未答复的,视为放弃优先购买权。
A. 10　B. 20　C. 40　D. 30
18. 采取协议收购方式的,收购人收购或者通过协议、其他安排与他人共同收购一家上市公司已发行的有表决权股份达到(　　)时,继续进行收购的,应当依法向该上市公司所有股东发出收购上市公司全部或者部分股份的要约。
A. 50%　B. 40%　C. 30%　D. 20%
19. 王某是甲证券公司的主要负责人,根据证券监管法律法规,下列说法错误的是(　　)。
A. 为防止董事会越权干涉,王某不应将本公司的资金运作情况向董事会报告
B. 王某作为甲证券公司的主要负责人,向董事会负责
C. 王某可以在中国证券业协会担任理事
D. 甲证券公司签订了重大合同,王某应向监事会报告
20. 证券公司分类监管评价设定正常经营的证券公司基准分为(　　)。
A. 100 分　B. 120 分　C. 80 分　D. 90 分
21. 证券公司发现或者有合理理由怀疑客户、客户的资产或者其他资产、客户的交易或者试图进行的交易与洗钱、恐怖融资等犯罪活动相关的,不论所涉资金金额或者资产价值的大小,应当向(　　)提交可疑交易报告。
A. 中国证券业协会　B. 中国反洗钱监测分析中心
C. 中国证监会　D. 当地证监局
22. 收到相关主管部门关于重大事项的决定或通知时,原则上不超过(　　)个工作日(交易日)内,履行《公司信用类债券信息披露管理办法》第十八条规定的重大事项的信息披露义务。
A. 1　B. 2　C. 3　D. 5
23. 合规负责人发现证券公司存在违法违规行为或合规风险隐患的,应当依照公司章程规定及时向(　　)、经营管理主要负责人报告,提出处理意见,并督促整改。
A. 股东(大)会　B. 董事会　C. 监事会　D. 执行董事
24. 下列关于证券经纪人的说法,正确的是(　　)。
A. 经验丰富的证券经纪人可以同时接受几家证券公司的委托
B. 证券经纪人可以兼职代理证券公司从事客户招揽和客户服务以外的活动
C. 证券公司应当对证券经纪人进行不少于 60 个小时的执业培训,其中法律法规和职业道德的培训时间不少于 20 个小时
D. 证券公司应当在与证券经纪人签订委托合同、对其进行执业前培训并经测试合格后,为其向中国证监会进行执业注册登记
25. 根据《证券公司为期货公司提供中间介绍业务试行办法》的规定,下列关于证券公司中间介绍业务的说法,错误的是(　　)。
A. 证券公司可以自主选择接受任何期货公司的委托从事介绍业务
B. 证券公司从事介绍业务的工作人员不得进行期货交易

C. 证券公司应当协助维护期货交易系统的稳定运行，保证期货交易数据传送的安全和独立
D. 证券公司从事介绍业务，应当与期货公司签订书面委托协议

26. 证券基金经营机构应当根据应急预案定期组织关键岗位人员开展应急演练，演练频率不低于每年（　　）次，并确保应急演练在2年内覆盖全部重要信息系统。
A. 4　　B. 3　　C. 2　　D. 1

27. 股份有限公司的高级管理人员所持有的本公司股票，在任职期间每年可以转让的股份最多不得超过其所持有本公司股份总数的（　　）。
A. 10%　　B. 15%　　C. 20%　　D. 25%

28. 公司章程对（　　）无约束力。
A. 普通员工　　B. 股东　　C. 公司　　D. 监事

29. 下列关于从事证券投资咨询业务的人员的说法，正确的是（　　）。
A. 可以不用加入有从业资格的证券投资咨询机构，独立执业
B. 只能在1家证券投资咨询机构执业
C. 不属于证券从业人员
D. 必须同时注册为证券分析师和证券投资顾问

30. 获得批准的证券公司应当按照规定，向公司登记机关申请业务范围变更登记，向（　　）申请换发经营证券业务许可证。
A. 证券行业协会　　B. 证券交易所　　C. 中国证监会　　D. 证券登记结算机构

31. 上市公司并购重组活动涉及公开发行股票的，应当按照有关规定聘请具有（　　）资格的证券公司从事相关业务。
A. 证券自营　　B. 保荐　　C. 证券经纪　　D. 证券资产管理

32. 下列关于委托交易的说法，错误的是（　　）。
A. 客户向证券公司下达委托指令的方式包括柜台委托、网上委托、电话委托和热键委托等
B. 客户委托证券公司代理其进行证券交易而发出的委托及撤销委托等指令的内容和方式应符合证券市场的交易规则及协议的相关约定
C. 对于客户可能影响正常交易秩序的异常交易行为，证券公司有权按照证券交易所的要求对客户的交易委托采取限制措施
D. 客户通过证券公司委托系统进行证券交易时，如因客户操作失误或因客户指令违反证券市场交易规则或协议约定，或其他可归咎于客户的原因而造成损失的，由证券公司承担

33. 证券期货经营机构不得开展或参与具有“资金池”性质的资产管理业务，下列关于资产管理“资金池”特征的说法，错误的是（　　）。
A. 分离定价　　B. 滚动发行　　C. 集合运作　　D. 独立核算

34. 甲公司注册资本150万元人民币，现有3名取得证券投资咨询从业资格的专职人员、1名取得证券投资咨询从业资格的高级管理人员。甲公司计划申请单独从业证券投资咨询业务机构资格，则下列说法中正确的是（　　）。
A. 甲公司还需增资至少50万元人民币
B. 甲公司还需增资至少50万元人民币，且招聘至少2名取得证券投资咨询从业资格的专职人员
C. 甲公司不需要增资，但需要招聘至少2名取得证券投资咨询从业资格的专职人员
D. 甲公司不需要增资，但需要招聘至少2名取得证券投资咨询从业资格的专职人员和1名取得证券投资从业资格的高级管理人员

35. 证券投资咨询机构利用“荐股软件”从事证券投资咨询业务，应当遵循的原则不包括（　　）。
A. 客观原则　　B. 公正原则　　C. 风险收益匹配原则　　D. 诚实信用原则

36.《上市公司重大资产重组管理办法》属于（　　）层级的规定。
A. 行政法规　　B. 法律　　C. 部门规章　　D. 自律管理规则

37. 资产管理产品按照投资性质的不同，分为（　　）、权益类产品、商品及金融衍生品类产品和混合类产品。
A. 固定收益类产品　　B. 证券产品
C. 基金产品　　D. 债券产品

38. 根据《证券、期货投资咨询管理暂行办法》的规定，从事证券、期货投资咨询业务，必须依法取得（　　）的业务许可。
A. 中国人民银行　　B. 中国证监会　　C. 中国证券业协会　　D. 证券公司

39. 根据《证券从业人员职业道德准则》,下列关于证券从业人员职业道德准则的相关说法,错误的是(　　)。
A. “持续精进,追求卓越”要求从业人员应守正创新、秉持工匠精神为客户及其他利益相关方提供优质服务
B. “持续精进,追求卓越”要求从业人员应表里如一、言而有信,珍视行业声誉与职业声誉,坚守契约精神
C. “持续精进,追求卓越”要求从业人员应自觉抵制不思进取、固步自封的工作学习态度和行为
D. “持续精进,追求卓越”要求从业人员应树立持续学习理念,坚持与时俱进、不断更新业务知识与技能

40. 投资者应当与(　　)签订证券交易委托协议。
A. 证券登记结算公司　　B. 证券交易所
C. 证券公司　　D. 证券经纪人

二、多选题(共40题,每小题1分,共40分)以下备选项中有两项或两项以上符合题目要求,多选、少选、错选均不得分。

41. 证券投资咨询机构及其执业人员在与自身有利益冲突的(　　)情形下,应当进行执业回避。
A. 经中国证监会核准的公开发行证券的企业的承销商或上市推荐人及其所属的证券投资咨询机构和证券投资咨询执业人员(包括自有关证券公开发行之日起18个月内调离的证券投资咨询执业人员),不得在公众传播媒体上刊登或发布其为用户撰写的投资价值分析报告,也不得以假借其他机构和个人名义等方式变相从事前述业务
B. 证券公司的自营、受托投资管理、财务顾问和投资银行等业务部门的专业人员在离开原岗位后的6个月内不得从事面向社会公众开展的证券投资咨询业务
C. 证券投资咨询机构或其执业人员在知悉本机构、本人以及财产上的利害关系人与有关证券有利害关系时,不得就该证券的走势或投资的可行性提出建议或评价
D. 中国证监会根据合理理由认定的其他可能存在利益冲突的情况

42. 下列关于证券经纪业务营销人员执业行为管理的说法,正确的有(　　)。
A. 证券经纪人可以向客户介绍证券公司和证券市场的基本情况
B. 证券经纪人可以替客户办理账户开立、注销、转移等
C. 证券经纪人可以替客户办理证券认购、交易或者资金存取、划转
D. 证券经纪人可以向客户介绍证券投资开户、交易、资金存取等业务

43. 下列有关证券登记结算机构的说法,正确的是(　　)。
A. 投资者委托证券公司进行证券交易,可以不开立证券账户
B. 证券登记结算机构不得挪用客户的证券
C. 证券登记结算机构应当按照规定,以投资者本人的名义为投资者开立证券账户
D. 证券登记结算机构按照业务规则收取的各类结算资金和证券,必须存放于专门的清算交收账户

44. 以下关于融资融券业务的决策授权体系错误的有(　　)。
A. 由部门负责人确定融资融券业务的总规模
B. 业务决策机构确定对具体客户的授信额度
C. 业务执行部门确定单一客户的授信额度
D. 分支机构可自行决定客户的开户、保证金收取

45. 网上申购前披露每位网下投资者的详细报价情况,包括(　　)。
A. 投资者名称、申购价格及对应的拟申购数量
B. 有效报价和发行价格的确定过程
C. 发行价格及对应的市盈率
D. 网上网下的发行方式和发行数量

46. 设立证券公司需要符合的条件有(　　)。
A. 主要股东具有持续盈利能力,信誉良好　　B. 有与公司经营业务范围相应的注册资本
C. 有完善的风险管理和内部控制制度　　D. 董事、监事、高级管理人员具备任职条件

47. 下列属于我国《证券法》规定的证券种类的品种有(　　)。
A. 股票　　B. 公司债券　　C. 存托凭证　　D. 汇票

48. 股份有限公司董事不得从事的行为有(　　)。
A. 将公司资金以其个人名义开立账户存储

B. 持有本公司的股份
C. 侵占公司财产、挪用公司资金
D. 接受他人与公司交易的佣金并将一部分归为己有

49. 根据《证券投资基金法》，下列关于基金财产的说法，正确的有（　　）。
A. 因基金管理人承担的债务，可以对基金财产强制执行
B. 基金财产的债务由基金财产本身承担，基金份额持有人以其出资为限对基金财产的债务承担责任
C. 基金托管人依照法律规定，应当承担的民事赔偿责任，可以由基金财产承担
D. 基金财产的债权，不得与基金管理人、基金托管人固有财产的债务相抵销

50. 需要对证券公司合规年报签署确认意见的人员有（　　）。
A. 公司股东　　B. 公司董事　　C. 公司监事　　D. 公司高级管理人员

51. 根据《证券公司风险控制指标管理办法》，下列关于净资本的说法，正确的有（　　）。
A. 证券公司净资本由核心净资本和附属净资本构成
B. 证券公司应当按照中国证监会规定的证券公司净资本计算标准计算净资本
C. 证券公司计算核心净资本时，应当按照规定对有关项目充分计提资产减值准备
D. 证券公司向股东或机构投资者投入或发行的次级债，可以按照一定比例计入核心净资本或扣减风险资本准备

52. 下列关于股份有限公司发起人向社会公开募集股份的说法，正确的有（　　）。
A. 发起人向社会公开募集股份，必须公告招股说明书，并制作认股书
B. 认股书上认购股数、金额、住所等内容由发起人填写，认股人签名、盖章
C. 招股说明书应当附有发起人制定的公司章程
D. 发起人认购股数不能低于总股本 20%

53. 下列属于有限责任公司董事会职权的有（　　）。
A. 决定公司的经营计划和投资方案
B. 制订公司合并、分立、解散或者变更公司形式的方案
C. 对公司增加或者减少注册资本作出决议
D. 制定公司的具体规章

54. 下列关于公募基金运作方式的说法，正确的有（　　）。
A. 公募基金必须设立开放期
B. 开放式基金的基金份额总额不固定
C. 封闭式基金的基金份额持有人在基金合同期限内不得申请赎回
D. 开放式基金的基金份额可以在基金合同约定的场所申购或者赎回

55. 根据《证券公司监督管理条例》，下列关于证券公司业务规则与风险控制一般规定的说法，正确的有（　　）。
A. 证券公司未按规定向客户送交对账单，应承担相应处罚
B. 证券公司未按规定指定专门部门处理客户投诉，应承担相应处罚
C. 证券公司委托经纪人为客户提供服务的，应承担相应处罚
D. 证券公司未按照规定提取一般风险准备金，应承担相应处罚

56. 国务院证券监督管理机构可以要求下列（　　）单位，在指定的期限内提供与证券公司经营管理和财务状况有关的资料、信息。
A. 证券公司的开户银行、指定商业银行、资产托管机构
B. 证券交易所
C. 证券登记结算机构
D. 为证券公司提供服务的证券服务机构

57. 下列关于股份发行公平、公正原则的说法，正确的有（　　）。
A. 同类别的每一股份应当具有同等权利
B. 同次发行的同类别股份，每股的发行条件应当相同
C. 同次发行的同类别股份，每股的发行价格应当相同
D. 因机构认购股份数额较大，其每股支付的价款，可以低于个人

58. 证券公司合规部门中具备 3 年以上（　　）等有关领域工作经历的合规管理人员数量不得低于

公司总部人数的1.5%,且不得少于5人。

A. 金融　　B. 法律

C. 会计　　D. 信息技术

59. 证券公司分类评价中,属于风险管理能力评价指标的有(　　)。

A. 资本充足　　B. 客户权益保护

C. 信息披露　　D. 司法机关采取的刑事处罚措施

60. 根据《证券公司流动性风险管理指引》,下列关于证券公司流动性风险管理目标的说法,正确的有(　　)。

A. 建立健全流动性风险管理体系　　B. 对流动性风险实施有效识别、计量

C. 对流动性风险实施有效监测、控制　　D. 确保其流动性需求能够及时得到满足

61. 证券公司应当按照规定向社会公众披露本公司经审计的年度财务报告及其他信息,其中,证券公司应当披露的董事、监事、高级管理人员薪酬管理信息至少包括(　　)。

A. 薪酬管理的基本制度及决策程序

B. 年度薪酬总额和在董事、监事、高级管理人员之间的分布情况

C. 薪酬递延支付情况

D. 非现金薪酬情况

62. 根据《证券公司流动性风险管理指引》,证券公司的融资管理应符合的要求包括(　　)。

A. 分析正常和压力情景下未来不同时间段的融资需求和来源

B. 加强负债品种、期限、交易对手、融资抵(质)押品和融资市场等的集中度管理,适当设置集中度限额

C. 加强融资渠道管理,积极维护与主要融资交易对手的关系,保持在市场上的适当活跃程度,并定期评估市场融资和资产变现能力

D. 密切监测主要金融市场的交易量和价格等变动情况,评估市场流动性对公司融资能力的影响

63. 下列关于证券交易所风险基金制度的说法,正确的有(　　)。

A. 证券交易所可以从其收取的交易费用和会员费、席位费中提取一定比例的金额设立风险基金

B. 风险基金由证券交易所理事会管理

C. 证券交易所应当将收存的风险基金存入开户银行基本账户

D. 证券交易所不得擅自使用风险基金

64. 根据《证券公司全面风险管理规范》,全面风险管理体系应当包括(　　)。

A. 可操作的管理制度、健全的组织架构

B. 专业的人才队伍

C. 可靠的信息技术系统、量化的风险指标体系

D. 有效的风险应对机制

65. 根据《证券法》,下列关于上市公司收购的说法,正确的有(　　)。

A. 在及时公告并载明具体变更事项的情况下,收购人可以缩短收购期限

B. 在及时公告并载明具体变更事项的情况下,收购人可以减少预定收购股份数额

C. 收购人需要变更收购要约的,应当及时公告,载明具体变更事项,且不得降低收购价格

D. 在收购要约确定的承诺期限内,收购人不得撤销其收购要约

66. 下列属于证券公司开展自营业务应遵循的法律法规、自律规则的有(　　)。

A.《证券公司监督管理条例》　　B.《公司债券承销业务规范》

C.《证券公司证券自营业务指引》　　D.《上海证券交易所债券交易实施细则》

67. 下列产品中可以在证券公司柜台市场发行、销售与转让的有(　　)。

A. 证券公司发行的收益凭证　　B. 代销银行的理财产品

C. 代销信托公司的信托计划　　D. 证券公司发行的集合资产管理计划

68. 证券公司、证券投资咨询机构发布的证券研究报告,应当载明的事项有(　　)。

A. 发布证券研究报告的地点

B. 署名人员的证券投资咨询执业资格证书编码

C. 证券研究报告采用的信息和资料来源

D. 使用证券研究报告的风险提示

69. 根据《证券基金经营机构信息技术管理办法》,下列关于证券公司信息系统运行各环节安全管

理的说法,正确的有(　　)。

A. 证券公司应当确保重要信息系统具备可审计功能,并可以根据监管部门的要求转换、提供依据

B. 证券公司应当建立健全信息系统安全监测机制,设定监测指标并持续监测重要信息系统的通行状况

C. 证券公司重要信息系统计划停止使用的,可不用开展技术和业务影响评估

D. 证券公司应当结合公司发展战略,市场交易规模等因素定期对重要信息系统开展压力测试和评估分析,确保其容量满足业务开展需要

70. 根据《建设证券基金行业文化、防范道德风险工作纲要》,下列关于证券业从业人员的违规处理及惩戒机制的说法,正确的是(　　)。

A. 监管机构加大惩罚力度,落实"双罚"与"终身追责"

B. 坚持"弘扬守信和惩戒失信并重"的原则

C. 灵活运用刑事、民事、行政、自律等多种手段,形成多层次追责体系

D. 发挥自律措施在惩戒违法违规,督促合法从业方面的引导和威慑作用

71. 下列关于股票期权交易的说法,正确的有(　　)。

A. 做市商是指经证券交易所认可、为其上市交易的股票期权合约提供双边持续报价等服务的机构

B. 股票期权结算参与人是指具有证券登记结算机构股票期权结算业务结算参与人资格的机构

C. 认沽期权是指买方有权在将来特定时间以特定价格买入的约定数量合约标的的期权合约

D. 认购期权是指买方有权在将来特定时间以特定价格卖出的约定数量合约标的的期权合约

72. 下列关于证券资产管理业务基本要求的说法,错误的有(　　)。

A. 证券公司从事私募资产管理业务,应当遵循自愿、公开、诚实信用、客户利益至上原则

B. 证券公司从事私募资产管理业务,应当依法经中国基金业协会批准

C. 中国证券业协会依据法律、行政法规等规定,对证券公司私募资产管理业务实施行政管理

D. 证券公司从事私募资产管理业务,应当确保业务开展与资本实力、管理能力和风险控制水平相适应

73. 下列关于股票质押式回购业务的风险管理的说法,正确的有(　　)。

A. 股票质押率上限不得超过70%

B. 以有限售条件股份作为标的证券的质押率原则上低于同等条件下无限售条件股份的质押率

C. 证券金融公司可以根据市场情况,对质押率上限进行调整,并向市场公布

D. 单只A股股票市场整体质押比例不得超过50%

74. 设立管理公开募集基金的基金管理公司,应当具备的条件有(　　)。

A. 有符合《公司法》和《证券投资基金法》规定的章程

B. 注册资本不低于5000万元人民币,且必须为实缴资本

C. 取得基金从业资格的人员达到法定人数

D. 董事、监事、高级管理人员具备相应的任职条件

75. 根据《关于证券业从业人员登记管理有关事项的通知》,下列关于证券业从业人员的登记类别的说法,正确的有(　　)。

A. 从业人员登记类别包括一般证券业务、证券经纪人等

B. 从业人员登记类别包括证券投资咨询(投资顾问)、证券投资咨询(分析师)、证券投资咨询(其他)等

C. 应当根据从业人员实际从事的业务类别和相应要求进行登记,同一人员只能登记为一个类别

D. 登记信息包括基本信息、专业能力水平评价情况、从业经历及相关情况、诚信情况及其他执业声誉情况等

76. 经营机构向普通投资者销售产品或者提供服务前,应当告知的信息包含(　　)。

A. 可能直接导致超额收益的事项

B. 因经营机构的业务或者财产状况变化,可能导致本金或者原始本金亏损的事项

C. 限制销售对象权利行使期限或者可解除合同期限等全部限制内容

D. 投资者适当性匹配意见

77. 根据《非上市公众公司监督管理办法》,下列关于信息披露义务人违反信息披露义务的说法正确的有(　　)。

A. 信息披露义务人所披露的信息对股价有重大影响,依照《证券法》有关规定进行处罚

B. 信息披露义务人未按照规定披露信息,依照《证券法》有关规定进行处罚
C 信息披露义务人所披露的信息有虚假记载,依照《证券法》有关规定进行处罚
D. 信息披露义务人所披露的信息有误导性陈述,依照《证券法》有关规定进行处罚

78. 下列关于《证券法》适用范围的说法,正确的有(　　)。
A. 存托凭证的发行和交易适用《证券法》
B. 资产支持证券、资产管理产品发行、交易的管理办法,由国务院依照《证券法》的原则规定
C. 证券衍生品种发行、交易的管理办法,由国务院依照《证券法》的原则规定
D. 在境外的证券发行和交易活动,扰乱境内市场秩序,损害境内投资者合法权益的,依照《证券法》有关规定处理并追究法律责任

79. 证券公司合规负责人违反合规管理规定,中国证监会可以采取的措施有(　　)。
A. 出具警示函　B. 罚金　C. 监管谈话　D. 认定为不适当人选

80. 在订立合伙协议、设立合伙企业时,应遵循(　　)。
A. 自愿原则　B. 平等原则　C. 公开原则　D. 诚实信用原则

三、判断题(共 30 题,每小题 1 分,共 30 分)正确的选 A,错误的选 B。不选、错选均不得分。

81. 证券公司无须每年对流动性风险限额进行评估。(　　)
A. 正确　B. 错误

82. 证券公司的注册资本可以是认缴资本。(　　)
A. 正确　B. 错误

83. 证券公司可以为股东融资提供担保。(　　)
A. 正确　B. 错误

84. 新合伙人入伙,与原合伙人享有同等权利,承担同等责任,不得有其他约定。(　　)
A. 正确　B. 错误

85. 根据金融债券发行与承销信息披露的有关规定,对影响发行人履行债务的重大事件,发行人应在第一时间向中国证监会报告。(　　)
A. 正确　B. 错误

86. 证券公司可以委托公司以外的人员从事客户招揽和客户服务等活动。委托公司以外人员的,应当按照规定的证券经纪人形式进行,不得采取其他形式。(　　)
A. 正确　B. 错误

87. 公募基金的运作方式可以采用封闭式、开放式或者其他方式。(　　)
A. 正确　B. 错误

88. 有限责任公司股东向股东以外的人转让股权,应当经其他股东过半数同意。(　　)
A. 正确　B. 错误

89. 二级交易商可以自行开展场内个股对冲交易。(　　)
A. 正确　B. 错误

90. 证券公司应当建立健全柜台市场产品管理制度,对产品进行分散管理。(　　)
A. 正确　B. 错误

91. 信息隔离墙制度中敏感信息管理的核心原则是需知原则。(　　)
A. 正确　B. 错误

92. 根据《证券公司证券自营业务指引》,证券公司证券自营业务最高决策机构是自营业务部门。(　　)
A. 正确　B. 错误

93. 最近一年分类评级在 A 类 A 级以上的,经中国证监会认可,可以成为一级交易商。(　　)
A. 正确　B. 错误

94. 股票发行采用代销方式,代销期限届满,向投资者出售的股票数量未达到拟公开发行股票数量 70% 的,为发行失败。发行人应当按照发行价并加算银行同期贷款利息返还股票认购人。(　　)
A. 正确　B. 错误

95. 证券公司必须设独立董事。(　　)
A. 正确　B. 错误

96. 证券公司向客户收取的佣金无下限限制,可以实行 0 佣金。(　　)
A. 正确　B. 错误

97. 普通合伙人对合伙企业承担无限连带责任。(　　)
A. 正确　　B. 错误
98. 同次发行的同种类股票,每股的发行条件和价格可以不同。(　　)
A. 正确　　B. 错误
99. 证券期货经营机构应当针对私募资产管理业务的主要业务人员和相关管理人员建立收入递延支付机制,递延支付年限原则上不少于 3 年,递延支付的收入金额原则上不少于 50%。(　　)
A. 正确　　B. 错误
100. 设立证券公司,应当有符合法律、行政法规规定的公司章程,主要股东及公司的实际控制人具有良好的财务状况和诚信记录,最近 5 年无重大违法违规记录。(　　)
A. 正确　　B. 错误
101. 整体来看,证券行业文化、职业道德等软实力的发展快于证券行业规模、资本实力、利润水平等硬指标的发展。(　　)
A. 正确　　B. 错误
102. 证券公司应当在公司决策层下设立信息技术治理委员会。(　　)
A. 正确　　B. 错误
103. 通过国家法律职业资格考试的,可以不参加证券市场基本法律法规测试。(　　)
A. 正确　　B. 错误
104. 证券公司应当在全公司推行稳健的风险文化,形成与本公司相适应的风险管理理念、价值准则、职业操守,建立培训、考核和监督机制。(　　)
A. 正确　　B. 错误
105. 证券公司可以采取协议、报价、做市、拍卖竞价、标购竞价等方式发行、销售与转让私募产品,不得采用集中竞价方式,法律法规有明确规定的除外。(　　)
A. 正确　　B. 错误
106. 登记人员离职的,证券公司应当自劳动关系或者委托代理关系解除之日起 7 个工作日内为其办理注销登记。(　　)
A. 正确　　B. 错误
107.《公司法》所称公司是指依照《公司法》在中国境内设立的有限责任公司和股份有限公司。(　　)
A. 正确　　B. 错误
108. 证券公司合规总监并不负责落实廉洁从业管理目标。(　　)
A. 正确　　B. 错误
109. 在符合一定条件下的情况下,证券公司可以对客户交易结算资金进行单方面的处理。(　　)
A. 正确　　B. 错误
110. 期货交易者是指依照《期货和衍生品法》从事期货交易,承担交易结果的自然人。(　　)
A. 正确　　B. 错误

四、综合题(共 10 题,每小题 1 分,共 10 分)以下备选项中有一项或多项符合题目要求,不选、错选均不得分。

张某系某上市公司董事长,指示公司有关人员伪造工程进度单、人工成本计算单、材料成本等相关资料,签订无真实交易背景的购销合同并伪造有关凭证,虚增营业收入 2000 万元并将前述数据载入相关定期报告,张某因此被证监会采取 5 年证券市场禁入。不考虑各小题及各选项之间的影响,请根据上述背景信息回答以下问题。

111. 存在以下哪些情形时,可以对张某从轻、减轻采取证券市场禁入措施(　　)。
A. 虚增业绩被揭露后该上市公司股价受其他利好因素影响仍然大涨,无投资者通过法律途径维权
B. 及时停止、纠正违规行为,主动减轻行为危害后果
C. 积极配合监管部门调查,并检举揭发其他上市公司员工的内幕交易行为
D. 确有证据证明张某系受公司大股东胁迫而实施相关行为
112. 在张某的市场禁入措施被记入证券市场诚信档案后,下列说法正确的是(　　)。
A. 诚信档案仅需记录证券市场禁入的原因,无需记录张某的详细个人信息
B. 违法信息在诚信档案中的效力期限自对张某的禁入决定作出之日起算
C. 超过效力期限后,相关违法信息不再公开
D. 张某的违法信息在诚信档案中的效力期限为 3 年

甲证券公司在承揽乙公司公开发行公司债券项目的过程中,对项目执行成本与风险责任进行综合评估,合理确定报价并成功中标该项目。

根据以上信息,回答下列两题。

113. 乙公司公开发行债券,应当符合的条件有(　　)。
A. 具备健全且运行良好的组织机构
B. 最近 1 年平均可分配利润足以支付公司债券 1 年的利息
C. 具有合理的资产负债结构
D. 具有正常的现金流量

114. 下列情形中,不得再次公开发行公司债券的有(　　)。
A. 前一次公开发布的公司债券已经发行完毕
B. 对已公开发行的公司债券或者其他债务有违约或者延迟支付本息的事实,仍处于继续状态
C. 违反《证券法》规定,改变公开发行公司债券所募集资金的用途
D. 前一次公开发行公司债券所募集资金尚未使用完毕

机构甲有两名股东,其中自然人张某持股 20%,机构乙持股 80%,而机构乙又由自然人张某持股 80%,自然人李某持股 20%,不存在其他单独或者联合对机构甲进行实际控制的自然人。

根据以上信息,回答下列两题。

115. 当机构甲在证券公司开户时,证券公司应当识别(　　)为机构甲的受益所有人,并登记其相关信息。
A. 自然人张某　B. 机构乙　C. 自然人李某　D. 自然人张某和机构乙

116. 反洗钱工作中,证券公司开展客户身份识别、重新识别和持续识别工作应当遵循(　　)原则。
A. 了解你的客户　B. 审慎合理　C. 依法合规　D. 全面从严监管

甲证券公司同时成立 2 只集合资管产品,投资者人数分别为 120 人和 101 人,2 只产品均投向同一只基金子公司一对多专户,最终投向为某并购基金有限合伙份额。2 只集合资管产品成立时间、投资标的相同,产品之间不存在明显差异。

根据以上信息,回答下列两题。

117. 甲证券公司的行为(　　)。
A. 不符合规定
B. 符合规定
C. 属于同一资产管理人为单一融资项目设立多个资产管理计划,变相突破投资者人数限制
D. 参与的投资者人数合计超过 200 人

118. 下列资产管理产品销售推介行为中,正确的有(　　)。
A. 资管产品名称中不得出现“保本”字样
B. 资产管理合同中不得出现保本保收益内涵的表述
C. 销售材料中不得出现保本保收益内涵的表述
D. 资管产品严禁向投资者承诺本金不受损失或承诺最低收益

客户张某向甲证券公司某营业部提出荐股需求。

根据以上信息,回答下列两题。

119. 甲证券公司向客户张某提供证券投资顾问服务,应当告知客户的基本信息包括(　　)。
A. 公司名称、地址、联系方式、投诉电话、证券投资咨询业务资格等
B. 证券投资顾问的姓名
C. 证券投资顾问的登记编码
D. 证券投资顾问服务的内容和方式

120. 投资顾问王某为客户张某提供服务,王某的下列行为中,符合规定的是(　　)。
A. 王某以甲证券公司发布的研究报告作为投资建议依据,向客户张某提供买入 B 股票的投资建议
B. 王某向客户张某提示潜在的投资风险
C. 王某客户张某明示证券研究报告的发布人与发布日期
D. 王某向客户张某提供投资建议,知悉张某作出具体投资决策计划后告知其他客户

考前摸底仿真卷(二)

一、单选题(共40题,每小题0.5分,共20分)以下备选项中只有一项最符合题目要求,不选、错选均不得分。

1. 同时符合下列条件的法人或者其他组织是第二类专业投资者:最近1年末净资产不低于2000万元;最近1年末金融资产不低于1000万元;具有(　　)年以上证券、基金、期货、黄金、外汇等投资经历。

A. 1　　B. 2　　C. 3　　D. 5

2. 证券公司应当自每一会计年度结束之日起(　　)个月内,向国务院证券监督管理机构报送年度报告。

A. 2　　B. 3　　C. 4　　D. 5

3. 证券公司应当建立合理的内部控制监督、检查与评价机制,确保内部控制的有效性。下列关于董事会、监事会、经理人员等各层级内部控制职责的说法,错误的是(　　)。

A. 董事会对内部控制的有效性负最终责任,每年至少进行一次全面的内部控制检查评价工作,并形成相应的专门报告

B. 监事会应对董事会、经理人员履行职责的情况进行监督,督促其及时纠正内部控制缺陷

C. 证券公司有保密限制的专项会议只能有特定层级人员参加,专门负责证券公司内部控制的监督、检查与评价工作的高级管理人员和监督检查部门的负责人不得列席该类保密会议

D. 负责监督检查部门的高级管理人员不得兼管业务部门

4. 证券公司控股或者实际控制的企业、资产托管机构、证券服务机构未按照规定向国务院证券监督管理机构报送、提供有关信息、资料,或者报送、提供的信息、资料中有虚假记载、误导性陈述或者重大遗漏的,对直接负责的主管人员和其他直接责任人员,给予警告,可以处以(　　)万元以下的罚款。

A. 3　　B. 5　　C. 10　　D. 30

5. 因故意犯罪被刑罚,刑罚执行完毕未逾3年的张某,不得担任证券公司的(　　)。

A. 客户　　B. 持股5%的股东　　C. 外聘顾问　　D. 专业投资者

6. 以协议方式收购上市公司时,达成协议后,收购人必须在(　　)日内将该收购协议向国务院证券监督管理机构及证券交易所作出书面报告,并予公告。

A. 3　　B. 5　　C. 10　　D. 15

7. 证券金融公司应当每年按照税后利润的(　　)提取风险准备金。

A. 5%　　B. 10%　　C. 15%　　D. 20%

8. 财务顾问及其财务顾问主办人采取不正当竞争手段进行恶性竞争的,中国证监会一般不会采取的措施是(　　)。

A. 拘留　　B. 监管谈话　　C. 出具警示函　　D. 责令改正

9. 以下属于投资银行类业务内部控制的是(　　)。

A. 项目组诚实守信、勤勉尽责开展执业活动,业务部门加强对业务人员的管理,确保其规范执业

B. 建立相关部门、相关岗位之间相互制衡、监督的防线

C. 建立重要一线岗位双人、双职、双责为基础的防线

D. 建立独立的监督检查部门对各项业务、各部门、各分支机构、各岗位全面实施监控、检查和反馈的防线

10. 我国基金行业的自律性组织是(　　)。

A. 中国证监会　　B. 中国证券投资基金业协会

C. 证券交易所　　D. 中国证券业协会

11. 中国证监会根据证券公司评价计分的高低,将证券公司分为A、B、C、D、E五大类十一个级别,其中,风险管理能力在行业内最高,能较好地控制新业务、新产品方面的风险的属于(　　)公司。

A. A类　　B. D类　　C. B类　　D. C类

12. 股份有限公司发行新股募足股款后,必须向(　　)办理变更登记,并公告。
A. 国务院证券监督管理机构
B. 公司登记机关
C. 税务部门
D. 证券交易所

13. 根据《公司法》,有限责任公司由(　　)个以下的股东出资建立。
A. 100　B. 200　C. 20　D. 50

14. 合格境外机构投资者境内证券投资业务的托管人违法、违规行为严重的,(　　)将依法联合作出取消其托管人资格的决定。
A. 中国证监会、国家外汇管理局
B. 中国证监会、中国人民银行
C. 商务部、中国人民银行
D. 发改委、国家外汇管理局

15. 未经批准发行或者变相发行公司债券的,以及未通过证券经营机构发行企业证券的,责令停止发行活动,退还非法所筹资金,处以相当于非法所筹资金金额(　　)以下的罚款。
A. 5%　B. 10%　C. 15%　D. 20%

16. 根据《证券基金经营机构使用香港机构证券投资咨询服务暂行规定》,证券公司或者其子公司,经香港机构授权,可以将香港机构发布的就(　　)提供投资分析意见的证券研究报告转发给客户。
A. 深沪交易所上市 A 股
B. 全球市场股票
C. 港股通股票
D. 联交所上市股票

17. 从事基金托管业务的基金托管人,必须经过(　　)核准。
A. 中国证券业协会
B. 中国证券投资基金业协会
C. 国务院证券监督管理机构
D. 证券交易所

18. 证券公司应当根据自身资产负债状况和业务发展情况,建立(　　)的风险控制指标监控和资本补足机制,确保净资本等各项风险控制指标在(　　)都符合规定标准。
A. 静态;任一时点　B. 静态;某些时点　C. 动态;任一时点　D. 动态;某些时点

19. 关于法的概念,普遍的理解是(　　)。
A. 法是由国家制定或认可并由市场强制力保证实施的规范系统
B. 法是由国家制定或认可并由各组织强制力保证实施的规范系统
C. 法是由国家制定或认可并由国家强制力保证实施的规范系统
D. 法是由国家制定或认可并由上到下保证实施的规范系统

20. 为降低期限错配风险,金融机构应当强化资产管理产品久期管理,封闭式资产管理产品期限不得低于(　　)天。
A. 120　B. 90　C. 60　D. 30

21. 证券公司未按照监管部门要求报送风险控制指标监管报表,或者风险控制指标监管报表存在重大错报、漏报以及虚假报送情况,(　　)及其派出机构可以根据情况采取出示警示函、责令改正、监管谈话、责令处分有关人员等监管措施。
A. 自律组织　B. 中国证券业协会　C. 中国人民银行　D. 中国证监会

22. 甲上市公司拟奖励本公司员工,拟收回部分公司股票。假设甲上市公司发行的股份总额为 25 亿股,则该公司最多可以收回的股份数额为(　　)万股。
A. 2500　B. 5000　C. 12500　D. 25000

23. 证券行业文化建设包括三个层次,不包括(　　)。
A. 行为层　B. 组织层　C. 观念层　D. 理想层

24. 以下关于收购人未按照《中华人民共和国证券法》规定履行上市公司收购的公告、发出收购要约义务的法律责任,错误的是(　　)。
A. 吊销营业执照
B. 给予警告
C. 并处以 50 万元以上 500 万元以下的罚款
D. 对直接负责的主管人员和其他直接责任人员给予警告,并处以 20 万元以上 200 万元以下的罚款

25. 收购行为完成后,收购人应当在(　　)内将收购情况报告国务院证券监督管理机构和证券交易所,并予公告。
A. 3 日　B. 5 日　C. 15 日　D. 30 日

26. 下列关于场外衍生品的说法,错误的是(　　)。
A. 具备证券自营业务资格的证券公司可以从事金融衍生品交易
B. 不具备证券自营业务资格的证券公司一律不准从事金融衍生品交易
C. 关于场外衍生品业务备案,备案机构应当于首次开展业务之日起 1 个月内报送相关材料,完成该项业务首次备案
D. 关于场外衍生品业务备案,备案机构应于每月 10 日前报送上一月场外衍生品业务开展规模、业务列表及基本信息

27. 按照《证券公司监督管理条例》第二十八条的规定,证券公司为证券资产管理客户开立的证券账户,应当自开户之日起(　　)个交易日内报证券交易所备案。
A. 1　　B. 2　　C. 3　　D. 5

28. 证券公司委托其他证券公司或者基金管理公司进行证券投资管理,且投资规模合计不超过其净资本(　　)的,无须取得证券自营业务资格。
A. 90%　　B. 80%　　C. 70%　　D. 60%

29. 非公开募集基金合格的单位投资者应满足的条件,下列不属于的是(　　)。
A. 具备相应风险识别能力和风险承担能力
B. 达到规定资产规模或者收入水平
C. 基金份额认购金额不低于规定限额
D. 净资产不低于 800 万元

30. 根据《深圳证券交易所创业板交易特别规定》,创业板整体上借鉴了科创板交易机制,同时也有不同安排。下列不同于科创板交易机制的是(　　)。
A. 两融交易标的　　B. 盘后定价交易机制
C. 单笔申报数量　　D. 涨跌幅限制

31. (　　)是证券期货经营机构服务投资者、控制经营风险和保护投资者合法权益的重要操作流程,核心目的是"将适当的产品或服务销售提供给适当的投资者"。
A. 法人集中清算制度　　B. 信息隔离墙制度
C. 利益冲突管理机制　　D. 投资者适当性管理制度

32. 证券公司违反法律、行政法规及中国证监会其他规定的,下列不属于中国证监会及其派出机构可以对其直接负责的主管人员采取的行政监管措施的是(　　)。
A. 监管谈话　　B. 认定为不适当人选
C. 出具警示函　　D. 纪律处分

33. 可充抵保证金的证券折算率,在计算保证金金额时应当以证券市值或净值按规定折算率进行折算。上证 180 指数成分股股票的折算率最高不超过(　　),其他股票折算率最高不超过(　　)。
A. 80%;75%　　B. 75%;70%　　C. 70%;65%　　D. 65%;60%

34. 股票发行采用代销方式,代销期限届满,向投资者出售的股票数量未达到拟公开发行股票数量(　　)的,为发行失败。发行人应当按照发行价并加算银行同期存款利息返还股票认购人。
A. 50%　　B. 60%　　C. 70%　　D. 80%

35. 根据《证券法》的规定,申请证券上市交易,应当符合(　　)上市规则规定的上市条件。
A. 证监会　　B. 证券公司　　C. 证券交易所　　D. 证券业协会

36. 张某作为某证券公司证券从业人员,在从业期间私下接受客户委托买卖证券,对此行为张某受到的处罚不符合法律规定的是(　　)。
A. 没有违法所得的,对张某处以 10 万元罚款的行政处罚
B. 当地证监局责令张某改正
C. 当地证监局对张某给予警告
D. 有违法所得的,没收违法所得不并处罚款

37. 证券金融公司可以根据化解证券公司违约风险的需要,建立(　　)。
A. 转融通保证金　　B. 证券公司担保账户
C. 专用资金账户　　D. 转融通互保基金

38. 下列不符合跨墙管理制度的是(　　)。
A. 事先向跨墙人员所在部门和合规部门提出申请
B. 跨墙人员在跨墙期间不应泄露或者不当使用跨墙后知悉的内幕消息
C. 跨墙期间获取与需要跨墙业务无关的内幕信息
D. 跨墙期间,合规部门应该全程监督跨墙期间行为

39. 某证券公司资产管理部客户服务组与公司信息技术中心携手开发了综合信息平台,能够自动提取账户运作信息并生成定期报告,通过系统后台发送客户指定邮箱,降低了漏报、错报、迟报等风险,提升了客户满意度。上述实践彰显了证券行业文化建设中的(　　)。
A. 坚持专业精神,提升服务能力
B. 坚持依法合规,筑牢发展基础
C. 坚持廉洁自律,弘扬清风正气
D. 坚持诚实守信,恪守职业操守

40. 对于证券公司、资产托管机构、证券登记结算机构违反规定动用客户的交易结算资金和证券的行为,下列各项不属于给予其处罚的措施的是(　　)。
A. 责令改正,给予警告
B. 情节严重的,撤销相关业务许可
C. 处以违法所得1倍以上10倍以下的罚款
D. 没有违法所得或者违法所得不足10万元的,处以10万元以上60万元以下的罚款

二、多选题(共40题,每小题1分,共40分)以下备选项中有两项或两项以上符合题目要求,多选、少选、错选均不得分。

41. 根据《证券公司柜台市场管理办法(试行)》,下列关于柜台市场业务的说法,正确的有(　　)。
A. 证券公司应当通过与报价系统联网的方式实现业务信息的互联互通
B. 证券公司应当向协会报送柜台市场业务年度报告以及重大事项报告
C. 证券公司应当在每个会计年度结束后向中国证监会报送柜台市场业务年度报告
D. 中国证券业协会可以对证券公司柜台市场进行现场检查或者非现场检查

42. 根据《证券法》,下列关于证券发行、交易活动的当事人的说法,正确的有(　　)。
A. 应当遵守无偿的原则
B. 具有平等的法律地位
C. 应当遵守诚实信用的原则
D. 应当遵守自愿的原则

43. 证券公司违反《证券公司全面风险管理规范》的,中国证券业协会可以对证券公司及相关负责人采取(　　)。
A. 行政处罚　　B. 行政监管措施
C. 自律管理措施　　D. 纪律处分

44. 下列关于股份有限公司监事会的表述,正确的有(　　)。
A. 监事会设主席一人,并应当设副主席
B. 监事会主席由全体监事过半数选举产生
C. 董事、高级管理人员不得兼任监事
D. 监事会成员不得少于3人

45. 下列属于证券行业文化建设的基本要求的有(　　)。
A. 坚持创新精神,提升服务能力　　B. 坚持稳健经营,促进健康发展
C. 坚持廉洁自律,弘扬清风正气　　D. 牢记社会责任,展现良好形象

46. 股份有限公司章程必须载明的事项包括(　　)。
A. 公司名称和住所
B. 公司设立方式
C. 公司注册资本、已发行的股份数和设立发行的股份数
D. 公司法定代表人的产生、变更办法

47. 下列关于有限合伙企业解散事由的说法,错误的有(　　)。
A. 合伙期限届满,合伙人决定不再经营,应当解散
B. 部分合伙人决定解散,应当解散
C. 合伙协议约定的解散事由出现,应当解散
D. 合伙人不具备法定人数,应当立即解散

48. 设立管理公开募集基金的基金管理公司,其主要股东应当满足的条件包括(　　)。
A. 具有经营金融业务或者管理金融机构的良好业绩
B. 良好的财务状况和社会信誉
C. 资产规模达到中国证监会规定的标准
D. 最近两年没有违法记录

49. 下列关于有限合伙企业被宣告破产责任承担的说法,错误的有(　　)。
A. 全体合伙人无需承担责任
B. 普通合伙人应当承担补充责任
C. 有限合伙人无需承担任何责任
D. 普通合伙人应当承担无限责任

50. 在证券公司分类监管评价工作中,将导致公司分类结果下调 3 个级别的行为有(　　)。
A. 在评价期内存在违规委托理财行为
B. 不如实标注存在的问题,发生遗漏
C. 财务信息虚假
D. 未在确定分类结果期限之前上报自评结果

51. 下列关于证券投资顾问与发布证券研究报告基本关系的说法,错误的有(　　)。
A. 立场相同
B. 服务方式和内容相同
C. 服务对象有所不同
D. 市场影响有所不同

52. 根据《证券法》,下列关于证券的销售期限的说法。正确的有(　　)。
A. 证券的代销、包销期限最长不得超过 90 日
B. 证券的代销、包销期限最长不得超过 180 日
C. 公开发行股票,代销、包销期限届满,发行人应当在规定的期限内将股票发行情况报国务院证券监督管理机构备案
D. 证券公司在代销、包销期内,对所代销、包销的证券应当保证先行出售给认购人,证券公司不得为本公司预留所代销的证券和预先购入并留存所包销的证券

53. 证券公司进行柜台交易,应当与特定对手方或投资者签订柜台交易合同,合同的方式可以有(　　)。
A. 书面
B. 口头
C. 电子
D. 电话

54. 根据《上海证券交易所科创板股票发行与承销实施办法》,下列关于科创板股票发行与承销信息披露的说法,正确的有(　　)。
A. 发行人的高级管理人员与核心员工可以设立专项资产管理计划参与本次发行战略配售
B. 发行人的高级管理人员与核心员工按照规定参与战略配售的,应当经发行人股东会审议通过
C. 发行人应当与战略投资者实现签署配售协议
D. 首次公开发行股票应当以询价方式确定股票发行价格

55. 下列关于证券登记结算机构设立条件的说法,正确的有(　　)。
A. 自有资金不少于人民币 2 亿元
B. 具有证券登记和结算服务所必需的场所和设施
C. 具有证券交易服务所必需的场所和设施
D. 具有证券存管所必需的场所和设施

56. 某大型证券公司合规部员工刘某树立持续学习理念,及时跟踪最新法律法规和监管政策制作了证券公司常用法律法规汇编,并定期更新。《民法典》颁布后,刘某仔细研读,并制作普法宣传读物,帮助业务部门尽快掌握要义,刘某在宣传媒介材料审核过程中,注意审查是否存在诋毁、贬低其他证券基金经营机构的表述;在同业交流中,善于倾听中小机构代表的心声和困惑,分享心得体会。此外,刘某热心公益事业,多次组织对口帮扶活动,向边远地区捐款捐物,有针对性的推广期权,提升困难克服的抗风险能力。根据《证券从业人员职业道德准则》,刘某的上述表

现突出践行了哪些证券从业人员的职业道德准则(　　)。

A. 审慎稳健,严控风险　　B. 持续精进,追求卓越

C. 尊重包容,共同发展　　D. 关爱社会,益国利民

57. 关于发行人违反《证券法》规定擅自改变公开发行证券所募集资金的用途的说法,正确的有(　　)。

A. 发行人违反该法规擅自改变公开发行证券所募集资金的用途的,责令改正,处以法定数额罚款

B. 发行人违反该法规擅自改变公开发行证券所募集资金的用途的,对直接负责的主管人员和其他直接责任人员给予警告,并处以法定数额罚款

C. 发行人的控股股东、实际控制人从事或者组织、指使发行人违反规定擅自改变公开发行证券所募集资金的用途的,给予警告,并处以法定数额罚款

D. 发行人的实际控制人从事或者组织、指使发行人违反规定擅自改变公开发行证券所募集资金的用途的,对直接负责的主管人员和其他直接责任人员给予警告

58. 资产管理计划的投资者主要应履行的义务包括(　　)。

A. 认真阅读并遵守资产管理合同,保证投资资金的来源及用途合法

B. 认真阅读并签署风险揭示书

C. 在持有的资产管理计划份额内,承担资产管理计划亏损或者终止的有限责任

D. 取得分配清算后的剩余资产管理计划财产

59. 根据《区域性股权市场自律管理与服务规范(试行)》,关于证券公司参与区域性股权市场,下列说法正确的有(　　)。

A. 证券公司开展区域性股权市场业务,应当在每个月的前10个工作日内将上个月度业务开展情况报送至中国证监会

B. 证券公司入股区域性股权市场运营机构,不得利用股东身份谋取不正当利益

C. 证券公司分支机构可以经证券公司批准并在授权范围内开展区域性股权市场相关业务

D. 证券公司及其从业人员应当勤勉尽责,严格遵守执业规范和职业道德,按规定和约定履行义务

60. 根据《证券公司全面风险管理规范》,下列关于全面风险管理的说法,正确的有(　　)。

A. 全面风险管理包含"全员"的含义,要求证券公司董事会、经理层以及全体员工,从上到下,共同参与风险管理

B. 全面风险管理包含对"全部风险"进行管理的含义,要求对各类风险进行管理

C. 全面风险管理包含开展风险管理的"全部活动"的含义,要求对风险进行准确识别、审慎评估、动态监控和及时应对

D. 全面风险管理不包含对风险进行"全程管理"的含义

61. 根据《证券经营机构及其工作人员廉洁从业实施细则》,下列属于证券经纪业务展业禁止性行为的有(　　)。

A. 通过返还佣金或者其他利益、违规给予部分客户特殊优待等方式,输送或者谋取不正当利益

B. 以所在机构名义或者以所在机构员工身份,销售未经公司核准销售的金融产品

C. 委托不具备资质的人员或者机构招揽客户,并输送不正当利益

D. 以非公允价格为利益关系人配售债券或者约定回购债券

62. 下列关于证券公司融资管理基本要求的说法,正确的有(　　)。

A. 分析正常和压力情景下未来不同时间段的融资需求和来源

B. 加强负债品种、期限、交易对手、融资抵(质)押品和融资市场等的集中度管理,适当设置集中度限额

C. 加强融资渠道管理,积极维护与主要融资交易对手的关系,保持在市场上的适当活跃程度,并不定期评估市场融资和资产变现能力

D. 密切监测主要金融市场的交易量和价格等变动情况,评估市场流动性对公司融资能力的影响

63. 根据《标准化债权类资产认定规则》,下列资产不属于标准化债权类资产的有(　　)。

A. 中国银行间市场交易商协会的非金融企业债务融资工具

B. 中证机构间报价系统股份有限公司的收益凭证

C. 银行业理财登记托管中心有限公司的理财直接融资工具
D. 北京金融资产交易所有限公司的债权融资计划

64. 根据《证券法》，下列关于法律、行政法规规定禁止参与股票交易的人员违反规定的法律责任，正确的有（　　）。
A. 直接持有、买卖股票，责令依法处理非法持有的股票，没收违法所得，并处以买卖股票等值以上的罚款
B. 化名持有、买卖股票，责令依法处理非法持有的股票，没收违法所得，并处以买卖股票等值以上的罚款
C. 借他人名义持有，买卖股票，责令依法处理非法持有的股票，没收违法所得，并处以买卖股票等值以下的罚款
D. 属于国家工作人员的，应当依法给予处分

65. 证券公司、证券投资咨询机构向客户提供证券投资顾问服务，应当告知客户的基本信息包括（　　）。
A. 证券投资顾问的姓名及其登记编码
B. 证券投资顾问服务的内容和方式
C. 投资决策由客户作出，投资风险与客户共担
D. 证券投资顾问不得代客户作出投资决策

66. 根据《金融机构洗钱和恐怖融资风险评估及客户分类管理指引》，下列关于证券公司开展洗钱风险评估及客户分类管理的说法，错误的有（　　）。
A. 证券公司应对客户参与不同的业务进行不同的风险等级划分，同一客户在证券公司不应有唯一的风险等级
B. 对高风险客户应采取强化的客户尽职调查及其他风险控制措施
C. 对于首次建立业务关系的客户，无论风险等级高低，证券公司在初次确定其风险等级后的3年内至少应进行一次复核
D. 对于已确立过风险等级的客户，证券公司不得再根据其风险程度设置相应的重新审核期限

67. 证券公司从事资产管理业务违反法律、行政法规及中国证监会其他规定的，下列属于中国证监会及其派出机构可以对其采取的监管措施的有（　　）。
A. 责令改正　　B. 监管谈话　　C. 出具警示函　　D. 市场禁入措施

68. 根据《证券法》，下列关于证券交易的说法，正确的有（　　）。
A. 证券交易当事人依法买卖的证券，必须是依法发行并交付的证券
B. 公开发行的证券，可以在按照国务院规定设立的区域性股权市场转让
C. 证券在证券交易所上市交易，应当采用公开的集中交易方式或者国务院证券监督管理机构批准的其他方式
D. 依法发行的证券，《公司法》和其他法律对其转让期限有限制性规定的，在限定的期限内不得转让

69. 下列关于证券公司柜台市场业务的说法，错误的有（　　）。
A. 证券公司柜台交易，是指证券公司与特定交易对手方在集中交易场所进行交易或为投资者在集中交易场所进行交易提供服务的行为
B. 证券公司与特定交易对手方进行柜台交易，应取得证券经纪业务资格
C. 证券公司开展柜台市场业务，应遵循诚实信用、公平自愿的原则
D. 证券公司开展柜台市场业务，应遵守中国证监会制定的《证券公司柜台交易业务规范》《证券公司柜台市场管理办法（试行）》等相关法律法规

70. 下列属于洗钱上游犯罪的有（　　）。
A. 违法发放贷款罪证　　B. 逃汇罪
C. 背信运用财产罪　　D. 操纵证券、期货市场罪

71. 下列关于集资诈骗罪的犯罪构成要件分析的说法，正确的有（　　）。
A. 犯罪主体是一般主体，只能是自然人
B. 犯罪主观方面是故意，且以非法占有为目的

C. 犯罪客体是国家金融管理秩序及公私财产所有权
D. 犯罪客观方面表现为使用诈骗方法非法集资,且数额较大的行为

72. 下列关于证券公司对敏感信息采取保密措施的说法,正确的有(　　)。
A. 与证券公司工作人员签署保密文件,要求工作人员对工作中获取的敏感信息严格保密
B. 加强对涉及敏感信息的信息系统、通讯及办公自动化等信息设施、设备的管理,保障敏感信息安全
C. 对可能知悉敏感信息的工作人员使用的各类信息系统或配发的设备形成的电子邮件、即时通讯信息和其他通讯信息进行监测
D. 建立内幕信息知情人管理制度

73. 根据合伙人对合伙企业债务承担责任的不同,合伙企业可分为(　　)。
A. 普通合伙企业　B. 合资合伙企业　C. 有限合伙企业　D. 人合合伙企业

74. 根据《证券公司流动性风险管理指引》有关规定,下列关于证券公司流动性风险限额的说法,正确的有(　　)。
A. 外部市场发展变化情况是证券公司设定流动性风险限额的重要依据
B. 证券公司应当对流动性风险限额的执行情况进行监控
C. 证券公司应至少每两年对流动性风险限额进行一次评估
D. 证券公司应当根据监管要求设定流动性风险限额

75. 下列关于另类投资业务的总体要求的说法,正确的有(　　)。
A. 另类子公司可以下设实业投资子公司　B. 另类子公司开张业务应当坚持专业化投资原则
C. 证券公司应当对子公司统一实施管控　D. 证券公司应当加强对另类子公司的资本约束

76. 下列各项中,属于证券市场行业自律规则的有(　　)。
A. 中国银行业协会制定的自律规则　B. 中国证券业协会制定的自律规则
C. 证券交易所制定的自律规则　D. 中国证券登记结算有限责任公司制定的自律规则

77. 根据《证券法》,下列属于证券交易内幕信息的知情人的有(　　)。
A. 发行人控股的公司及其董事、监事、高级管理人员
B. 发行人的董事、监事、高级管理人员
C. 因职责、工作可以获取内幕信息的证券监督管理机构工作人员
D. 持有公司3%股份的股东

78. 根据《证券公司融资融券业务管理办法》,下列关于对证券发行人权利的行使,错误的有(　　)。
A. 对客户信用交易担保证券账户记录的证券,由证券公司以客户的名义,为客户的利益,行使对证券发行人的权利
B. 证券公司行使对证券发行人的权利,应当事先征求客户的意见,并按照其意见办理
C. 证券公司行使对证券发行人的权利,在征求客户意见时客户未表达意见的,证券公司可在行使内部审批程序后行使对发行人的权利
D. 对客户信用交易担保证券账户记录的证券,由证券公司以证券登记结算机构的名义为客户的利益行使对证券发行人的权利

79. 根据国家法律、法规和基金合同的规定,属于公开募集基金的基金管理人职责的有(　　)。
A. 管理并运作基金资产　B. 安全保管基金财产
C. 计算并公告基金资产净值　D. 按规定披露基金信息

80. 根据《证券公司风险控制指标管理办法》,(　　)应当对证券公司净资本等各项风险控制指标数据的生成过程及计算结果的真实性、准确性、完整性进行定期或者不定期检查。
A. 中国证监会　B. 中国证监会的派出机构
C. 证券交易所　D. 证券业协会

三、判断题(共30题,每小题1分,共30分)正确的选A,错误的选B。不选、错选均不得分。

81. 证券公司风险处置措施包括停业整顿、托管、接管、行政重组、撤销、破产清算和重整。(　　)
A. 正确　B. 错误

82. 证券公司应当配备足够的符合期货从业人员条件的业务人员从事介绍业务。(　　)
A. 正确　B. 错误

83. 根据《关于加强证券经纪业务管理的规定》,从事技术、风险监控、合规管理的人员不得从事营销、客户账户及客户资金存管等业务活动。(　　)
A. 正确　　B. 错误
84. 证券投资顾问不得参与媒体证券节目。(　　)
A. 正确　　B. 错误
85. 证券公司承担廉洁从业风险防控主体责任。(　　)
A. 正确　　B. 错误
86. 资产管理合同应当对巨额申赎、延期支付、延期清算、管理人变更或者托管人变更等或有事项,作出明确约定。(　　)
A. 正确　　B. 错误
87. 同受国家控股的企业之间的关系属于关联关系。(　　)
A. 正确　　B. 错误
88. 新合伙人入伙,订立入伙协议后,原合伙人应当向新合伙人如实告知原合伙企业的经营状况和财务状况。(　　)
A. 正确　　B. 错误
89. 证券公司经营管理层负责制定信息技术战略。(　　)
A. 正确　　B. 错误
90. 除公募资产管理产品外,投资者以合伙企业、契约等非法人形式直接或者间接投资于证券公司资产管理计划的,应向管理人充分披露实际投资者和最终资金来源。(　　)
A. 正确　　B. 错误
91. 公司董事任何情况下不得干涉首席风险官的工作。(　　)
A. 正确　　B. 错误
92. 基金份额持有人是指根据基金合同和基金招募说明书持有基金份额的基金出资人,是基金财产的所有者和基金投资的受益人。(　　)
A. 正确　　B. 错误
93. 证券基金经营机构作为基金管理人依法应当承担的责任因委托而免除。(　　)
A. 正确　　B. 错误
94. 操作风险包括法律风险,但不包括战略风险和声誉风险。(　　)
A. 正确　　B. 错误
95. 公司可以修改公司章程,但是不可以改变经营范围。(　　)
A. 正确　　B. 错误
96. 证券公司应通过设置并监测各类信用风险指标,静态监控信用风险状况、管理水平及效果。(　　)
A. 正确　　B. 错误
97. 证券公司向客户收取的佣金不得高于证券交易金额的3‰。(　　)
A. 正确　　B. 错误
98. 根据《证券、期货投资咨询管理暂行办法》,从事证券、期货投资咨询业务,必须取得中国证券业协会的业务许可。(　　)
A. 正确　　B. 错误
99. 具备证券自营业务资格的证券公司,其自有资金只能以套期保值为目的参与股票期权业务。(　　)
A. 正确　　B. 错误
100. 经营机构可通过请投资者填写《投资者风险承受能力评估问卷》的方法对其风险承受能力进行综合评估。(　　)
A. 正确　　B. 错误
101. 在证券基金经营机构参股的公司仅可兼任董事、监事,且数量不得超过1家。(　　)
A. 正确　　B. 错误
102. 证券公司董事会对廉洁从业管理的有效性承担责任。(　　)
A. 正确　　B. 错误

103. 登记人员离职的,证券公司应当自劳动关系或者委托代理关系解除之日起5个工作日内为其办理变更登记。(　　)

A. 正确　　B. 错误

104. 证券投资咨询人员申请登记必须具备的条件包括具有大学本科以上学历。(　　)

A. 正确　　B. 错误

105. 不能清偿到期债务的个人不得成为持有证券公司5%以上股权的股东、实际控制人。(　　)

A. 正确　　B. 错误

106. 根据《证券法》,持有公司3%股份的股东不属于证券交易内幕信息知情人。(　　)

A. 正确　　B. 错误

107. 展业3年情况良好、未有重大风险事件的二级交易商,可向证监会申请成为一级交易商。(　　)

A. 正确　　B. 错误

108. 被处置证券公司或者其关联客户可能转移、隐匿违法资金、证券的,国务院证券监督管理机构可以禁止相关资金账户、证券账户的资金和证券转出。(　　)

A. 正确　　B. 错误

109. 根据《证券法》有关规定,证券公司在承销期结束时,将未售出的证券全部退还给发行人的承销方式是余额包销。(　　)

A. 正确　　B. 错误

110. 有限责任公司股东会决定公司的经营方针和投资计划。(　　)

A. 正确　　B. 错误

四、综合题(共10题,每小题1分,共10分)以下备选项中有一项或多项符合题目要求,不选、错选均不得分。

甲为非上市公司,张某持有甲公司35%股权,被认定为公司控股股东、实际控制人。张某与某银行签订借贷协议,银行提出由甲公司为该笔借贷提供担保。

根据以上信息,回答下列两题。

111. 下列说法中正确的是(　　)。

A. 甲公司不得为该笔借贷提供担保

B. 甲公司可以为该笔借贷提供担保,董事会同意即可

C. 甲公司可以为该笔借贷提供担保,必须经股东会决议

D. 该项表决,张某应回避,由出席股东会的其他股东所持表决权的过半数通过

112. 虽不是公司的股东,但通过投资关系、协议或者其他安排,能够实际支配公司行为的人是公司的(　　)。

A. 高级管理人员　　B. 控股股东

C. 实际控制人　　D. 董事

甲证券公司2022年2月25日举行了本年第一次董事会会议。

根据以上信息,回答下列两题。

113. 下列对甲证券公司董事会的要求,符合规定的是(　　)。

A. 证券公司设董事会的,内部董事人数不得超过董事人数的1/3

B. 证券公司章程应当明确规定董事会的职责

C. 证券公司董事会每年至少召开2次会议

D. 证券公司可以聘请外部专业人士担任董事

114. 以下关于董事会会议的设置和议事规则,错误的有(　　)。

A. 因为几位董事无法按时出席董事会现场会议,最终决定采用视频会议的方式举行董事会

B. 此次董事会会议因为无重大异议事项,没有制作会议记录

C. 董事会表决有关联交易的议案时,须有2/3以上的无关联关系的董事参加

D. 董事会表决有关联交易的议案时,与交易对方有关联关系的董事不需回避

张某是北京的一位投资者，在电视上看见一名证券分析师有声有色地宣传某公司的炒股软件，声称该软件能准确揭示股票买卖点，并免费推荐了一两只股票。张某见这只股票确实上涨，便拨打了电视上的电话，接电话的业务员信誓旦旦地说，只要购买软件就会有股票信息提供，保证稳赚不赔。张某便花5000元购买了该软件，使用期为3个月。但不久，张某发现该软件的实际效果与宣称内容大相径庭，遂向公司提出退款。

请根据上述背景信息回答以下问题。

115. 下列属于"荐股软件"功能的是(　　)。

A. 提供具体证券投资品种选择建议　　B. 提供具体证券投资品种的买卖时机建议

C. 预测具体证券投资品种的价格走势　　D. 提供涉及具体证券投资品种的投资分析意见

116. 利用"荐股软件"从事证券投资咨询业务的说法中，错误的是(　　)。

A. 向投资者销售或者提供"荐股软件"，并直接或者间接获取经济利益的，属于从事证券投资咨询业务，应当经中国证券业协会许可，取得证券投资咨询业务条件

B. 未取得证券投资咨询业务资格，任何机构和个人不得利用"荐股软件"从事证券投资咨询业务

C. 证券投资咨询机构利用"荐股软件"从事证券投资咨询业务，应当遵循客观公正、诚实信用原则

D. 证券投资咨询机构利用"荐股软件"从事证券投资咨询业务，不得误导、欺诈客户，不得损害客户利益

2022年2月，中国证监会发布公告，鉴于甲证券公司违法为股东及其关联方提供融资、违规开展资产管理业务、净资本等风险控制指标已不符合持续经营证券业务的规定，且逾期未能改正，严重损害客户合法权益，危及公司稳健运行，决定撤销甲证券公司的全部业务许可。并委托乙律师事务所成立行政清理组，对甲证券公司进行行政清理。

根据以上信息，回答下列两题。

117. 下列关于对甲证券公司进行行政清理的说法中，表述正确的是(　　)。

A. 行政清理期间，中国证监会委托丙证券公司对甲证券公司的证券经纪等涉及客户的业务进行托管

B. 行政清理费用经中国证监会审核后，从被处置证券公司财产中随时清偿

C. 行政清理组应当在具备证券业务经营资格的机构中，采用招标、公开询价等公开方式转让证券类资产

D. 行政清理期间，甲证券公司的股东可以参与行政清理工作

118. 甲证券公司在2022年3月1日开始行政清理。下列行为符合《证券公司风险处置条例》规定的是(　　)。

A. 2022年12月31日完成行政清理

B. 2023年4月11日完成行政清理，且未申请延期

C. 2023年2月28日获批准延期，延期到2025年1月1日

D. 上述选项均不符合规定

张某在甲证券公司营业部任职并从事营销工作，系一般证券从业人员，王某为甲证券公司客户。张某接受王某委托代其操作证券账户。

根据以上信息，回答下列两题。

119. 下列关于张某的行为，不符合《证券法》规定的有(　　)。

A. 客户王某委托张某操作其证券账户，同时张某与客户王某补充签订了《理财协议》，约定由张某保证补偿账户上发生的亏损

B. 在张某的操作下客户王某证券账户发生亏损，为弥补客户王某亏损，张某先后向客户王某三方存管账户转入30万元、20万元

C. 张某向客户王某介绍证券公司和证券市场的基本情况

D. 张某向客户王某传递由证券公司统一提供的研究报告及与证券投资有关的信息

120. 根据《证券法》，可以对张某采取(　　)处罚。

A. 责令改正　　B. 给予警告

C. 没收违法所得　　D. 处以违法所得1倍以上10倍以下的罚款

考前摸底仿真卷参考答案

考前摸底仿真卷(一)

一、单选题

1	2	3	4	5	6	7	8	9	10
C	B	D	B	C	C	A	C	A	B
11	12	13	14	15	16	17	18	19	20
C	C	A	D	B	A	D	C	A	A
21	22	23	24	25	26	27	28	29	30
B	B	B	C	A	D	D	A	B	C
31	32	33	34	35	36	37	38	39	40
B	D	D	C	C	C	A	B	B	C

二、多选题

41	42	43	44	45	46	47	48	49	50
ABCD	AD	BCD	ABCD	ABCD	ABCD	ABC	ACD	BD	BD
51	52	53	54	55	56	57	58	59	60
ABC	AC	AB	BCD	ABD	ABCD	ABC	ABCD	ABC	ABCD
61	62	63	64	65	66	67	68	69	70
ABCD	ABCD	ABD	ABCD	CD	AC	ABCD	BCD	ABD	ABCD
71	72	73	74	75	76	77	78	79	80
AB	ABC	BD	ACD	ABCD	BCD	ABCD	ABD	ACD	ABD

三、判断题

81	82	83	84	85	86	87	88	89	90
B	B	B	B	B	A	A	B	B	B
91	92	93	94	95	96	97	98	99	100
A	B	B	B	B	B	A	B	B	B
101	102	103	104	105	106	107	108	109	110
B	B	A	B	A	B	A	B	A	B

四、综合题

111	112	113	114	115	116	117	118	119	120
BCD	C	ACD	BC	A	A	ACD	ABCD	ABCD	ABC

考前摸底仿真卷(二)

一、单选题

1	2	3	4	5	6	7	8	9	10
B	C	C	A	B	A	B	A	A	B
11	12	13	14	15	16	17	18	19	20
A	B	D	A	A	C	C	C	C	B
21	22	23	24	25	26	27	28	29	30
D	D	D	A	C	B	C	B	D	C
31	32	33	34	35	36	37	38	39	40
D	D	C	C	C	D	D	C	A	C

二、多选题

41	42	43	44	45	46	47	48	49	50
ABD	BCD	CD	BCD	BCD	ABCD	BD	AB	ABC	AC
51	52	53	54	55	56	57	58	59	60
AB	ACD	AC	ACD	ABD	ABCD	ABC	ABC	BCD	ABC
61	62	63	64	65	66	67	68	69	70
ABCD	ABD	BCD	CD	ABD	AD	ABC	ACD	ABD	ABCD
71	72	73	74	75	76	77	78	79	80
BCD	ABCD	AC	ABD	BCD	BCD	ABC	ACD	ACD	AB

三、判断题

81	82	83	84	85	86	87	88	89	90
A	A	A	B	A	B	B	B	B	A
91	92	93	94	95	96	97	98	99	100
B	A	B	A	B	B	A	B	B	A
101	102	103	104	105	106	107	108	109	110
B	A	B	A	A	A	B	A	B	A

四、综合题

111	112	113	114	115	116	117	118	119	120
CD	C	BCD	BCD	ABCD	A	ABC	A	AB	ABCD

【说明】考前摸底仿真卷适合考生在考前两周左右用于自我检测前期学习成果。考生做完试卷请根据上述参考答案评判分数，并根据实际得分情况制定适合自己的考前冲刺学习计划。

我们还给大家提供了考前摸底仿真卷(一)~(二)的电子版详细解析，如有需要，请扫描右侧二维码查看。